불량 국민들
여순사건 왜곡된 19가지 시선

불량 국민들

초판 1쇄 인쇄 2013년 03월 22일
초판 1쇄 발행 2013년 03월 29일

지은이   주 철 희
펴낸이   손 형 국
펴낸곳   (주)북랩
출판등록   2004. 12. 1(제2012-000051호)
주소   153-786 서울시 금천구 가산디지털 1로 168,
              우림라이온스밸리 B동 B113, 114호
홈페이지   www.book.co.kr
전화번호   (02)2026-5777
팩스   (02)2026-5747

ISBN 978-89-98666-29-3 03900

이 책의 판권은 지은이와 **(주)북랩**에 있습니다.
내용의 일부와 전부를 무단 전재하거나 복제를 금합니다.

불량 국민들

여순사건 왜곡된 19가지 시선

주철희 지음

book Lab

책 머 리 에

■

　1948년 10월, 영문도 모른 채 죽어갔던 이들의 고통과 참혹함을 떠올려 보려고 애를 썼다. 피맺힌 한을 안고 살았던 사람들의 심정을 이해하려고 긴 밤을 지새웠다. 1948년 역사 속으로 들어가 보려고 부단히 노력했다. 그러나 온전히 그들의 무고함을, 억울함을 이해하지 못했다. 그들이 겪어야 했던 고통과 참혹함의 무게를 감내할 수 없었다. 1948년은 철저하게 왜곡·조작되어 있었다. 강자의 논리로, 승자의 논리로 그리고 추악한 국가폭력으로……

　1948년 10월, 바다 건너 제주에서 불어오는 동족의 피울음 소리에 여수는 불바다가 되었다. 순천은 죽음의 도시가 되었다. 누런 나락 걷어들인 논두렁엔 시체가 즐비했다. 며느리가 시아버지 뺨을 때리고, 시아버지가 며느리의 뺨을 때리는 추악한 범죄가 있었다. 우리는 잊고 있었다. 붉은 동백꽃, 산수유 고운 빛깔이 아름답다고만 했다. 그 뒷자락에는 왜 죽어야 하는지 모른 채 죽은 넋들이 있었다. 그들은 우리의 할아버지였고 할머니였다. 우리의 아버지와 어머니의 역사였다.

■ ■

　역사가 왜곡되고 조작되어 사람들의 입에서 입으로 전해지고 있다. 걸림돌이 되는 사람, 반대하는 사람은 불량 국민이었고 공산주의자였다. 이들은 보호의 대상이 아니었다. 척결의 대상이 되어 국가권력에 무참히 짓밟히고 죽임을 당했다. 이승만의 정치적 탐욕은 서로의 다름을 인정하지 않았다. 다양성의 사회를 부정했다. 반공이데올로기의 시퍼런 칼날에 전라도는 빨갱이였고, 빨갱이는 전라도였다. 빨갱이에 마침표를 찍고 싶다. 불량 국민에서 벗어나고 싶다. 그리고 동백꽃이 아름다운 오동도에 작은 비석하나 세우고 싶다. 산수유가 만발한 산동마을에 작은 박석 하나 놓고 싶다.

　대한민국 젊은이는 헌법과 법률에 의거하여 국가의 안전보장과 국토방위의 신성한 의무를 수행한다. 하지만 국군의 역사에는 부끄러운 모습이 남아있다. 민족반역자에 의해 국군의 정통성과 정체성은 왜곡되었으며, 자국의 국민에게 총을 겨누어 학살했다. 헌법에서 규정한 정치적 중립을 지키지 않고 편향된 정치색채로 국민을 고문·감시·통제하는 데 앞장섰다. 이승만 독재정권에서부터 박정희·전두환의 군사독재정권까지 거의 40년 동안 벌어진 일이다. 안타깝게도 잘못된 행위에 대한 국군의 해명이나 속죄는 없었다. 국군의 정통성과 정체성을 올바로 잡기 위한 노력도 없었다. 특정 정치권력을 옹호하는 군대가 아니라 국민의 군대가 되기를 원한다. 신성한 국방의 의무를 수행하는 우리 젊은이의 올바른 역사 인식을 갉아먹어서는 안 된다.

∷∷

　여순사건은 부르는 명칭이 다양하다. 일반적으로 부르고 있는 여순사건은 '여수·순천1019사건'의 줄임말이다. 지역명이 붙다보니 특정지역에 국한한 사건으로만 인식하고 있다. 하지만 여순사건에서부터 6·25전쟁까지 백만여 명의 민간인 학살이 있었다. 대한민국 국가폭력의 단초를 제공한 사건이다. 국가보안법을 제정하여 국민을 탄압하고 통제하는 구실을 제공한 사건이다. 학생들도 군사 훈련을 받아야 하는 학도호국단이 만들어졌다. 빨갱이를 탄생시켰고, 불량 국민을 양산하였다. 여순사건으로 시작된 불량 국민의 역사는 6·25전쟁을 거쳐 독재정권의 연장에 악용되었다. 불량 국민의 대가는 자식 대까지 이어졌다. 대한민국 현대사의 불편한 진실에 여순사건이 자리하고 있다. 당연히 지역에 국한된 역사가 아니다. 대한민국의 현대사를 올곧게 담고 있음을 다시 한 번 상기하고자 한다.

　대한민국 현대사는 재해석과 재평가가 필요하다. 예를 들어 박정희가 여순사건 이후 숙군과정에서 체포되어, 그가 알고 있는 남로당원을 순순히 실토했다는 것은 누구나 알고 있는 사실이다. 그런데 박정희의 남로당 가입과 관련해서는 형(박상희) 때문에 단순히 가입정도에 머물렀다고 전해진다. 단순히 가입한 사람에게 남로당 당원명부와 같은 기밀정보를 알려줄 조직이 어디에 있겠는가? 역사를 정치적·사회적 제도에 국한하거나 거시사적인 관점으로 기록한 결과이다. 미시사적 관점으로 역사 연구의 전환이 필요하다.

■■■■

여순사건은 죽음의 역사였다. 피울음의 역사였다. 사람 냄새와 사람 모습을 담는 글을 쓰려고 애를 썼다. 그래서 여순사건과 관련된 곳이면 쫓아다니며 발품을 팔았다. 고통스러운 과거 이야기를 해주신 어르신들께 감사드린다. 머리가 아닌 가슴으로 피울음 소리를 느끼게 해준 어르신들이 당당하게 대한민국의 국민으로 살기를 소망한다.

이 책이 나오기까지 수고해 주신 (주)북랩의 손형국 사장님과 여러분께 감사드린다. 항상 채찍과 격려로 나태함을 일깨워 주신 순천대학교 사학과 교수님, 전북대학교 사학과 교수님, 그리고 주위의 모든 분들에게 고마움의 뜻을 전한다.

바쁘다는 핑계로 같이 하지 못했지만 아빠에게 힘이 되어 준 혜령·태건에게 미안함과 고마움, 남편이 하고 싶어 하는 일을 묵묵히 지켜봐 주는 사랑하는 부인 이현정에게 이 책을 바친다.

2013년 3월
가막만이 내려다보이는 구봉산에서

목 차

책머리에 4

제1부   대한민국 국군과 주역들 / 15

【시선-1】 대한민국 국군 / 17

1. 욱일승천기는 빛났다   20
2. 일제의 잔재와 미군들   23
3. 대한민국 국군의 주체는?   28

【시선-2】 여수와 제14연대 사람들 / 37

1. 문학인 이영순 초대 연대장   37
2. 제주와 여수의 연대장 김익렬   39
3. 광복군 오동기 연대장   43
4. 박승훈 연대장의 탈출   47
5. 증언자, 이희권 부연대장   51

【시선-3】 여순사건 인식의 전환, 1967년 / 56

1. 군사쿠데타와 박정희의 맛보기   56
2. 한국전쟁사에 담긴 여순사건   61

【시선-4】 제14연대는 빨갱이 소굴 / 68

1. 정부가 인식한 제14연대는?   68
2. 제4연대 차출된 병력은?   70
3. 제14연대에 모여든 사람들   75

【시선-5】 여순사건, 남로당의 지령인가? / 84

1. 남로당은?   84
2. 남로당 지령인가?   89
3. 스탈린의 지령   95

제2부 비상나팔소리와 빨갱이들 / 99

【시선-6】 제주도를 토벌하라! / 101

    1. 제주도 토벌을 준비하라!   101
    2. 제주도로 출동하라!   107
    3. 제주도 파병을 명령한 이유는?   112

【시선-7】 제14연대 군인 '봉기' / 118

    1. 여순사건의 현재이야기   118
    2. 10월 19일 밤, 비상나팔소리   123
    3. 여순반란사건, 누가 처음?   125
    4. 제주토벌출병거부 병사위원회   128
    5. 23명이 부대에 잠입?   134

【시선-8】 여순사건 총지휘자는 누구인가? / 138

    1. 오동기 연대장과 송욱 교장   138
    2. 반군의 수괴 김지회   141
    3. 총사령관 홍순석   149
    4. 해방군 연대장 지창수   153
    5. 총지휘자는 누구인가?   161

【시선-9】 지창수 연설과 '경찰 타도!' / 167

    1. 대한민국 경찰의 탄생   167
    2. '경찰 타도!'   172
    3. 새로운 증언도 있다   180
    4. 여수 인민대회와 지창수   186

【시선-10】 제14연대 장교의 생生과 사死 / 192

    1. 제14연대 장교와 사병   192
    2. 장교들의 죽음   195

제3부 학살과 불량 국민들 / 201

【시선-11】 민중의 동조와 호응 / 203

    1. 민중의 피폐한 생활   203
    2. 1948년 자연재해와 민심의 동요   209
    3. 전남 동부 지역의 정치적 상황   215

【시선-12】 환상의 여학생 부대 / 220

    1. 여순사건과 학생들   220
    2. 환상의 여학생 부대   223
    3. 여수여중 교장 송욱   230

【시선-13】 불바다의 도시 / 236

    1. 육·해·공 합동작전   236
    2. 잿더미 불바다의 거리   239
    3. 봉산지서 습격당하다?   247

【시선-14】 국회의원도 검사도 불량하다! / 252

    1. 순천의 상황   252
    2. 국회의원의 구사일생   256
    3. 검사의 죽음   261

【시선-15】 학살, 산수유 동백꽃의 피울음 / 267

    1. 누가 죽였는가?   267
    2. 산수유의 노란빛깔   272
    3. 오동도 붉은 동백꽃   277
    4. 얼마나 죽었던 것일까?   282

제4부 국가폭력과 사람들 / 289

【시선-16】 혁명의용군사건의 진실은? / 291

1. 국가폭력의 시발	291
2. 혁명의용군사건의 실체	295
3. 인물의 역학관계와 진실	299
4. 극우 정객 김구의 변명	306

【시선-17】 손양원, '사랑의 원자탄'의 비밀? / 311

1. 사랑의 원자탄	311
2. 두 아들의 죽음과 순교	315
3. 양자의 삶	320
4. 손양원 목사의 순교	326

【시선-18】 여순사건과 박정희 / 330

1. 박정희와 여순사건 공박	330
2. 박정희 남로당에 가입했는가?	339
3. 두 장의 사진과 박정희	344

【시선-19】 1948년, 여순사건은? / 349

1. 국가에 충성했던 청년	350
2. 말문을 닫은 할머니	355
3. 1948년, 여순사건	359

〈불량 국민들〉 주요 등장인물

이름	내용
이영순	제14연대 초대 연대장.
김익렬	제주 제9연대와 여수 제14연대 연대장을 역임함.
오동기	제14연대 연대장이며, 혁명의용군사건에 연루됨.
박승훈	당시 제14연대 연대장.
이희권	당시 제14연대 부연대장.
김지회	당시 제14연대 4중대 중대장으로 주도 인물.
지창수	당시 제14연대 특무상사이며 주도 인물.
홍순석	당시 제14연대 순천파견 중대장으로 주도 인물.
송 욱	여수여중학교 교장으로, 민중의 총지휘자로 몰려 처형됨.
황두연	당시 순천갑 지구 국회의원으로 빨갱이로 몰림.
박찬길	당시 순천지청 차석 검사로 경찰에 의해 총살됨.
최능진	혁명의용군사건의 연루된 주요인물.
손양원	당시 두 아들을 잃었으며, 6·25전쟁 때 본인도 희생됨.
박정희	남로당의 숙군과정에서 숙군.
김 구	여순사건과 혁명의용군사건으로 극우 정객으로 몰림.
이승만	당시 대통령으로 경고문 등 발표.
이범석	당시 국무총리 겸 국방부장관으로 주요 상황을 발표.
김동성	당시 공보처장으로 정부 입장 대변.
김형원	당시 공보처 차장으로 정부 입장 대변.

〈불량 국민들〉 주요 증언자

이 름	내 용
유관종	『한국전쟁사 1권』 발간에 참여했으며, 여순사건의 주요한 증언.
김계유	「1948년 여순봉기」 등 기고, 여순사건의 주요한 증언.
김점곤	당시 토벌사령부 작전참모 및 숙군에 참여함을 증언.
백선엽	당시 토벌사령부 정보참모 및 진압에 참여함을 증언.
김웅선	당시 병기검사원으로 제14연대에 도착, 봉기 상황을 증언.
김일도	당시 제14연대 군인으로 증언.
서형수	당시 제14연대 군인으로 증언.
허종범	당시 제14연대 군인으로 증언.
임태황	당시 제14연대 군인으로 증언.
곽상국	당시 제14연대 군인으로 증언.
김형운	당시 제14연대 군인으로(12중대 중대장) 증언.
정기순	당시 여맹위원으로 여수인민대회에서 연설을 함.
이기봉	『제14연대반란사건』, 『빨치산의 진실』 등을 저술.
신영길	봉기당시 봉산지서 지서장 대리로 여순사건을 증언. 『신영길 역사의 현장』 저술.
김석학 임종명	『광복30년: 여순반란편』 저술.
안용준	『사랑의 원자탄』 저술.
문인 조사반	박종화·김영랑·김규택·정비석·최희연·이헌구 최영수·김송·정홍거·이소녕·고영환

※ 일러두기

1. 인용문은 되도록 원문을 그대로 기록했다.
2. 여순사건을 '봉기'라고 표현하는 것이 적절하나,
   글의 의미를 전달하기 위해 '반란'과 '봉기'를 혼용했다.
3. 삽화 그림은 순천 효천고등학교 안철수 선생님의 그림이다.
4. 당시를 설명하는 흑백사진은 인터넷에 공개된 사진이다.

제 1 부

대한민국 국군과 주역들

대한민국에서는 아직까지도 잘못된 역사를 청산하거나 단죄할 수 있는 방법이 없다. 욱일승천기를 휘날리며 거리를 활보하는 일본 보수우익의 낡은 사고에 대한민국도 여전히 갇혀 있다.

■
■
■

미국은 점령군으로 한반도 남쪽에 발을 내딛었다. 패전국의 군인과 경찰을 그대로 받아들여 대한민국의 정통성이 무엇인지 혼란에 빠뜨렸다.

대한민국 국군

1945년 8월 15일 해방이 되었다. 해방은 전남 동부 지역 사람들에게도 감격 그 자체였다. 일제의 폭력지배에서 벗어나는 순간, 힘없이 당하고만 살았던 민중은 잔악한 식민통치를 허물기 시작했다. 식민통치의 상징이었던 신사神社가 대표적인 표적이었다. 전남 보성군 율어면 문양리 장터 뒷산에 세워진 3칸 목조 신사는 일왕이 항복을 선언한 지 2~3시간 만에 성난 군중에 의해 불태워졌다.

수많은 억압의 굴레를 벗어 던지고 자주적인 독립국가 건설에 민중은 부풀어 있었다. 조선인끼리 살 수 있게 됐다는 기쁨 속에는 착취의 굴레를 벗어날 것이라는 희망도 함께 했다. 해방은 굶주리고 신음했던 백성에게 일제강점기 수난의 역사가 청산될 것으로 기대되었다. 착취와 굴종된 삶에서 새로운 세상을 상상하며 들떠 있었다. 하지만 민중의 기대와 달리 이 땅은 다시 민족반역자의 세상이었다. 일장기에서 성조기로 바뀐 조국은 착취와 굴종된 삶을 또 다시 요구했다.

누구를 위한 해방이었을까. 무엇을 위한 독립운동이었을까. 결정은 오로지 미국의 손에 달려 있었다. 일제의 추악한 악습과 악행은 버젓이 미군에 의해 되살아났다. 신사를 불태웠던 성난 조선 민중은 새로운 점령군에 의해 경거망동해서는 안 되는 사람들로 취급되었다. 조선 땅에 조선 사람은 없었다. 대한민국 현대사는 이렇게 시작되었다.

1948년 8월 15일, 대한민국 정부가 수립되었다. 대한민국 헌법 전문에는 "우리 대한민국은 3·1운동으로 건립된 대한민국 임시정부의 법통과 불의에 항거한 4·19민주이념을 계승하고"로 명시되어 있다. 우리 민족사에서 처음으로 민국民國이 건립된 1919년을 효시로 하고 있다. 대한민국 임시정부는 항일독립투쟁의 주축이었으며 선봉장이었다. 따라서 대한민국 국군은 항일독립투쟁에 나섰던 '광복군' 정신을 이어받는 것이 헌법정신에 부합하다.

하지만 안타깝게도 대한민국 국군의 정신은 멀리 왕조시대로 거슬러 올라가 '화랑도 정신'을 운운하고 있다. 즉 대한민국 국군은 항일독립투쟁의 자랑스러운 역사를 배반하고, 헌법을 위배하고 있다. 대한민국의 정통성과 정체성을 부정하고 있는 것이다.

이런 어처구니없는 일이 대한민국 국군 창설 이래 65년 동안 계속되고 있다. 국군은 이를 바로잡을 생각조차 하고 있지 않으며, 육군사관학교를 졸업한 엘리트 장교를 비롯한 군인들도 이에 대한 문제를 제기하는 용기 있는 군인이 없다.

왜 이런 일이 벌어진 것일까. 해방을 맞이하고 미군정의 시대가 열렸다. 미군정은 일본군과 만주군 위주로 국방경비대를 창설했다. 일본군과 만주군은 반민족적 친일행각을 감추기 위해서 광복군의 항일무장 정신을 이어받을 수 없었다. 그래서 엉뚱하게 왕조시대의 화랑도 정신을 들먹이면서, 광복군의 정신사적 맥을 끊어 버렸다.

일왕에게 충성을 맹세했던 만주군과 일본군의 친일 민족반역자들에게 민족사적 의의와 역사성은 걸림돌에 불과했다. 조국과 민족을 위해 목숨 바친 항일무장 광복군은 얼마 전까지만 해도 친일 민족반역자들에게는 적이었다. 그런데 해방이 되었다고 하여 광복군 '항일무장투쟁'의 정통성과 혼을 국군의 정신으로 받아들일 수 없었다. 해방된 조국은 이미 민족반역자인 그들의 손아귀에 있었다. 미군정의 굳건한 비호 아래서…….

대한민국 젊은이는 국방의 의무를 수행해야 한다. 젊은이들이 대한민국의 헌법을 수호하는 당당한 국민으로 국방의 의무를 수행할 수 있도록 국군의 정통성을 수립해야 한다. 역사 앞에 부끄러움이 없는 대한민국 군인으로서 주어진 의무를 충실히 수행할 수 있도록 국군의 정체성을 바로잡아야 한다. 친일 민족반역자들이 설정한 잘못된 국군의 정통성과 정체성이 우리 젊은이들의 영혼을 갉아먹는 일이 있어서는 안 된다.

대한민국 국군 창설에 무슨 일이 벌어졌고, 창설의 주역들이 누구인지 우리는 정확하게 알아야 할 책무가 있다.

1. 욱일승천기는 빛났다

　1948년 10월 19일 밤 8시경. 여수 주둔 국군 제14연대 일부 군인들의 움직임이 심상치 않았다. 무기고와 탄약고 주변에는 총성소리와 함께 몇몇 사병들이 기민하게 장악했다. 비상나팔소리가 10월의 밤하늘을 갈랐다. '동족상잔 결사반대', '미군 즉시 철퇴'를 주장하는 군인들이 제주도 출병을 거부하며 봉기를 일으켰다.
　곳곳에서 총소리가 났고 장교들이 쓰러졌다. 부대원을 선동하는 소리가 들렸으며, 순식간에 반군이 부대를 장악했다. 이윽고 반군은 여수·순천을 비롯한 전남 동부 지역을 점령했다. 정치·경제·사회적으로 불만이 고조되었던 지역 사람들의 동조·호응은 여순사건의 확산에 큰 몫을 했다. 대한민국 정부가 수립된 지 65일 만에 발발한 군인 봉기는 이승만 정부에게 통치 능력의 실험대가 되었다.

　여순사건의 점화는 군에서 시작되었다. 대한민국 국군에서 인정하지 않고 싶겠지만, 역사적 사실이다. 그러므로 여순사건을 이해하기 위해서는 대한민국의 국군이 어떻게 창설되었으며, 군대를 창설했던 사람들은 어떤 사람들이었는지를 아는 것은 매우 중요하다.
　다음 〈사진-1〉을 잠시 설명하고 가겠다. 사진이 컬러가 아님이 조금 아쉽다. 사진은 제14연대 군기軍旗이다. 깃발 아래 부분에 '재ㅍ려단재+四연대 14'라고 표기되었다. 당시와 지금의 표기법이 다소 차이가 있음을 알 수 있다. 군기는 제14연대가 제5여단으로 배속된 1948년 6월 1일 이후 만들어진 것으로 짐작된다. 깃발을 유심히 보기 바란다. 무엇이 연상되는가.

〈사진-1〉 제14연대 군기

제2차 세계대전 당시 일본 해군에서 사용했던 욱일승천기旭日昇天旗가 연상되지 않는가. 흑백사진이라 색깔을 구별할 수 없지만 군기의 밑바탕은 욱일승천기와 별반 다르지 않게 보인다. 욱일승천기는 '떠오르는 태양의 기운'을 뜻하는 욱일기 또는 태평양전쟁 때에는 대동아기로도 불렸다. 일본 제국주의와 군국주의의 상징이다.

욱일승천기는 태양 주위에 16줄기 햇살이 도안되어 일본 해군의 군함기로 사용했다. 일본이 제2차 세계대전에서 패배하면서 사용이 금지되었다. 그러나 일본 해상자위대가 1952년부터 16줄기 햇살의 욱일기를 군기로 제정하면서 다시 사용하게 되었다. 오늘날에는 일본 육상자위대도 8줄기 햇살의 욱일승천기를 군기로 사용하고 있다.

제14연대 군기는 태양을 상징하는 부분에 무궁화 문양을 바탕으로 별

모양을 그려 넣었고, 제14연대를 상징하기 위해 14줄기 햇살이 퍼져나가는 모양이다. 군대를 상징하기 위해 총과 칼도 그린 것 같다. 제14연대 군기를 만든 이가 누구였기에, 욱일승천기를 본떠서 만든 것일까. 일제 군국주의의 환상에서 벗어나지 못하는 제14연대 깃발은 대한민국 국군의 현실을 여실히 반영하고 있다.

제14연대 군기는 초대 연대장으로 부임한 이영순이 만든 것으로 짐작된다. 이영순은 일본 해군 중위로 해방을 맞이했다. 욱일승천기가 일본 해군의 상징이었던 것과 이영순이 일본 해군 출신이며 제14연대 초대 연대장으로 부임했던 것에 비추어 보면 그렇다는 것이다. 특히 이영순은 문학적 기질이 뛰어난 군인이었다.

이 한 장의 사진이 의미하는 것은 대한민국 국군의 창설에 일본군과 만주군 출신이 주도·핵심이었다는 것이다. 해방된 조국에 일제로부터 호의호식했던 또는 권력을 누렸던 이들이 다시 전면에 나선 것이다. 일제 군국주의 문화가 혼란의 시대를 악용하여 재등장한 것이다. 이들의 등장은 1945년 해방을 맞이한 혼란기라는 시대적 상황에 잠시 국한된 것이 아니다. 21세기 현재까지도 대한민국 국군으로부터, 보수우익으로부터 추앙받고 있다.

만주 간도특설대에서 독립군 토벌에 앞장섰던 김백일 동상 건립 문제, 백선엽의 명예원수元帥 추대와 백선엽 전기 뮤지컬에 국고 지원 문제, 박정희의 기념관 등 친일파 추앙 작업이 곳곳에서 이루어지고 있다. 이러한 것이 가능한 것은 '반공이데올로기'로 통제·억압했던 이승만·박정희·전두환 독재정권의 망령에서 벗어나지 못하고 있기 때문이다.

일본 정치인들의 야스쿠니 신사참배, 위안부와 독도 문제 등이 터질 때마다 우리 국민들은 분노한다. 태평양 전쟁 당시의 일본군 제복에 욱일승천기를 들고 거리를 활보하는 일본 보수우익들의 행동을 보면서, 우리는 일본인들의 올바른 역사 인식을 촉구하고 있다. 하지만 정작 우리는 우리나라에서 벌어진 역사에 대해서는 아직도 냉전체제 사고에 꽉 막혀 있다. 올바른 역사 인식을 요구하는 주장에는 '빨갱이'로 단죄한다.

대한민국에서는 아직까지도 잘못된 역사를 청산하거나 단죄할 수 있는 방법이 없다. 잘못된 역사에 대한 진실규명이나 평가조차도 가로막혀 있다. 욱일승천기를 휘날리며 거리를 활보하는 일본 보수우익의 낡은 사고에 대한민국도 여전히 갇혀 있다. 제14연대의 깃발은 1948년에 국한된 것이 아니다. 대한민국 국군의 현주소이다.

2. 일제의 잔재와 미군들

제14연대 깃발을 들고 서 있는 미군들의 표정도 흥미롭다. 미군들이 서 있는 곳은 제14연대로 보인다. 뒤편에 여수 구봉산 자락이 보인다. 사진 속 왼쪽 미군은 긴 코트를 입고 담배를 물고 있으며, 오른손 새끼손가락은 부상을 당한 것 같다(일명, A-미군). 오른쪽의 미군은 권총을 차고 있으며 키가 조금 작아 보인다(일명, B-미군). 미국 「LIFE」지에서 공개한 사진에는 두 미군의 사진이 총 4장 있다. 이들은 광주 반군토벌사령부에서부터 여수까지 직접 내려와 작전과 진압에 참여한 것으로 보인다.

〈사진-2〉 반군토벌사령부

〈사진-2〉를 설명하면, 담배를 물고 있는 가운데 군인은 송호성 사령관이고 송호성 사령관 왼쪽에 있는 인물이 박정희이다. 장소는 광주 반군토벌사령부로 추측된다. 그렇지만 송호성 사령관이 10월 24일 여수탈환에 직접 나섰던 점을 고려하고, 두 미군이 여수 제14연대와 여수시가지에서 사진을 찍었던 것으로 보아 꼭 광주라고 단정할 수는 없다. 만약 현지(여수·순천)라고 한다면 박정희도 여순사건 진압을 위해 여수에 내려왔다는 것이 된다. 하지만 현재까지 박정희가 여수 현지에 내려왔다는 근거는 없다.

〈사진-3〉은 기관총이 장착된 지프차에서 진압군과 미군이 이야기를 나누는 장면이다. B-미군의 복장은 그대로인데, A-미군은 긴 코트를 벗은 모습이다. 〈사진-4〉는 여수 시내가 불타고 있는 장면으로, 시가지 시찰로 보인다. 두 미군의 복장은 〈사진-1〉과 같다.

〈사진-3〉 미군과 진압군 대화

〈사진-4〉 여수 시내 시찰

　〈사진-2〉에서 송호성 사령관의 오른쪽 미군과 〈사진-1〉의 B-미군은 동일인물이다. 〈사진-3〉에서는 두 미군의 계급을 어렴풋이 확인할 수 있다. A-미군은 대위 계급으로 보인다. 〈사진-2〉와 〈사진-3〉을 잘 확인하면 B-미군의 계급이 대령임을 확인할 수 있다. 문제는 대령 계급이다. 지금껏 '대령' 계급의 영관급 고문관이 여순사건 진압작전에 참여했다는 연구는 없었다.

미군 고문관은 여순사건 진압작전에 참여하여 병력지원과 작전지원 등 큰 공을 세웠다. 미군 고문관이 여순사건 진압작전에 참여할 수 있었던 근거는 무엇일까. 1948년 8월 15일 대한민국 정부수립과 함께 미군정은 폐지되었다. 1947년 유엔총회 결의는 "정부수립 후 90일 이내에 미소 양군을 철수시킨다"였다. 하지만 아직까지 국토방위 능력과 미국의 원조가 필요했기에 이승만 정부는 한미잠정군사협정을 1948년 8월 24일에 체결하여 군사에 관한 권한을 미군에 넘겼다.

이틀 후인 8월 26일 주한미군고문사절단을 설치하고 그 산하에 임시고문단(PMAG, Provisional Military Advisory Group)을 두었다. 임시고문단 단장은 로버츠(William Roberts) 준장이 임명되었다. 임시고문단의 구성원은 초기에 100명이었으나 1948년 말에는 241명으로 늘어났다. PMAG는 1949년 7월 1일 주한미군사령부 철수와 더불어 KMAG(The United States Military Advisory Group to the Republic of korea)로 발족한다.

여순사건이 발발하자, 대책회의를 주도한 사람도 임시고문단 단장 로버츠 준장이었다. 지금까지 여순사건 진압작전에 참여한 미 임시군사고문단은 하우스만(James Hausman) 대위·존 리드(John Reed) 대위·모어(Gordon Mohr)·그린븜(Stewart Greenbaum) 등 총 8명으로 알려져 있다.

하우스만 대위는 총사령관의 고문자격으로 미 임시군사고문단을 대표하는 작전책임자였다고 스스로 밝혔다. 또한 한국군사령부가 사태진압에 적절한 대처를 하지 못하면 즉각 작전통제권을 직접 관장하도록 로버츠 고문단장으로부터 명령도 하달 받았다. 여순사건의 진압에 미군 대위들이 주도적으로 역할을 했음을 보여주고 있다.

그렇다면 위 사진으로 설명했던 '대령' 계급의 미군은 어떻게 된 것일까. 사진을 잘못 판독한 것일까. 그렇지 않다. 미 임시군사고문단으로 참여한 고문관은 8명이 아니라 9명이었다. 미 임시군사고문단에서는 여순사건이 급박한 것을 깨닫고 헐리 플러(Hurley E Fuller) 대령 등 고위 군사고문관을 현지로 내려 보냈다.

지금껏 하우스만 대위의 저작물(『한국 대통령을 움직인 미군대위』)과 인터뷰 등에서 밝힌 내용에만 너무 천착했다. 하우스만 대위는 본인 중심으로 미군 고문관의 역할을 주장하였다. 그러다보니 대위 계급이하의 고문관에 집중되었고, 영관급 고문관이 파견되었다는 것을 미처 생각하지 못했다. 사진 속에서 설명했던 B-미군은 헐리 플러 대령일 가능성이 매우 높다. 즉 미군 영관급 장교가 여수 현지까지 내려와 작전과 상황파악을 했음을 사진들은 증명하고 있다.

헐리 플러 대령을 비롯한 미군 임시고문단은 여순사건에서 대한민국 국군에게 군사작전과 전투를 가르쳤다. 동족을 상대로 대한민국 국군은 실전 훈련을 한 것이다. 대한민국 국군 창설 이래 첫 실전 전투를 치른 것이 바로 여순사건이다. 미군의 엄청난 무기 지원과 군사작전을 배워가면서 여순사건은 진압되었다.

3. 대한민국 국군의 주체는?

　1945년 해방은 민족에게 기쁨과 동시에 혼란의 정치시대를 한반도에서 시작하게 하였다. 우후죽순처럼 정당과 단체가 이합집산을 거듭하면서 미군정의 아놀드 군정장관은 1945년 10월 정당·사회단체를 등록하도록 포고령을 발표했다. 11월 1일까지 등록된 정당·사회단체는 205개나 되었다. 미국인들은 "한국인은 두 명만 모여도 정당을 만든다"고 비웃었다.
　또한 사설군사단체도 다르지 않았다. 조선임시군사위원회·조선국군준비대·학병동맹·학병단·조선국군학교·대한무관학교·광복군 및 동계단체 등 30여개의 군사단체가 건군의 주체임을 내걸고 치안유지나 간부양성을 도모했다. 사설군사단체들은 정치세력에 따라 좌우로 나누어 세력을 확대하고 있었다.
　미군정은 1945년 11월 13일 군정법령 제28호를 공포하고 국방사령부를 설치했다. 남조선국방경비대(이하 국방경비대)는 1946년 1월 14일 정식 발족했으나 경비대의 설치령은 군정법령 제86호로 1946년 6월 15일에 추인되었다. 미군정은 국방경비대를 정식 발족함으로써 난립하고 있던 사설군사단체에 대하여 1946년 1월 21일부로 해산을 명령했다. 그 후 우익 군사단체에 참여했던 이들은 대부분 국방경비대에 입대했다.
　문제는 국방경비대의 목적이다. 미군정은 국방경비대를 경찰의 보조기관인 경찰예비대의 성격으로 규정한 것이다. 즉 국군의 모체라는 군대 개념이 아니었다. 그렇지만 여기에 참여했던 한국인들은 국군의 모체로 인식했다. 이는 국군과 경찰의 갈등을 조장하는 신호탄이었다.
　국방경비대 창설을 앞두고 미군정이 가장 애로를 느낀 것은 '언어의 장벽이었다. 기초적인 군사영어를 할 수 있는 통역관이 필요했다. 그리하여 미군정은 특별언어학교를 설치한다.

1945년 12월 5일 서울 서대문구 냉천동 소재 서울 감리교신학교에 군사영어학교(Military Language School)를 창설했다. 군사영어학교 설치목적은 미군 지휘관의 통역관을 양성하는 것이었다. 하지만 결과적으로 대한민국 국군의 실질적인 인물을 양성하는 군대 모체적인 성격을 띠었다.

군사영어학교를 졸업하고 국방경비대 장교로 임관한 인원은 110명이다. 이중 일본군 출신이 87명, 만주군 출신이 21명으로 총 108명이 일본군과 관련 있는 인물이었다. 이들 모두를 친일파라고 할 수는 없지만 대한민국 국군의 초기 현실을 말해주고 있다. 이외에 이성가와 유해준이 있었다. 이성가李成佳는 친일적인 중국 군벌인 왕정위군 출신이며, 유해준兪海濬은 유일한 광복군 출신이다.

유해준은 군사영어학교를 졸업하고 부위(중위)로 임관했다. 하지만, 1946년 5월 제1연대에서 발생한 소요사건으로 군을 떠난다. 일부에서는 유해준이 유호兪湖라는 예명으로 「전우야 잘 자라」, 「전선야곡」, 「신라의 달밤」등의 노래를 작사한 것으로 기록하고 있다. 그러나 이 노래를 작사한 유해준은 동명이인이다. 군인 유해준은 유호라는 이명을 사용한 적이 없다.

군사영어학교 출신으로 대표적인 인물은 정일권·채병덕·이후락·백선엽·최남근·장도영·이희권·송요찬·강영훈·박진경·원용덕·장창국 등이다. 이들은 훗날 대한민국 국군의 주요한 자리를 돌아가면서 차지했다. 5·16군사쿠데타 이후에는 내각수반·국무총리·중앙정보부장 등 행정부와 정치에서도 주요하게 활동했다. 일본군·만주군에서 대한민국 국군의 수뇌부로 그리고 대한민국 정치의 핵심으로 권세를 누렸다.

군사영어학교에 광복군 출신이 적었던 이유는 무엇일까? 광복군 국내지대장 오광선吳光鮮은 광복군 주력부대가 중국에 있는 상황이기 때문에 "광복군이 개선해서 국군의 모체가 되어야 한다"고 광복군의 법통을 내세웠다. 중국에 있는 광복군이 개선하면 이들이 국군을 창설해야 한다며 군사영어학교의 입학을 탐탁하지 않게 받아들였다. 오광선의 생각은 미군정에게 중요한 것이 아니었다. 미군정은 광복군을 인정하지 않았다. 그래서 임시정부를 비롯한 모두가 개인자격으로 귀국했다. 미군정에게 중요한 것은 독립군이냐, 일본군이냐가 아니었다. 한반도 점령군으로서 자기 입맛에 맞는 상대를 포진시켜 반공주의 국가의 토대를 만드는 것이 중요했다. 여기에 일본군·만주군 출신은 적격이었다.

군사영어학교는 군인을 양성하는 것이 목적이 아니었기에, 미군정은 2만 5천명 규모의 경찰예비대 성격을 띤 소위 뱀부계획(Bamboo Plan)을 수립했다. 미군정에서는 경찰예비대 개념에 따라 조선경찰예비대라고 불렀다. 우리 측에서는 국군의 모체가 될 것을 감안하여 남조선국방경비대(이하 국방경비대)라고 호칭했다. 미군정과 우리 측 간에 서로 생각이 달랐다. 미군의 계획에 의한 경비대 임무는 경찰지원 및 국가 비상시에 동원되어 국토를 방위한 것이다.

1946년 1월 15일, 국방경비대 제1연대가 창설되었다. 제1연대는 태릉의 일본군 지원병훈련소(현 육군사관학교)에서 660명 병력으로 시작했다. 초대 연대장에는 군사영어학교를 졸업한 일본군 소좌 출신의 채병덕이다. 제2연대는 대전에 2월 28일 창설되었으며, 군사영어학교를 졸업한 일본군 대위 출신의 이형근이다. 이형근은 대한민국 군번 1번을 부여 받았다.

광주 제4연대는 2월 15일 창설되었으며 연대장에는 만주군 대위로 간도특설대 출신의 김홍준이 부임했다. 국방경비대는 제3연대 이리, 제5연대 부산, 제6연대 대구, 제7연대 청주, 제8연대 춘천 등 전국 8도에 하나씩 1946년 4월 1일까지 창설을 마쳤다.

연 대	연대장	출신 계급	비고
제1연대(서울)	채병덕	일본군 소좌	병기장교
제2연대(대전)	이형근	일본군 대위	포병장교
제3연대(이리)	김백일	만주군 대위	간도특설대
제4연대(광주)	김홍준	만주군 대위	간도특설대
제5연대(부산)	박병권	일본군 소위	학병
제6연대(대구)	김영환	일본군 소위	학병
제7연대(청주)	민기식	일본군 소위	학병
제8연대(춘천)	김종갑	일본군 소위	학병
제9연대(제주)	장창국	일본 육사	사관후보생

 부대편성이 완료된 시점은 1946년부터 1948년까지 연대별로 차이가 있었다. 당시 국방경비대는 경찰예비대 성격 때문에 경찰에 비하여 처우조건이 좋지 않았다. 제주 제9연대는 1946년 11월 16일 창설되어 1947년 3월 20일에 부대편성이 완료되었다. 제9연대는 1946년 8월 1일에 제주도(島)가 제주도(道)로 승격하면서 창설하게 된 것이다.
 국방경비대가 창설되면서 장교 양성이 필요했다. 1946년 5월 1일 태릉에 조선경비대훈련소(Korean Constabulary Training center)를 설치했다. 우리 측에서는 남조선국방경비사관학교라고 불렀다. 6월 15일 조선경비사관학교(이하 경비사관학교)로 개칭되었다.
 경비사관학교 1기생은 5월 1일 군사영어학교에서 임관하지 못한 학생 60명과 경비대 각 연대의 사병 중에서 2~3명씩 선발된 28명 등 모두 88명이 입교했다. 해군창설요원으로 20여명이 빠져나가고 실제 교육생은 60명이었다. 이들은 약 45일 정도 교육을 받고 6월 15일 40명이 임관했다. 1기생 대표적인 인물로 김점곤·임부택·서종철·이상근(이형근의 동생)·안영길·김학림과 여순사건 당시 '백두산 호랑이'로 악명 높았던 김종원이 있다.

2기생은 1946년 9월 24일에 입교하여 12월 14일에 임관했다. 2기생은 전국 8개 연대와 군사경력을 가진 민간인 등이 필기고사와 면접 신체검사를 통해 선발되었다. 대표적인 인물로는 박정희가 있다. 또한 박정희를 저격했던 김재규를 비롯하여 한웅진·이규동·한신·공국진·표무원·강태무 등이 2기생이다.

3기생은 군대경력이 있는 사병을 중심으로 338명이 입교하여 296명이 임관했다. 1947년 1월 13일 입교하여 4월 19일까지 95일간 과정을 마치고 장교로 임관하여 소대장에서 중대장·대대장 등 군의 정통코스를 거친 기수이다. 3기생에는 김지회·홍순석·문상길·김창룡·송호림·양찬우 등 색깔이 뚜렷한 인물들이 많이 임관되었다. 이로 인하여 제주도 4·3사건과 여순사건의 진압과정에서 동기생끼리 적과 우군으로 나뉘어 전투를 벌였다.

4기생은 120명이 입교하여 105명이 임관했다. 3기생에 비하여 적은 숫자였다. 5기생은 군 출신이 아닌 민간인만을 대상으로 모집했으며, 교육기간도 9개월로 가장 길었다. 5기생은 1947년 7월 1일에 420명이 입교하여 1948년 4월 6일에 380명이 임관했다. 여순사건 당시 대부분이 소대장과 중대장을 맡았으며 피해도 커 6명이 피살되었다.

6기생은 각 연대의 우수 하사관과 사병 가운데서 선발했다. 1948년 5월 5일에 277명이 입교하여 7월 28일에 235명이 임관했다. 여순사건 당시 대부분이 소대장으로 활동했다. 이들 중 조병모 소위를 비롯한 7명이 여순사건에 피살된 것으로 알려져 있다.

군사영어학교에서 경비사관학교 6기생까지 임관한 장교가 여순사건과 관련 있다. 이들은 여단장에서부터 소대장 등으로 각 부대에 배치되었다. 아래 도표의 수는 자료에 따라 약간 차이가 있다. 파면자 수는 숙군되거나 부정행위자이다. 대부분 숙군으로 보면 될 것 같다. 파면 비율은 임관자 수 대비 파면자 수이다.

기수	입교자 수	임관자 수	파면자 수	파면 비율
군영	110	110	23	20.9
1기	60	40	9	22.5
2기	263	196	34	17.3
3기	338	296	70	23.6
4기	120	105	15	14.3
5기	420	380	39	10.3
6기	277	235	24	10.2
총계	1,588	1,362	214	15.7

　3기생은 임관자 수 대비 파면자 비율이 가장 높다. 여순사건 주모자로 알려진 김지회·홍순석이 있다. 또한 제주도 박진경 연대장 피살의 주범인 문상길도 3기생이다. 상대적으로 3기생까지 숙군이 많았음도 확인할 수 있다. 아이러니하게도 숙군의 대명사인 김창룡도 3기생이다. 동기생들과 함께 교육을 받으면서 냄새를 맡은 것일까······.

　1946년과 1947년 두 차례 거친 미·소공동위원회는 한반도 문제에 대해 결론을 내지 못하고 결렬되었다. 한반도 문제는 교착상태에 빠진 것이다. 미국은 한반도 문제를 유엔총회에 상정하기에 이르렀다. 그러면서 한반도에서 미군 철수를 염두하고 국방경비대를 2만 5천 명에서 5만 명으로 증강하기로 결정했다.

　전국 도별로 1개 연대로는 치안의 보완·보조 역할을 담당하기 힘들다고 미군정은 생각했다. 또한 미군이 철수하면 국토를 방위할 부대도 필요했다. 이렇게 하여 제10연대~제15연대까지 6개 연대를 추가로 창설하게 된다. 제10연대 강릉, 제11연대 수원, 제12연대 군산, 제13연대 온양, 제14

연대 여수, 제15연대를 마산에 주둔시켰다.

　대한민국 군대가 탄생되었다. 대한민국의 군대는 자생적으로 출발하지 못했다. 잘못된 일제의 습성을 버리지 못하고 시작했다. 〈사진-1〉이 의미 있는 것은 일제의 잔재와 미군의 개입으로 시작된 대한민국 국군의 모습이다.
　일본군이 연상되는 깃발을 비롯하여, 일제가 해군항공기지로 이용했던 장소에서 제14연대가 창설되었다. 다른 연대도 별반 다르지 않다. 또한 대부분이 일본군이나 만주군에서 활약했던 군인이다. 일제의 군대문화가 대한민국 군대 창설로 이어진 것이다.
　1947년 제1연대에 근무했던 사병이 친구에게 보낸 편지로 당시 일본군 잔재에 대한 현실과 고충을 알아볼 수 있다.

> 　구 일본군 장교들과 사병들이 거의 모든 중요한 지휘를 차지하고 있으므로 나는 국방경비대의 장래가 걱정된다. 이 사람들은 아직까지 친일정신(親日情神)과 일본식 사고로 가득 차 있다. 그들의 사고는 국민들의 사고와는 매우 다르다. 나는 이 같은 분위기에서 복무하는 것을 원치 않는다. 할 수만 있다면 나는 이곳을 떠나 학교에 들어갈 것이다.(노영기, 「1945-50년 한국군의 형성과 성격」, 2008)

　해방된 조국은 여전히 일제의 군대문화가 판치고 있었다. 일본군의 기합과 구타 등의 군대통솔법과 각종 군사훈련 방식이 그대로 답습되었다. 반감이 표출되고 비판이 쏟아졌다. 이러한 일본 잔재가 군대 창설과정에서만 유효했을까. 지금도 군대에서는 일본군의 군대문화에서 벗어나지 못하고 있는 것이 허다하다. 아래 인용문은 일본군이 군기를 유지하기 위해 사용한 폭력이다. 대한민국의 군대에서 벌어진 일들과 비교해 보기 바란다.

> 모자를 쓰는 법이 삐딱하다, 군복이 지저분하거나 단추를 잘못 끼었다, 병기 손질이 미흡하다, 내부반의 청소상태가 나쁘다, 규정집을 암기하지 않았다, 정렬이 느리다, 대답이 느리다, 소리가 작다, 동작이 둔하다, 태도가 건방지다.

'일왕의 군대'임을 자부했던 일본군은 그들만의 특성이 있었다. 엄격한 명령복종관계, 극단적인 정신주의(정신교육), 왕따 성격의 집단적인 린치 그리고 폭력이 일상화된 군대. 잘못된 일제의 군대 문화가 여전히 잔존하고 있는 슬픈 현실. 그 중심에 일왕을 섬겼던 일본군·만주군이 대한민국 국군 창설의 주역들로 굳건하게 존재했다.

그렇다면 미군은 어떠한가. 미국은 점령군으로 한반도 남쪽에 발을 내딛었다. 패전국의 군인과 경찰을 그대로 받아들여 대한민국의 정통성이 무엇인지 혼란에 빠뜨렸다. 특히 대한민국 군대의 창설에 일본군과 만주군을 주로 등용하고, 친일 앞잡이 경찰을 다시 등용함으로써 역사 청산에 크나큰 오점을 남겼다. 현재까지 민족반역자를 척결하지 못한 근원에는 미국도 단단히 한 몫을 했다. 우리 스스로의 잘못이 더욱 크지만……

국방경비대 창설 사진 또한 이채롭다. 성조기와 태극기를 막대기 양쪽에 나란히 묶어 들고 있다. 복장은 제각각이다. 미국은 이때부터 대한민국 최고의 혈맹국이 되었다. 미국은 대한민국에 반공주의를 심어 준 나라이다.

〈사진-5〉 국방경비대 창설 모습

이에 반대하는 사람은 '빨갱이'란 미명 아래 척결의 대상임을 깨우쳐 준 나라다. 제주 4·3사건과 여순사건 그리고 6·25전쟁 전후에 민간인 학살이 곳곳에서 자행되었다. 미국은 모르고 있었던 것일까.

미군 스스로도 폭격기로 민간인을 학살했다. 전국 곳곳에서 벌어진 일임에도 발뺌을 했던 나라이다. 국제사회에 문제가 되자 인민군으로 오인하여 폭격했다고 거짓말로 얼렁뚱땅 덮고자 했다. 공산주의자를 무찌르다보니 어쩔 수 없는 상황이었다고 이해를 요구한 나라이다. 책임과 반성보다는 거짓말과 책임회피가 일반화된 나라. 미국의 행동에는 승자 독식과 자국의 이익만이 존재했다. 그런 미국이 대한민국 국군 창설에 가장 깊이 개입했다.

시선 2
여수와 제14연대 사람들

1. 문학인 이영순 초대 연대장

1948년 5월 4일 여수 주둔 제14연대가 창설되었다. 제14연대 창설의 핵심은 광주 제4연대에서 차출된 1개 대대였다. 말이 1개 대대였지 인원은 겨우 100여명에 불과했다. 광주에서 차출된 1개 대대에는 훗날 여순사건의 주도세력으로 등장하는 김지회·홍순석·지창수·이영회·정낙현 등이 함께 했다. 제14연대 초대 연대장은 제4연대 1대대장을 역임하고 있던 이영순李永純 소령이었다.

당시 부대창설에는 미군 고문관도 같이 했다. 일반적으로 각 부대 창설 때마다 미군 장교 1명과 하사관 2명이 같이 동행했다. 여수주둔 제14연대에도 그린븜(Stewart Greenbaum)이 고문관으로 내려왔다. 하사관에 대해서는 누구인지 확인되지 않고 있다.

이영순 소령은 1922년 충북 영동에서 태어났다. 1934년에 일본으로 건너가 동경제일고교를 나와 1942년 동경제대 경제학부에 입학했다. 이영순은 1944년 1월 학병學兵으로 징집되어 일본 해군 중위로 해방을 맞이했다. 해방 후 이영순은 미 군정청의 군사영어학교에 입학하여 1946년 중위로 임관했다.

이영순의 이력은 매우 흥미롭다. 그는 동경 유학시절부터 문학에 관심이 많았다. 고등학생 시절에 문학단체 간사를 했고, 동경제대 시절에는 시극 「유의」, 「세기의 문학」 등을 발표했다. 이러한 경력 때문에 그는 일본군에서 야전부대보다는 주로 경리장교를 역임했다.

이러한 이영순의 문학적 자질은 군 생활에서도 그대로 나타났다. 그는 제14연대 연대장으로 사병을 모병하고 부대 편성을 완료하기보다는 문학 활동에 열중했다. 1948년 호남일보에 연재한 장편소설 「분연(憤煙)」은 제14연대장 재임시절의 작품이다. 이듬해 「육탄(肉彈)」을 연합신문에 발표했다. 「육탄」은 1949년 8월 6일부터 「육탄십용사」라는 제목을 달아 연극으로 공연되기도 했다.

이영순은 군인이기보다는 문학인이었다. 이러한 그의 이력인지 모르겠지만, 그는 1948년 6월초에 연대장에서 물러났다. 일부에서는 이영순이 제14연대 연대장으로 발령을 받았으나 부임하지 않았다고 한다. 하지만 호남일보에 「분연」을 발표할 때 제14연대장이었다고 밝힌 것으로 보아, 연대장으로 부임한 것으로 봐야 할 것이다.

이영순은 1949년 11월 2일 대구 제6연대 1차 반란사건 때 제3여단(부산) 참모장이었다. 이영순은 법무장교 3명과 헌병 1개 소대를 지휘하여 112명의 좌익세포를 색출하여 6명을 총살형하고 나머지는 유기형을 선고했다. 6·25전쟁 때는 주한 미8군 연락장교단장으로 인천·원산 상륙작전에 참가했으며, 이어 육군하사관학교 부교장, 제2사단장 등을 역임했다. 이영순은 1953년 미 극동사령부 824부대 사령관 재임시절 긴급통화조치령 위반혐의로 징역 3년에 전 급여 몰수와 함께 파면되었다.

이후 이영순은 왕성한 문학 활동을 하면서 문학인으로 삶을 살았다.

6·25전쟁 참전 체험을 쓴 장시집 『연희고지(延禧高地)』를 비롯하여 『지령(地靈)』, 「초연(硝煙)의 시」, 「바람과 햇빛의 상실자(喪失者)」, 「가교(架橋)」, 「그러한 일화(逸話)」 등의 작품을 남겼다.

2. 제주와 여수의 연대장 김익렬

김익렬은 제14연대 2대 연대장이다. 김익렬은 1921년 경상남도 하동에서 태어났다. 일본 신호고상神戶高商 졸업을 전후로 학병으로 징집되어 일본군 소위로 해방을 맞이했다. 해방 후 김익렬은 군사영어학교를 졸업하고 참위(소위)로 임관했다.

김익렬은 1947년 9월에 제주도 제9연대 부연대장으로 부임하여, 그해 12월 중령으로 진급하면서 연대장이 되었다. 1948년 4월 제주는 민중봉기에 전 도민이 합세했다. 김익렬은 제9연대 연대장으로 제주 4·3사건을 지켜보았다. 경찰과 우익단체의 무차별적인 토벌작전에 제주사람들은 견디지 못하고, 부녀자들이고 아이들이고 산으로 들어가는 것을 보았다. 정부에서는 이들을 '무장대'라고 불렀다.

김익렬은 더 이상 지켜볼 수만 없었다. 군대를 통솔한 최고 지휘관으로 이 사태를 수습해야 한다고 생각했다. 김익렬은 제주 4·3사건을 조기에 수습하기 위해서 무장대와의 회담에 직접 나섰다. 그의 유고집에 기록된 제주 4·3사건의 발발원인을 옮겨보면,

> 나는 제주도 4·3사건을 미군정의 감독부족과 실정으로 인해 도민과 경찰이 충돌한 사건이며 관의 극도의 압정에 견디다 못한 민이 최후에 들고 일어난 민중폭동이라고 본다.

미군정의 감독부실과 실정으로 도민과 경찰이 충돌하게 되었다. 제주도민들은 관의 극도의 압정을 견디지 못하고 일어섰다. 그는 이를 '민중폭동'으로 보았다. 또한 김익렬은 미군정과 경찰의 토벌작전에 대해서도 매우 못마땅했다. 그의 유고집을 보면,

> 설사 공산주의자가 선동하여 폭동을 일으켰다고 치자. 그러나 제주도민 30만 전부가 공산주의자일 수는 없다. 그럼에도 폭동진압 책임자들은 동족인 제주도민을 이민족이나 식민지 국민에게도 감히 할 수 없는 토벌살상에만 주력을 한 것이다.

이런 토벌작전에 김익렬은 가만 보고 있을 수 없어 무장대와 직접 담판에 나섰다. 목숨을 건 회담은 성공적이었다. 이를 4·28평화회담이라 한다. 4·28평화회담은 오래가지 못했다. 5월 1일과 5월 3일 경찰과 우익청년단원들의 오라리 방화사건과 귀순자에 대한 발포사건이 발생하면서 평화협정은 무위로 돌아갔다. 미군정은 다시 강경토벌작전을 전개하기 위해 김익렬 연대장 후임으로 경비대 총사령부 고급부관(인사과장)인 박진경 중령을 내세웠다. 박진경은 취임사에서 "우리나라 독립을 방해하는 제주도 폭동 사건을 진압하기 위해서는 제주도민 30만을 희생시키더라도 무방하다"고 천명했다.

제주도 동족살상은 미군정 비호 아래 군과 경찰에 의해 자행되었다. 평화적으로 제주도민들이 제자리로 돌아가 생활하는 것을 미군정과 경찰

은 두려워하고 있었다. 왜 그랬을까? 경찰은 그동안 그들이 자행한 모든 것이 탄로 날까 봐 초조하고 두려웠다. 그래서 우익청년단원을 앞세워 방화사건과 발포사건을 일으켜, 이를 무장대 소행으로 떠넘겼다.

김익렬은 서울 총사령부로 떠났다. 그리고 6월 초에 여수 제14연대 연대장으로 부임했다. 『한국전쟁사 1권』등에는 6월 18일 부임한 것으로 나온다. 하지만 여러 정황상 6월 초에 부임한 것으로 보인다. 김익렬은 증언에서 "제14연대장으로 취임한 지 한 달쯤에 제주도 9연대 연대장이 피살되었다"는 소식을 들었다고 했다. 6월 18일 부임했다면 박진경이 피살된 날과 같다. 그렇다면 '한 달쯤'이라는 표현을 쓰지 않았을 것이다.

김익렬은 제주도와 가장 근접한 부대에 연대장으로 부임했다. 아직 여수 제14연대는 부대편성이 완료되지 않은 채, 광주 제4연대 1개 대대가 2차, 3차로 병력이 보충되고 있었다. 사병의 모병활동도 원만하지 않았다. 부대환경은 사병들이 다시 도망가는 일이 비일비재했다.

김익렬의 제14연대 연대장 시절은 제주도 문제로 시작하여 제주도 문제로 끝났다. 그가 취임한 지 한 달쯤에(6월 18일 새벽) 제주도 제9연대 연대장 박진경이 피살되었다. 범인은 제주도 무자비한 토벌 정책에 반대한 문상길 중위(경비사관학교 3기) 등이었다. 의외로 박진경 대령의 피살은 김익렬에게 불똥이 튀었다.

김익렬은 박진경 피살사건의 배후로 지목받아 미군 CIC(Counter Intelligence Corps: 육군 소속의 방첩대)에 소환되어 조사를 받았다. 김익렬은 한 달 정도 제14연대에 근무했다. 주목할 것은 김익렬이 한 달 정도 제14연대 연대장이었다는 것이다.

여순사건 반군이 주장한 제주도 출병 반대 이유는 '동족상잔의 반대'와 '미군 즉시 철수'였다. 이러한 두 강령을 채택했던 것은 제주도 상황을 모르고는 불가능했다. 즉 제주도 상황을 정확하게 인식하고 있을 때만이 가능했다. 김익렬의 제14연대 연대장 재임기간은 제14연대 사병들이 '봉기'를 일으키는 데 상당히 영향을 미쳤을 것이다. 김익렬이 연대장이라고 하지만, 당시 중대장·소대장들과는 거의 같은 연배였다. 선임 하사관들과도 마찬가지이다.

김익렬은 7월 초순 서울 총사령부에 소환되어 조사를 받았다. 박진경 피살사건과 무관하다고 밝혀졌다. 그는 잠시 쉬고 있던 1948년 8월에 총 4회에 거쳐 국제신문에 제주도 상황을 기고했다. 현직 군인이 미군정과 경찰의 토벌작전을 비난하는 글을 연재한 것이다. 그렇다면 그가 제14연대 연대장으로 어떤 행동을 했을지 짐작이 된다.

김익렬은 1948년 8월에 충청남도 온양 주둔 제13연대장으로 발령받았고, 1950년 6월 경기도 문산 주둔 제13연대장으로 6·25전쟁에 참전하여 북진 작전을 수행했다. 1952년 5월 제8사단장, 1955년 7월 제7사단장, 1960년 제1관구 사령관, 1962년 제1·2군단장, 1967년 5월 국방대학원장 등을 역임하고 1969년 1월 중장으로 예편했다.

예편 후 1988년에 제주 4·3사건의 진실을 담은 유고를 남겼다. 제주 상황을 현지에 있었던 연대장으로서 담담하게 기록했다. 아쉽게도 유고집에는 여순사건과 관련된 기록이 없다. 그는 제14연대 연대장을 한 달 정도 역임했다. 그 기간은 부대창설을 위한 모병이 가장 적극적으로 실시되었으며, 하사관 교육도 이루어졌다. 당시 제14연대 제1기생 하사관 교육은 김지회 중위가 맡았다.

3. 광복군 오동기 연대장

제3대 연대장으로 부임한 사람은 오동기 소령이었다. 오동기는 경기도 이천군 율면 석산리에서 1901년에 태어났다. 그의 본명은 오중환吳重煥으로 오동기란 이름은 중국에서 독립운동을 하면서 사용한 이명이다. 오동기는 기골이 장대했으며, 성격이 괄괄한 전형적인 무인이었다.

오동기는 10대 후반에서 20대 초반에 중국으로 건너가 낙양군관학교 전신인 강무당에 입교하여 군사훈련을 받고 만주와 중국을 전전하며 항일전투에 활동했다. 중일전쟁(1937년) 발발 후에는 산동지구에서 한국인 2개 대대를 조직하여 일본군 점령지역에서 공작을 하다가 9개월간 옥고를 치렀다. 이때부터 그는 산동성 성도인 제남濟南을 중심으로 산동지구 비밀공작과 중국군 정부 교재국에서 활동했다.

1945년 8월 15일 해방이 되었다. 해방된 조국으로 하루빨리 귀국하고 싶었지만 뿔뿔이 흩어진 중국내 동포들을 누구도 보살피지 않았다. 이들은 조국으로 돌아가고 싶었으나 방도가 없었다. 중국내에서도 연안파와 독립연맹파의 내전으로 조선동포까지 신경 쓸 겨를이 없었다. 오동기는 산동성 인근에 흩어진 동포들을 모아, 1945년 12월 삭풍의 눈보라를 뚫고 산동성 제남에서 마차 또는 걸어서 4천여 명 동포와 어린아이들을 데리고 서해가 내려다보이는 청도靑島까지 도착했다. 그러나 고국으로 돌아갈 배편이 없었다. 수소문 끝에 중국 국민당의 도움으로 미군 LST함을 소개받아 제남을 떠난 지 2개월 만인 1946년 2월 3일 인천항에 도착했다. 당시 인천항에 도착한 오동기를 비롯한 광복군에 대한 이야기가 신문에 보도되었다. 〈사진-6〉의 맨 앞줄 왼쪽에 서 있는 인물이 오동기이다.

〈사진-6〉 오동기 광복군 활동시절

이역만리에서 조국해방의 기쁜 소식을 듣고 귀국의 날을 일일천추와 같이 기다리고 있던 광복군의 일부가 드디어 4일(2월 4일) 감격의 입국을 하였다. 이들은 3일 인천에 도착한 미 군함으로 다수의 전재동포와 함께 왔는데 보무당당한 입국은 못했을망정…… 이번에 귀국한 광복군은 귀국단장 오동기(吳東起)씨와 동 부단장 장호강(張虎崗)씨인 회밑에 작년 12월 제남(濟南)을 떠나 청도(靑島)에 와서 일단 머물고 있었는데 1월 29일에 다시 청도를 떠나 귀국한 것이다.

그들의 입국은 환영받지 못했다. 그러나 그들의 가슴에는 조선독립을 위해서는 골육을 바쳐서라도 조국만년에 이바지하겠다는 결의가 대단했다. 조국을 떠난 국민으로 이국땅에서 받은 가장 큰 설움은 나라 없는 설움이었다. 조국의 완전한 독립과 자주국가 건설을 위해 혼신을 다할 것이란 다짐이 가슴속에서 불타고 있었다.

오동기는 국방경비대 3기로 특별임관(군번 10360)했다. 광복군의 경비사관학교 입교는 미 군정청 초대 통위부장을 역임했던 유동열柳東悅의 "광복군을 많이 심어 두는 것이 좋겠다"는 취지가 통했다. 그는 경비대총사령부 감찰총감직으로 군 생활을 시작했다. 특임 3기는 장교경력이 있는 사람들이 주류를 이루었으며 임관 계급도 높았다.

1948년 7월 15일 오동기 소령이 제14연대 연대장으로 부임했다. 『한국전쟁사 1권』에서는 오동기의 제14연대장 재임시절 활동을 소상히 밝히고 있다. 그는 민족주의자였으며, 혁명의용군사건은 조작되었으며, 여순사건과도 무관하다고 밝혔다. 그럼에도 불구하고 여전히 보수우익과 정부와 국군에서 발행한 문헌에는 여순사건 발발에 단초를 제공한 사람으로 오동기를 지목하고 있다.

오동기는 1948년 9월 28일 육군총사령관 송호성 준장의 소환명령을 받았다. 이범석 국무총리는 10월 1일 '정부 전복 쿠데타'로 민간인과 군인을 체포했다고 발표했다. 일명 혁명의용군사건이다. 혁명의용군사건의 군 총책임자가 오동기였다.

민간인과 군인이 결탁한 혁명의용군사건은 대한민국 정부수립 이후 최초의 '정부 전복 쿠데타'였다. 그리고 20일 후 여순사건이 발발하면서, 혁명의용군사건은 여순사건의 직접적인 배경이라고 정부는 발표했다. 그러나 이는 허위사실로 밝혀졌다. 혁명의용군사건은 〈제4부 시선-16 혁명의용군사건의 진실?〉을 살펴보기 바란다.

오동기는 혁명의용군사건으로 10년형을 선고받아 서대문형무소에 수감되었다. 6·25전쟁으로 인민군이 서울에 진주하면서 오동기는 형무소에서 풀려났다. 9·28수복 후 경찰에 자수하여 5년형으로 감형되어 1953년에 출옥했다.

오동기는 출옥 이후 혁신계 활동을 했다. 하지만 1957년 10월 20일 소위 '남반부 정치변혁공작대사건'으로 체포되었는데, 이는 박정호 간첩사건으로 더 알려졌다. 1957년 11월 16일자 신문에는 "14일 박정호와 같이 기소된 오중환吳重煥이라는 자는 생각만 해도 몸서리나는 '여수순천반란'사건을 지휘한 유명한 오동기 소령이라는 것. 吳는 그 후 군재에서 징역 5년을 언도받고 형기를 마친 후 또 다시 '오중환'으로 행세하면서 3, 4년간이나 간첩으로 암약했다"고 보도했다. 오동기는 8년형을 선고받고 1964년경에 출옥하여 1977년에 생을 마감했다.

우연이었을까. 한 번은 오동기로 내란음모죄, 또 한 번은 오중환으로 간첩·국가보안법·간첩방조죄로 실형을 살았다. 그는 두 번씩이나 억울한 옥살이를 한 것일까. 아니면 모종의 음모를 꾸몄던 것일까. 혁명의용군사건은 정치적 조작이었음이 어느 정도 밝혀졌다.

1959년 '진보당 조봉암사건'도 진실화해위원회에서 위법적 사건으로 판명 났다. 진보당 사건에 단초를 제공한 사건이 '박정호 간첩사건'이다. 박정호는 재판 내내 무죄를 주장하며 조작된 사건이라고 항변했다. '진보당 조봉암사건'이 위법적 사건으로 판명되었듯이, 오동기가 관여된 '박정호 간첩사건'도 정권 안보차원에서 조작되었을 가능성이 매우 높은 사건으로 보인다.

4. 박승훈 연대장의 탈출

   오동기 연대장이 육군총사령부로부터 소환되고 제4대 연대장으로 부임한 사람은 박승훈 중령이었다. 박승훈 중령이 부임한 날짜는 10월 7일이라고 국방부 임관대장에는 기록되어 있다. 그러나 박승훈은 여순사건 발발 후 탈출한 기자회견에서 "자기는 당시 임지에 부임한 지 불과 5일 밖에 아니 되었으며, 이미 그때 전 연대장 오동기 소령의 경질로 말미암아 이 사건은 싹터 있었다"고 증언했다. 하지만 박승훈의 기자회견은 자기 책임을 회피하기 위한 발언이었다.

   박승훈朴勝薰은 1890년 경기도 수원에서 태어났다. 1914년에 일본육군사관 26기로 졸업하고 1935년에 일본군 소좌로 예편했다. 일본육사 26기 졸업생으로는 미 군정청 국방사령부 고문과 정부수립 이후 초대 육군총참모장을 역임한 이응준과 국방부장관을 역임한 신태영, 대한민국 임시정부 광복군 총사령관 지청천 등이 있다.

   일본군 소좌로 예편한 박승훈은 만주로 건너가 만주군 보병 중교(중령)에 임명되어 국경감시대에 배속되었다. 그는 만주군 상교로 해방을 맞이했다. 해방 후, 육군 중령으로 특별 임관했다. 그는 당시 군에서 나이(1890년 생)가 가장 많은 측에 속했다. 그는 군대 경력을 인정받아 바로 제14연대 연대장으로 부임했는데, 일본육사 26기 동기생들의 힘이 컸다.

   박승훈 중령을 제14연대 연대장으로 보낸 것은 제5여단 여단장을 염두에 둔 조치였다. 이는 제주도 토벌 계획과도 맥을 같이했다. 즉 박승훈은 일본군 장교 출신에 만주군에서 국경감시대로 활동을 하면서 전투에 참여한 경험이 있었다. 실전 전투 경험이 필요했던 미군과 국군은 박승훈을 여수 제14연대장으로 보내면서, 제주도 토벌을 이미 준비하고 있었다.

박승훈은 전임 연대장들과 다르게 나이가 많았다. 대부분 장교를 비롯한 사병들이 자식뻘이었다. 군대 경력과 인맥에서도 달랐다. 이응준 등의 최고위층과 동기였으며, 군대 경력도 일본군·만주군을 두루 섭렵했다. 연대장으로 부임하게 된 것도 특정한 목적을 띠고 있었다. 이런 복합적인 관계에서 사태를 수습해야 했지만, 이미 그의 손을 떠났다. 그가 할 수 있는 것은 개인적인 책임 회피와 국군의 책임 모면을 위해 최선을 다할 수밖에 없었다. 여순사건 발발과정의 박승훈의 행적을 살펴보자.

10월 19일 제주도 출동명령을 하달 받은 박승훈은 부연대장 이희권과 상의하여 제주도 출동시간을 두 시간 늦춘 밤 10시로 결정했다. 기밀이 탄로 났을 것을 우려한 조치였다. 19일 하루 종일 제14연대는 선적작업 등 출동준비에 바빴다. 저녁식사를 겸한 출동 대대의 환송식 회식이 있었다. 19시 정도에 식사를 끝내고 연대장 박승훈과 부연대장 이희권과 제5여단 참모장 오덕준 중령 등은 여수항으로 나가서 LST함에 선적하는 것을 점검했다.

23시경에 연대수송장교 장 중위(?)가 부대 내에서 '반란'이 일어났다는 사실을 보고함으로써 비로소 알게 되었다. 곧바로 이희권 부연대장과 김래수 정보주임이 상황을 살피러 부대로 들어갔다. 이후 박승훈과 오덕준도 연대로 향했으나, 제압할 수 없다는 것을 알고 민가로 피신했다. 22일 저녁에 목선을 이용하여 오덕준 중령과 목포로 탈출했다.

여수를 탈출하여 23일 광주에 도착한 박승훈은 다음날 서울로 소환되었다. 박승훈의 증언을 통해 10월 26일 육군참모장 정일권 대령이 기자회견을 했다.

1. 10월 19일 21시 여수 폭동발생 시 실정은 제14연대내 반란자는 병영에서, 일부 경찰과 청년단은 경찰서와 시내에서 동시 계획적으로 폭동을 일으켰다.
2. 여수 총지휘 책임자는 여수여중학교장이라 한다.

박승훈은 여순사건을 군인과 경찰과 민간인이 계획적으로 합작했으며, 총지휘자는 여수여중학교 교장이라고 증언했다. 여수여중학교장을 거론한 것은 '군인 반란'을 '민간인 반란'으로 둔갑시킨 계기를 만들었다. 박승훈은 제14연대 연대장으로 '반란'에 대한 책임을 회피하기 위해 경찰과 민간인을 끌어 들였다.

당시 여수여중학교장은 송욱이었다. 송욱의 등장은 '환상의 여학생 부대'란 신화를 만들었으며, 여학생들이 치마 속에 총을 숨기고 진압군을 꾀어 사살했다는 낭설을 만들었다. 이는 여순사건을 강경 진압하는 단초가 되었다. 송욱과 관련해서는 〈제3부 시선-12 환상의 여학생 부대〉를 살펴보기 바란다. 정일권의 기자회견과 다르게 박승훈은 10월 28일 기자회견에서,

14연대의 일부를 제주도로 파견하는 기회를 틈타서 선동 모략한데서 나온 것이다. 제주 파견에 관해서는 연대장과 부연대장 이외에는 대대장까지도 출발 시일과 목적지를 몰랐는데 출발 전일인 18일에 선박에다가 무기 탄약 식량 등을 싣기에 분망한 가운데 일부 통신병이 이 기밀을 무전으로 탐지하고 이것이 일부 병사 간에 퍼졌다. 자기는 당시 임지에 부임한 지 불과 5일 밖에 아니 되었으며, 이미 그때 전 연대장 오동기 소령의 경질로 말미암아 이 사건은 싹터 있었다.

박승훈은 제주 파견에 대해서 본인과 부연대장만 출발시일과 목적지를 알고 있었다고 하는데 이는 사실이 아니다. 이미 사병들도 제주도에 파견된다는 것을 10월 초부터 알고 있었다. 앞서 육군참모장 정일권의 기자회견에서는 여수여중학교 교장을 폭동의 책임자로 몰았다. 그런데 이번에는 오동기 소령의 경질로 말미암아 '반란'이 일어났다고 한 것이다.

박승훈의 증언과 기자회견의 특징은 자신의 책임 회피를 위해 전임 연대장 오동기를 끌어 들였다는 것이다. 그리고 군인의 책임 모면을 위해 민간인 송욱을 거론했다. 이는 결과적으로 민간인들의 무차별적인 진압에도 영향을 미쳤다.

여순사건이 발발하자 육군 총사령부는 재빠르게 조사반을 구성했다. 조사반 반장은 빈철현 대위가 맡았다. 조사반은 광주와 여수 등 현지에서 제14연대와 제4연대 병력 대부분을 조사했다. 이들 중 다수가 군법재판소에 회부되었다. 죄목은 폭동 불진압죄였다.

박승훈 연대장을 비롯하여 이희권 부연대장도 조사를 받았다. 가장 중요한 자리에 있었던 박승훈 중령은 군법재판소에 회부되지 않고 직위해제만 당했다. 이희권 부연대장은 군법재판소에 회부되었다.

박승훈은 1949년 5월 원래 계급으로 복직되어 현역으로 돌아왔다. 이후 예비국장과 청년방위간부훈련학교 교장, 헌병사령관, 국방부 병무국장을 지냈고 육군 소장으로 예편했다. 1963년에 생을 마감했다.

5. 증언자, 이희권 부연대장

이희권李喜權 소령은 1920년 전북 장수에서 태어났다. 동경 입정대학立正大學을 졸업하고 학병으로 징집되어 일본군 중위로 해방을 맞이했다. 해방 이후 군사영어학교를 졸업하고 참위(소위)로 임관했다. 1946년 4월 2일 제7연대 소대장을 시작으로, 5월 2일 7연대 B중대 중대장이 되었다.

이희권은 부연대장 직책이었지만, 여순사건과 가장 밀접한 최고위급 인사로 볼 수 있다. 그는 2대 김익렬 연대장부터 박승훈 연대장까지를 보좌했으며 영관급으로 가장 오랫동안 제14연대에서 재임하고 있었다. 이희권이 제14연대 부연대장으로 부임할 시기는 김익렬 중령이 연대장에 있을 때였다. 대략 1948년 6월 초순 정도로 보인다.

이희권은 김익렬 중령과는 거의 같은 연배였으며 특별한 인연이 있다. 이희권과 김익렬은 학병출신으로 일본군 소위로 해방을 맞이했다. 이들은 해방 이후 사설군사단체인 '학병단'에서 같이 활동했다. 학병단은 먼저 설립된 좌익계열의 '학병동맹'에 불만을 품고 있었던 학병출신들이 만든 단체이다. 김완룡·박성화·김근배·안동준 등이 임원으로 선출되었으며, 김익렬과 이희권도 학병단 발족의 주역으로 참여했다. 또한 두 사람은 군사영어학교에 입학하여 김익렬이 1946년 1월 15일 1차로 임관했으며, 이희권은 3월 23일 4차로 임관했다.

이희권은 제14연대 부대 창설에 가장 깊이 관여한 인물 중의 한 사람이다. 연대장 교체시기에는 연대장 대리로서 임무도 수행했다. 즉 제14연대의 부대상황이나 부대의 좌익사병에 대한 동정도 가장 잘 알고 있는 위치에 있었던 인물로 보는 것이 타당하다. 그만큼 책임도 크다고 할 수 있을 것이다.

이희권은 1964년 12월 17일 신라호텔 205호실에서 유관종을 만나 여순사건 당시를 회고하는 증언을 남겼다. 이희권의 증언은 정부와 국군이 규정하고 있는 여순사건의 성격이나 전개과정 등에 상당한 영향을 미쳤다. 이 책자에서 이희권의 증언은 몇 차례 인용될 것이다. 이희권 증언에서 나타난 중요한 것을 정리하면,

① 박승훈 연대장 부임은 제주도 토벌을 계획으로 부임되었다.
② 제주도 토벌작전은 육군본부 작전참모 강문봉이 내려와 1개 대대를 편성해서 준비명령 하달했다.
③ 전투경험이 있거나 우수한 사병 중심으로 1개 대대를 새롭게 편성했다.
④ 제주도 출동명령이 일반우편을 통해 전보로 왔다.
⑤ 기밀누설을 염려하여 출동시간을 저녁 10시에서 2시간 늦춘 12시로 했다.
⑥ 연대장과 함께 LST를 점검하기 위해 여수항에 나가 있었는데, 저녁 8시경 총소리가 났고 수송장교가 부대 내에서 반란이 일어났다고 알려줬다.
⑦ 저녁 12시 민간전화로 순천에 파견된 2개 중대에 지원을 요청했으나 홍순석이 안 되겠다고 했다.
⑧ 이튿날 밤 인민공화국기를 들고 행진한 것으로 보아 좌익의 계획적인 행동이었다고 보았다.
⑧ 연대가 급조되었기 때문에 신원이 확실치 않았으며, 4연대 영암사건에 관련된 사병 130명이 여수연대로 편입되었다.
⑨ 출동하는 날 회식장소에서 몰살시키려고 했는데 김지회도 거기에 있어 계획을 놓쳤다.
⑩ 장교 20명이 사살되고 살아난 장교는 7~8명밖에 안 된다.

이희권처럼 당시 책임성 있는 관련자들은 대부분 자신의 책임을 회피하는데 우선했다. 그리고 무용담이나 영웅심이 깔려 있는 증언이 많다. 이희권도 마찬가지 입장에서 증언을 했다. 그러므로 이희권의 증언은 여순사건의 진실규명을 위해 꼭 밝혀져야 할 사항이다. 이희권은 현재(2011. 1. 14.) 외국에 생존해 있는 것으로 알려져 있다.

이희권은 제14연대 부연대장으로서 부대 내의 '반란'에 대한 책임을 회피하고 모면해야 했다. 군대 내의 자발적인 '반란'이라고 한다면 사병에 대한 관리와 감독의 부실을 의미했다. 그러므로 어떻게든 지방좌익과 민간인을 끌어 들일 수밖에 없었다.

이희권 소령은 육군본부 조사반의 조사를 받았고 군법재판소에 기소되었다. 기소된 장교 중 최고 계급이었다. 죄목은 '폭동 불진압죄'였다. 연대장은 직위해제만 당했는데, 부연대장은 유죄였다. 당시 군대 핵심으로 있었던 일본군 육사 26기생의 힘이었으며, 그들의 끈끈한 인맥은 대한민국 국군에 그대로 투영되었다.

그는 5명으로 구성된 재판부에서 전원 무죄선고를 받고 풀려났다. 하지만 '여순반란사건'에 대한 책임을 누군가는 져야 한다는 것이 당시 국군의 상황이었다. 그에 대한 책임을 지고 이희권 소령은 1949년 1월 사표를 내고 군복을 벗었다. 하지만 4개월(1949년 5월)만에 박승훈 연대장과 함께 원래 계급으로 복직되어 현역으로 돌아왔다.

6·25전쟁 때 제7사단 제1연대 부연대장으로 참전했으며, 9사단 사단장과 육군본부 정훈감을 역임하고 1962년 5월 10일 준장으로 예편했다.

대한민국 국군 창설과정에 일본군과 만주군이 득세했듯이, 제14연대 초대 연대장 이영순과 2대 김익렬은 일본군 학병출신이다. 4대 박승훈은 일본군을 거쳐 만주군 국경감시대 출신이다. 일본군·만주군 출신 모두를 친일파로 단정할 수는 없다. 그러나 이들의 군사문화는 현재까지 유효하다. 이영순은 연대장으로 취임했지만 문학작품 활동에 더욱 관심이 많았던 인물이다.

김익렬은 제주도 제9연대 연대장에서 제14연대장으로 부임했다. 제주 4·3사건에서 경찰과 미군정의 추악한 실태를 가장 잘 알고 있었던 인물이 제14연대 연대장으로 부임한 것이다. 그가 1948년 8월 6일부터 신문에 기고했던 내용이나, 사후에 밝혀진 그의 유고집(1988년)을 통해 그가 고민했던 것이 무엇이었는가를 확인할 수 있다. 그의 고민이 제14연대 재임시절 사병들에게 전가되지 않았다고 할 수는 없을 것이다.

평화적으로 해결이 가능했던 제주 문제를 미군과 경찰은 왜 강경 진압만을 고집했을까. 미군의 실정과 경찰의 추태가 두려워서 그랬다고 하기에는 너무 많은 학살이 이루질 수밖에 없다는 것을 그들도 알고 있었다. 그런데도 강경진압을 선택했던 것은, 한반도에 반공국가를 건설할 수 있느냐 없느냐의 실험대가 제주도였기 때문이었다.

오동기는 제14연대장 중 유일한 광복군 출신이다. 그는 1960년대 중반에 유관종과 김교식을 찾아가 자신은 여순사건과 무관하며 혁명의용군 사건도 억울하다고 하소연했다. 『한국전쟁사 1권』에는 그를 민족주의자로 기록했다. 하지만 여전히 보수우익에서는 오동기에 포섭된 좌익세력이 여순사건을 발발시켰다고 주장한다. 오동기를 여순사건의 주모자로 주장한 이유는 남로당과 연루되었으며, 오랫동안 계획된 '반란'이라는 인식을 심어주기 위한 의도였다.

그렇지만 혁명의용군사건은 조작된 사건이다. 더 이상 군에서 발행된 문헌에 오동기를 여순사건과 연관 지어 기록해서는 안 된다. 국방부에서 이미 인정했다. 인정한 부분을 뒤엎고 싶다면 정확한 자료를 내놓고 뒤집어야 할 것이다. 보수우익에서 그 이름을 거론할 때마다 지하에서 오동기는 통곡할 것이다.

오동기는 혁명의용군사건에 연루되었다는 사실만으로 독립유공자로 인정받지 못했다. 일본군·만주군에 자원입대하여 독립군을 처형했던 민족반역자는 추앙받고 있지만, 죽음을 무릅쓰고 독립운동을 했던 사람은 아직도 유공자 인정을 받지 못하고 있다. 정부와 국군이 조작한 사건 때문에.

박승훈은 원로급 군인이었다. 부연대장을 비롯한 장교 및 사병이 모두 자식뻘이었다. 그가 제14연대장으로 부임할 수 있었던 것은 이응준·신태영 등 일본육사 26기생의 든든한 지원덕분이었다. 대한민국 국군의 창설은 일본군·만주군 동질감이 강했다. 한 마디로 끼리끼리 해먹은 것이다.

박승훈의 증언이나 기자회견은 오로지 책임회피와 책임모면이었다. 그의 발언 한 마디 한 마디는 지역 민중들에게 화살로 돌아왔다. 전남 동부 지역 백성들은 그 발언을 전부 감당해야 했다. 바로 '빨갱이'였다. 양민이 아닌 불량 국민으로 낙인 되었다.

시선 3

여순사건 인식의 전환, 1967년

1. 군사쿠데타와 박정희의 맛보기

"다시는 이 나라에 본인과 같은 불운한 군인이 없도록 합시다."

1963년 8월 30일 박정희가 전역식에서 한 말이다. 1961년 5·16군사쿠데타 당시 소장이었던 계급은 대장이 되어 있었다. 별 두 개에서 네 개 달기가 뭐 그리 대수겠는가. 천하가 그의 손 아래 있는데……
 군인의 시대였다. 고려시대 무신정권이 되살아 난 것이다. 대한민국의 산천초목은 총과 군홧발 아래 벌벌 떨었다. 군사쿠데타의 정당성을 부여하는 작업은 곳곳에서 벌어졌다. 서울 세종로에 우뚝 서 있는 이순신 장군 동상이 가장 대표적인 사례이다. 1966년부터 2년간 작업 끝에 1968년 4월 27일 광화문사거리에 높이 6.5미터 무게 8톤의 동상 제막식이 있었다.
 이순신 장군 동상이 서 있는 그 자리에는 세종대왕 동상이 있었다. 박정희가 문文보다 무武를 강조하기 위해 세종대왕에서 이순신 장군으로 동상을 교체했다. 이순신 장군 동상은 군사쿠데타를 상징하고 있다. 동상에서도 장군이 왕을 쫓아낸 것이다.

여담으로, 이순신 장군 동상을 보면서 가장 궁금하거나 의문으로 생각하는 것이 왜 오른손으로 칼집을 들고 있냐이다. 혹시 이순신 장군이 왼손잡이였을까? 이순신 장군 동상을 설계·제작했던 사람은 당시 서울대학교 미술대학 조소과 김세중 교수다. 김세중은 "이순신 장군 동상은 가까이 적을 대면하여 막 칼을 뽑으려는 동세의 형상을 지니도록 만들어진 것이 아니라, 적을 물리친 역사적 승리자의 기념비로서 목숨을 바쳐 조국에 충성한 수호자적 인물의 상징적 자세와 모습을 지니도록 제작된 것이다"고 밝혔다. 싸움을 하는 장면이었다면 왼손에 칼집을 차고 있었겠지만, 싸움에서 승리한 기념비적 자세였다는 것이다. 특히 오른손에 칼집을 들고 있는 것은 조국에 충성한 수호자적 상징성이 있다고 밝히고 있다.

위인 중에서 이순신 장군을 존경한다는 박정희의 뜻이 담겨있지만, 한편으로는 자신의 모습을 표현하고 싶은 욕망을 대리만족한 것으로 보인다. 그 자리에는 이승만 동상이 있었다. 그런데 1960년 4·19혁명 때 이승만 동상은 시민들에 의해 끌어 내려졌다. 그 다음에 세종대왕 동상이 세워졌다. 대왕의 동상을 장군이 밀어낸 것이다. 동상 또한 쿠데타를 감행한 것이다.

박정희 군사쿠데타 이후 이순신 장군 동상이 가장 먼저 건립된 곳은 여수시 자산공원이다. 이순신 장군은 1591년에 전라좌수사로 부임하여 1592년 임진전쟁(일반적으로 임진왜란이라 칭함)에서 전라좌수영 수군들과 함께 나라를 구했다. 전라좌수영의 본영이 여수이다. 이런 역사적 사실에 근거하여 여수시는 1967년 4월 28일 남해 앞 바다가 훤히 내려다보이는 자산공원에 이순신 장군 동상을 건립했다.

자세히 보면 1년 후에 건립된 광화문의 이순신 장군 동상과는 다르다.

칼을 왼손에 들고 있으며, 오른손에는 북채를 들고 있다. 전투지휘하는 형상이다. 이 동상 또한 박정희의 노력이 곳곳에 스며있다.

〈사진-7〉 서울 광화문 동상과 여수 자산공원 동상

 박정희가 군사쿠데타로 정권을 탈취하면서 몇 가지 금기사항이 생겼다. 첫째는 일본군·만주군 출신에 대한 비판이나 문제를 드러낸 것이 금기시되었다. 독립군을 학살했던 간도특설대 등 과거에 대해 반성할 필요가 없어졌다. 일본군·만주군 출신은 더욱 의기양양한 대한민국의 국군으로 자리했다.
 둘째는 민족반역자에 대한 처벌을 요구하는 것이 금지되었다. 나라를 팔아먹었던 친일파도 반공만 내세우면 애국자가 되었다. 역사 청산은 케

케묵은 옛날 호랑이가 담배 피던 시절의 이야기로 전락했다.

셋째는 '남로당' 단어를 입 밖으로 꺼낼 수가 없다. '반공'을 최우선으로 했던 박정희에게 남로당은 아킬레스건이었다. '남로당' 단어는 박정희에게 도전장을 의미하는 단어로 자리했다. 박정희와 남로당에 대해서는 〈제4부 시선-18 여순사건과 박정희〉를 참고하기 바란다.

넷째는 6·25전쟁 전후에 발생했던 수많은 민간인 학살에 대한 진실규명과 책임자 처벌 요구가 금기되었다. '양민학살'을 거론하는 것은 용공분자였다. 사회질서의 혼란을 틈타 반국가단체에 이익을 주는 반국가적 행위였다.

박정희 군사쿠데타는 개인의 자유와 인권을 말살하는 행위였다. 오로지 쿠데타를 옹호하거나 박수치는 사람만이 살 수 있는 전체주의 국가였다. 그 핵심이 군이었다. 대한민국 국군은 지금이라도 박정희를 비롯한 군사쿠데타에 대한 역사적 반성을 통해 국민들에게 사과해야 한다. 군사쿠데타가 성공했다 하여 군의 과오가 덮어지지 않는다. 군사쿠데타가 지난 50년 전 과거의 일이라고 치부해서도 안 된다. 대한민국 헌법에는 엄연한 군의 정치적 중립을 확고하게 못 박고 있다. 개인의 정치적 탐욕에 의해 박정희가 몇 차례나 헌법을 제멋대로 유린했는지 국민들은 똑바로 알아야 할 의무가 있다.

군사쿠데타에 대한 부정적인 요소를 해소하기 위해서는 자기세력을 구축해야 했다. 박정희에게 가장 우호적인 집단은 군인이었다. 군인들에게 특혜차원에서 6·25전쟁 참전용사에 대한 예우가 필요했다. 국방부는 6·25전쟁 정전협정(1953년 7월 27일) 10주년을 즈음한 1964년에 전사편찬위원회를 설치했다. 당시 자문위원으로 이선근·이병도·신석호·김상기·김성식 등이 참여했는데, 당시 최고의 역사학자들이었다.

6·25전쟁 정전 10년을 맞이하여 한국전쟁사를 정리하기 위한 전쟁편찬위원회가 구성되었고, 3천5백 명의 현역 군인과 예비역 장병들에게 면담·증언을 받았다. 이러한 작업을 비롯하여 집필·편찬에 주도적인 인물은 유관종 중령이었다. 1964년 3월에 착수된 사업은 1967년에 『한국전쟁사』 제1권으로 결실을 맺었다.

『한국전쟁사』의 첫 머리에는 "파사현정(破邪顯正) 멸공통일(滅共統一)"이라는 박정희 특유의 힘찬 붓글씨가 장식하고 있다. 파사현정은 불교에서 나온 용어로 부처의 가르침에 어긋나는 사악한 생각을 버리고 올바른 도리를 따른다는 뜻이다. 서문은 당시 국방부 장관이었던 김성은이 썼다. 서문의 일부분을 보면,

> 박정희 대통령각하의 고매하신 영도력과 영단으로 승공통일이라는 민족적 대과업을 성취하기 위하여 제1차 경제개발 5개년계획을 성공리에 완수하고 바야흐로 조국근대화의 벅찬 전진을 거듭하는 한편 월남에서는 국군의 용맹을 온 세계에 떨치게 되었으며 우리 한국은 동남아에서뿐 아니라 국제무대에서 주도적 역할을 자부하게 되었습니다.

김성은 장관은 "6·25전쟁을 서·구 냉전의 산물로서 김일성이가 스탈린을 대리한 전쟁으로, 승리도 패배도 아닌 전쟁이었다"고 평가했다. 그러면서 박정희에 대한 영도력을 높이 찬양하고 있다. 이렇게 1967년에 『한국전쟁사』제1권 부제 「해방과 건군」은 해방에서부터 국군 창설, 제주 4·3사건, 여순사건, 지리산 등 빨치산 토벌, 6·25전쟁이전 38선의 충돌까지 800쪽에 달하는 대단한 작업이었다.

이 책은 1967년 이전까지 약간 언급정도에 머물렀던 여순사건에 대해 세세하게 기록했다. 여기에 이 책을 발간한 또 다른 의도가 있었다. 첫 번째가 6·25전쟁사를 정리하는 것이었다면, 두 번째 의도는 박정희와 남로당 관계를 정리하는 것이었다. 박정희는 1963년 대통령선거에서 여순사건과 남로당으로 인하여 혹독한 검증에 시달렸다. 〈제4부 시선-18 여순사건과 박정희〉를 살펴보기 바란다.

여순사건과 남로당은 언제든지 박정희의 발목을 잡을 수 있었다. 『한국전쟁사 1권』에서 이 부분을 정확하게 정리하고 종지부를 짓고자 했다.

1967년 『한국전쟁사 1권』은 국군의 관점을 철저하게 적용한 연구이다. 기존의 정부나 국군에서 주장했던 내용에 상당한 인식의 전환을 가져왔다. 즉 국군에서 시작된 반란의 책임성을 지역민들에게 전가시키는 역할을 톡톡히 했으며, 남로당의 계획적인 반란이라는 인식을 각인시켰다. 이러한 인식 전환에는 박정희 정권의 반공이데올로기의 극대화로 나타났으며, 정권의 안보 측면에서 국민의 통제와 억압을 가능하게끔 하였다.

2. 한국전쟁사에 담긴 여순사건

여순(전남) 주둔의 제14연대반란사건은 동 연대 내에 침투한 남로당계의 공산주의자들이 건국된 지 불과 2개월밖에 안 되는 신생 대한민국을 부정하고 전복하려는 반역적인 군내의 쿠데타였다.

『한국전쟁사1: 해방과 건군』(이하『한국전쟁사 1권』)에서 나오는 여순사건의 첫 구절이다. 전체 제목이 '여·순반란사건'이었던 것과는 다르게 내용은 제14연대반란사건이라고 했다. 또한 차후에 주장할 내용과 다르게 '군 내의 쿠데타'라고 밝히고 있다.

『한국전쟁사 1권』 첫 구절은 1990년대 이후 본격적으로 연구된 중립적·진보적 연구자들의 내용과 대동소이하다. 다만, "신생 대한민국을 부정하고 전복하려는" 내용은 다르다. 군내의 쿠데타 세력은 '동족상잔'의 제주도 파병을 반대했다. 박정희가 총과 탱크로 군사쿠데타를 일으켜 정권을 탈취한 것과는 다소 차이가 있다.

『한국전쟁사 1권』은 정부와 국군에서 발행된 문헌 중에서 여순사건에 대하여 가장 상세하게 기록하였으며 분량도 상당하다. 발발 당시 발표 및 보도내용과 기존 문헌과 다른 주장을 열거하여 보면,

① 지하 남로당에서 지창수 상사에게 지령했다. 즉 지창수 등장이다.
② 제14연대 반란이 성공하면 각 연대 조직에 지령하여 대한민국을 일거에 전복한다.
③ 지창수가 연단에서 "지금 경찰이 우리한테 쳐들어온다. 경찰을 타도하자" 등 연설을 했다.
④ 지창수 반란 성공 후 해방군 연대장을 선언했다.
⑤ 제주도 출항 명령이 여수우편국 일반전보로 하달되었다. 기밀 누설이 우려되어 출항을 2시간 연기했다.
⑥ 이희권 부연대장이 순천 홍순석 중대장에게 전화로 여수 출동을 명령했으나 거역했다.
⑦ 반군에게 발견된 장교 20여명을 현장에서 사살했다.

⑧ 봉산지서 파출소를 습격하여 경찰관을 사살했다.

⑨ 제14연대장 오동기 소령에 대한 시비를 가렸다.

『한국전쟁사 1권』에서는 "제14연대 반란이 성공하면 각 연대 조직에 지령하여 대한민국을 일거에 전복한다"고 여순사건이 남로당 계획 아래 대한민국 전복을 위한 시작이었다고 주장한다. 이범석 국무총리를 비롯한 윤치영 내무장관, 김동성 공보처장도 국회에서 "이것은 별안간 된 일이 아니고 또 여수에만 한해서 순천에 한해서만 된 일이 아니다. 공산당이 전국적으로 폭동을 일으켰다"는 취지의 보고를 했다.

제14연대를 도화선으로 전국적인 반란을 도모한 것이다. 제14연대 반란의 성공여부가 대한민국 전복에 중요한 기로였다. 그렇다면 당시에 제14연대에서 발발한 '반란'은 성공한 것일까? 실패한 것일까?

여순사건 전개과정을 간략하게 살펴보면, 10월 19일 저녁 8시경 봉기를 시작하여 10시에는 제14연대를 모두 장악했다. 즉시 여수 시내로 진격하여 20일 새벽에 여수 시내와 주요 기관을 모두 점령했다. 또한 곧바로 순천으로 진격하여 순천을 20일 오후 2시경에는 완전 장악했다. 전남 동부지역으로 확산되었다. 이 정도면 제14연대 '반란'은 성공했다고 할 수 있다. 제14연대 부대만 장악한 것이 아니라 그 주변의 주요도시까지 점령했다. 『한국전쟁사 1권』과 정부 주장이라면 이를 두고 '실패'했다고 할 수는 없다. 완벽하게 제14연대는 제 역할을 하여 도화선을 만들었다. 그렇지만 다른 연대에서는 어떠한 동조도 행동도 없었다.

『한국전쟁사 1권』에서 주장하는 것과 초기 정부당국 주장이 사실이라면, 전국에 산재되어 있는 각 연대에서 모두 들고 일어나야 했다. 그런데 제14연대를 제외한 그 어떠한 연대도 아무런 행동이 없었다. 행동이 아니라 조짐도 없었다. 여순사건이 완전 진압된 이후 대구 제6연대에서 산발적으로 3차례 반란이 있었다.

정부와 국군은 남로당 지령 아래 계획적으로 일어났다고 한다. 하지만 이 상황만 놓고 보아도 여순사건은 남로당과 전혀 관련 없는 우발적 상황이었음을 알 수 있다. 제6연대 또한 숙군에 두려움을 느낀 독자적인 행동이었다. 제14연대를 비롯하여 제6연대 모두 산발적이며 독자적으로 행동을 취한 것이다.

이 책에서 가장 두드러진 것은 지창수 상사의 등장이다. 남로당이 지창수 상사에게 지령을 내렸으며, 지창수가 연병장 연단에서 연설을 했다는 것, 지창수가 반란 성공 후 해방군 연대장이 되었다는 것. 여순사건 발발 당시 정부와 국군의 발표에 전혀 없는 내용이며, 특별취재단·문인조사단 등의 현지 취재·조사에도 전혀 언급되지 않았다. 그 이후 이 책이 발행되기 전까지 정부와 국군에서 발행한 어떤 문헌에도 '지창수'란 이름 석 자는 거론된 적이 없다.

그런데 『한국전쟁사 1권』에서는 지창수 상사가 남로당의 지령을 받아 계획하고 주모자가 되었으며, 반란 성공 후 해방군 연대장으로 활동했다고 주장한다. 여순사건 발발 이후 19년 동안 전혀 거론되지 않았던 지창수 상자가 등장했다. 여순사건 진압 이후 국군은 특별조사단까지 구성하여 제14연대 사병들 대부분을 조사했다. 그런데 단 한 차례도 지창수라는 이름은 언급되지 않았다. 즉 밝혀내지 못했다.

19년 만에 『한국전쟁사 1권』에서 지창수 상사를 등장시켰다. 하지만, 근거를 제시하지 않아 아쉽다. 반드시 짚어야 할 문제이다. 그래서 〈제1부 시선-5 여순사건 남로당의 지령인가?〉, 〈제2부 시선-8 여순사건 총지휘자는 누구인가?〉, 〈제2부 시선-9 경찰타도! 지창수 연설〉 등으로 나누어 지창수와 관련 내용을 자세히 살펴보고자 한다.

여순사건의 제주도 파병 출동 명령과 관련하여 '여수우편국 일반전보로 하달'했다는 것이다. 과연 군에서 있을 수 있는 일일까. 당시 통신시설이 미흡했다고 하지만 작전명령을 일반전보로 하달했다는 『한국전쟁사 1권』의 내용은 함축적인 의미를 담고 있다. 즉 지방좌익과 제14연대 사병 간의 사전모의로 '반란'이 발발했다는 의도를 나타낸 것이다. 이에 대해서 〈제2부 시선-6 제주도를 토벌하라!〉에서 살펴보겠다.

제14연대 사병이 반란을 일으켰다는 소식을 접하고 이희권 부연대장은 "순천 홍순석 중대장에게 전화로 여수 출동을 명령했으나 거역했다"고 했다. 당시 순천에는 철도경비를 위해 제14연대 2개 중대가 파견되어 있었다. 여기에 선임 장교가 홍순석 중위였다. 또한 제14연대 반군은 장교들을 보이는 대로 모두 사살했으며, 봉산지서 파출소를 습격 경찰관을 사살했다고 한다. 이런 주장에 대해 〈제2부 시선-10 제14연대 장교의 생生과 사死〉에서 확인해보겠다.

여순사건 발발 후 정부의 첫 발표에서 여순사건 주동자로 오동기 전임 연대장을 지목했다. 『한국전쟁사 1권』에서는 오동기 소령에 대해 아주 자세하게 기록하면서 오동기 소령은 여순사건과 혁명의용군사건과 무관하다고 밝혔다. 혁명의용군사건과 함께 오동기 소령은 〈제4부 시선-16: 혁명의용군사건의 진실?〉에서 살펴보겠다.

『한국전쟁사 1권』은 여순사건의 평가와 숙군에 대해서는 아래와 같이 기술하고 있다.

> 여·순반란사건이 발생하지 않고 북괴의 침공을 받았다면 하루아침에 대한민국은 적화되었을 것이다. 사후약방문격으로 여순반란사건 후에 숙군이 단행된 것은 마치 '전쟁에 패하고 칼 가는' 격이 되었지만 3년간이나 자랄대로 자란 적색화근을 발본색원하였다는 것은 결과적으로 전화위복이 되었다.

결과적으로 여순사건은 6·25전쟁에서 적화를 막는 역할을 했다. 여순사건 이후 본격화된 숙군의 결과였다. 그렇지만 『한국전쟁사 1권』에서는 숙군과 관련하여 자세하게 내용을 밝히지 않았다. 다른 내용이 아주 세세한 것과는 대조적이다. 또한 위와 같이 숙군을 높이 평가했던 것과는 다르다.

그 이유인즉, 박정희이다. 『한국전쟁사 1권』에서는 박정희가 제8연대 소대장 재임 당시의 내용을 소개하고 있다. 특히 박정희가 작성한 것으로 알려진 제8연대 '현지전술과 야외연습계획'은 장교 교육에 활용되었으며, 국방경비대 창설 이래 최초 기동야외훈련이었다고 높이 평가했다. 교육 성과에 대해 미 군사고문관, 연대장 이하 전 장병이 경탄할 정도의 놀라운 일이었다며, 원본 그대로 소개하고 있다.

그런 반면에 박정희가 관련된 숙군에 대해서는 아주 간략하다. 숙군된 장교 명단에 '박정희'는 거명되지도 않았다. 여기에 멋진 변명을 덧붙였다. "숙군자 명단이나 군법회의 기록이 북괴군 남침 당시 소각 조치됨으로써 구체적인 사례는 이를 생략함"이라고……

파사현정破邪顯正, 그릇된 것을 깨고 바른 도리를 드러낸다는 이 책 첫머리에서 쓴 박정희의 글이 무안해진다. 국군 스스로 잘못되었거나 그릇된 것을 깨지 못하고 있다. 바른 것을 바르다고 드러내지 못했다. 『한국전쟁사 1권』은 '한국전쟁사'를 집대성하기 위해 출발했다고 하지만 시작부터 과오를 드러냈다. 사실을 사실대로 기록하지 못하고, 권력자의 눈높이에 맞추어 '한국전쟁사'를 기록했다. '고매하신 영도력 영단'의 박정희 대통령각하의 심기를 불편하게 할 수 없었다.

1967년 『한국전쟁사 1권』은 군의 영웅적인 모습, 용감무쌍한 희생 등을 기록했다. 여순사건에 대해서도 이전보다 훨씬 상세하게 기록했다. 책임 있는 장교들과 토벌작전에 참여했던 장교들의 증언을 토대로 기존의 내용과 상당히 다른 내용을 보였다.

그리고 이 책의 등장은 정부와 국군에서 발행하는 문헌의 기초가 되었다. 또한 군인들의 증언록·비망록·회고록에 단골로 참고·인용했다. 마치 본인이 직접 경험한 것처럼 말이다. 대표적으로 백선엽의 『실록 지리산』·『군과 나』를 들 수 있다.

앞서 9가지는 여순사건의 인식을 전환시키는 새로운 기점이 되었다. 1961년 정권을 장악한 군부세력을 옹호하고 반공이데올로기를 극대화하기 위해 국방부는 새로운 관점에서 여순사건을 변화시켰다. 1967년은 여순사건의 또 다른 왜곡과 조작을 의미하는 해이다.

여순사건이 발발한지 19년 만에 출간된 『한국전쟁사 1권』의 내용은 반드시 되짚어야 한다. 국군의 입장에서가 아니라 국민의 관점, 희생자의 관점에서 어떤 문제가 있는지 꼭 살펴야 한다.

국군은 조직의 이익이나 개인의 영달을 위해 존재하는 집단이 아니다. 국군은 한 개인의 정치적 탐욕을 옹호하는 집단이 아니다. 국가의 안전보장과 국토방위의 신성한 임무 수행은 국민과 민족을 위한 의무이고 사명이라는 것을 각성해야 할 것이다.

시선 4

제14연대는 빨갱이 소굴

1. 정부가 인식한 제14연대는?

 여순사건을 기록하는 많은 문헌에 제14연대는 '반란'이 일어날 수밖에 없었던 여러 정황이 있다고 주장한다. 이런 주장은 보수우익과 정부와 국군의 발행 문헌에서 더욱 두드러진다. 그런 근거로 제14연대는 제4연대 1개 대대가 중심이 되어 창설되었는데, 차출된 병력 중에는 이른바 문제 사병이 많았다는 것이다.

 그리고 제14연대는 부대 편성을 위한 모병과정에서 경찰에 쫓기는 좌익들을 아무런 심사 없이 무턱대고 입대시켰다는 것이다. 즉 사병들에 대한 이념과 사상을 검증하지 않았다는 것이다. 그래서 이른바 제14연대는 '빨갱이의 소굴'이라는 주장이다.

 유관종은 『한국전쟁사 1권』을 집필하고 편찬하는 핵심적인 역할을 수행하며, 여순사건 관련자들의 증언을 들었다. 유관종이 기록한 내용을 먼저 살펴보자.

> 여순반란사건의 주역인 제14연대는 창설된 지 불과 5개월여에 불과했지

만 대부분의 기간 장병들이 남로당의 골수분자들로 구성되어 있었다. 따라서 당시 "빨갱이 연대"라는 별명이 붙어 있었다. 바로 그 14연대가 별명에 부합하게 반란을 일으켜 신생정부에 대하여 선전포고를 한 것이다. (유관종, 「여수 제14연대 반란사건」, 『현대공론』 1989년 2월호)

유관종은 제14연대를 남로당 골수분자들로 구성된 '빨갱이 연대'라고 했다. 유관종의 인식은 정부와 국군의 발행 문헌에서 기정사실화했다. 지금까지 제14연대 사병에 대한 입대 동기 또는 성분 분류에 관한 연구물은 없다. 몇몇 인물 거론과 특징적인 사항을 두고 좌익으로 분류하거나 이념적 잣대를 들이대고 있는 것이다.

제14연대는 창설요원으로 차출된 제1개 대대 병력 가운데는 제4연대의 이른바 문제아들이 모두 포함되어 있었다. 경비사관학교 3기생인 김지회·홍순석 중위와 제4연대 1기생인 지창수·정낙현 상사 등이 바로 대표적인 케이스다.(김석학·임종명, 『광복30년: 여순반란 편』, 전남일보사, 1975)

당시 경비대는 모병 시 신원조사를 통한 사상과 신원조회가 없었음으로 좌익청년들이 얼마든지 잠입할 수 있었다. 그리고 경비대의 사병들은 대부분 빈농 출신으로 광복 후 득세했던 좌익투쟁에 가담했던 층이 많았다. 또한 이들은 소도시나 농촌에서 좌익 활동을 하다가 경찰에서 추적당하게 되면 경비대에 입대하는 경우가 많았으며 일단 입대하면 경찰은 손을 쓸 수가 없었다.(김남식, 『실록 남로당』(하), 신현실사, 1975)

제4연대에서 차출된 문제아에서부터 경찰에 쫓기는 좌익이 제14연대에 모병되었다. 이뿐만 아니라 살인·방화·강도 등 사회에서의 범죄자 대부분이 군에 입대하여 피신했다. 참으로 놀라운 결과가 아니라고 할 수 없다. 해방 이후 전국은 혼란스러웠다. 먹고살기가 여간 어려웠다. 이런 당시 사회적 현상이 유독 전남에만 국한된 것이었을까. 아니면 제14연대 창설과정에만 특별하게 나타난 것이었을까. 다른 타 연대는 빈농이 아닌 부농이나 지식인층이 자원입대를 했을까. 다른 도시는 좌익운동이 전혀 없었던 것이었을까.

정부와 국군, 보수우익에서 제기하는 문제를 살펴보자. 첫째는 제4연대에 차출된 병력이다. 둘째는 제14연대에서 자체적으로 모병된 사병이다. 이들을 통해 '빨갱이 소굴', '빨갱이 연대', '문제아 제14연대'로 고정화된 인식이 왜 생겨났는지 확인해 보자.

2. 제4연대 차출된 병력은?

제14연대는 5월 4일 선발대가 내려오고, 본격적인 편입은 5월 14일부터였다. 제4연대 제3대대 안영길 대위의 지휘 아래 1개 대대 병력이 여수에 도착했다. 1개 대대 병력이라고 하지만 부대 인원은 100여 명에 불과했다. 안영길 대위는 경비사관학교 제1기생으로 임관했다. 김지회를 비롯한 주요 인물들도 이쯤에 여수로 파견되었으며, 6월에도 100명이 지원되었다.

안영길의 행적 중 흥미로운 것은, 제주도 제9연대 창설요원이었다는 것이다. 1946년 11월 16일 가장 늦게 창설된 제9연대는 장창국 중위가 초대 연대장이었다. 장창국은 광주 주둔 제4연대에서 선임 장교 안영길을 비롯한 경비사관학교 2기생인 윤춘근, 김복태, 김득룡 등과 사병 50명을 기간요원으로 제주도로 내려갔다.

안영길이 제14연대에서 언제 타 부대로 전출되었는지는 확인되지 않지만, 여순사건 당시에는 제14연대 소속원이 아니었다. 안영길은 여순사건 진압 이후 숙군과정에서 남로당에 연루되었다는 혐의로 처형되었다.

여하튼 여순사건의 주도인물로 알려진 김지회·홍순석·지창수·정낙현·이영회 등이 제4연대에서 차출된 병력이다. 제14연대 창설요원 차출케이스로 뽑혔다는 사실만으로도 동료의식을 느끼고 있었고, 사상적으로도 연대의식과 동질성을 가지고 있었다고 정부와 국군에서는 주장한다.

전혀 아니라고 할 수 있는 근거가 없다. 그렇다고 하여 꼭 제4연대 차출 병력이 '문제아'였다고 규정하는 것도 무리가 있다. 사병들의 증언을 통해 어떤 병사들이 제14연대로 차출되었는지 등 당시 상황을 살펴보자.

제4연대에 입대했던 허종범도 차출 병력이었다. 허종범은 해남군 삼산면 출신으로 마을에서 7명이 제4연대에 입대했다. 이들 7명은 무슨 기구한 운명이었는지 전원이 제14연대 창설 병력으로 차출되었다. 마을 청년 7명 중 좌익 활동을 하거나 그러한 기미가 있었던 사병은 문석촌 한 명 뿐이었다.

그렇지만 문석촌도 봉기에 가담하지 않고, 봉기 이후 마을로 피신했다. 허종범은 제14연대에 배치되고 제14연대 제1기생 하사관 교육을 받았다. 그럼 해남군 삼산면에서 7명씩이나 같은 날 입대한 이유는 무엇일까. 허종범의 증언을 그대로 옮겨보겠다.

허: 우리 집은 해남 대흥산 앞에 있는 삼산면이여. 먹고 살 것이 없었지. 식구들은 많지. 먹을 것은 없지. 곤욕이었지. 밥 때가 되면 서로 얼굴만 쳐다보는 거여. 그런데 어느 날 군인을 모집한다고 동네서 그런 거여. 그래서 동네 청년들이 다 같은 또래는 아니여. 나보다 위도 있고 아래도 있어. 가자고 했지. 군대 가면 먹여주고 재워주니까 지금보다야 배부르게 먹지 않겠냐는 거여. 그렇게 해서 나는 제4연대 1대대 4중대에 속했지. 군번이 1401879번이여.

공산주의 사상을 갖고 있는 사람들은 그래도 다 배운 사람들이여. 당시만 해도 그래잖아. 우린 다 보통학교 졸업하거나 무학력자였고 농사지었는데 그런 것을 어떻게 알아. 여기저기서 그런 말들은 들었어도 우리 중에서 문석촌이 약간 그런 기미가 있었지. 그도 잘 몰랐어. 그냥 따라다녔지. 여수에서 반란사건 났을 때도 같이 그냥 집에 왔어.

질: 제14연대에서 하사관 교육을 받을 때, 교육장교가 김지회라고 했는데요. 김지회는 공산주의 사상을 안 가르쳤는가요?

허: 김지회. 허 말도 말어. 얼마나 지독하냐면 발꿈치 다 까지고 무릎이 다 까져도 훈련을 시킨 사람이여. 피를 질질 흘렸어. 지독했어. 키는 쬐그만해도 훈련을 지독하게 시켰지. 그런 사람 첨 봤그만. 근디 훈련 외에 다른 말은 안 해. 일체 그런 것은 없었어. 훈련시간만 되면 죽지지. 다른 것으로 사병들을 못살게는 안 했어. 머리는 비상했어.

허종범을 비롯한 윤주철·윤주팔·이영수·나영재·문석촌·박정식 등 7명이 해남군 삼산면에서 1947년 5월 2일 제4연대에 입대했다. 19살에서부터 24살까지 나이는 달랐지만 항상 든든했다. 제4연대 1대대 4중대는 대략 150명 정도 병력이었다. 이중에 차출된 인원이 63명이었다. 1948년 6월

2일 선임 장교 김순철 소위(여순사건 당시 제2대대 대대장) 지휘 아래 여수로 왔다. 허종범은 제14연대 제1기 하사관 교육을 받고 이등중사가 되었다.

허종범을 비롯한 이들이 군을 선택한 것은 오로지 먹고 살기 위해서였다. 가난 때문이었다. 고되게 훈련을 받고 먹을 것이라고는 보리죽 한 그릇이었지만 부대를 도망갈 생각은 꿈에도 못했다. 여수 제14연대로 간다고 했을 때도 별다른 생각이 없었다. 똑같은 군대려니 했다.

〈사진-8〉 第十四연대第一期下士官候補生紀念

허종범은 필자에게 아주 소중한 자료를 제공했다. 〈사진-8〉은 '第十四연대第一期下士官候補生紀念'을 위해 1948년 6월 14일에 찍었다. 이 사진의 제공자가 허종범이다. 당시 교육장교가 김지회였다. '甾'과 '後' 사이에 있는 앞줄 오른쪽에서 일곱 번째가 김지회이다. 허종범은 맨 뒤에 있다.

김지회는 훈련할 때 악명 높기로 유명했다. 그는 훈련을 대충한 적이 없었다. 허종범 이외에 여러 군인들의 증언도 일치한다. 어떤 이들은 이것을 '반란'을 준비하기 위한 포석이었다고 한다. '반란'을 준비하기 위해서는 사병들에게 환심을 얻어야하는 것이 아닐까 한다. 그런데 그는 사병들에게 오히려 반감을 주고 있었다.

허종범과 같은 이유로 군에 입대한 사병은 전남 동부 지역에도 많다. 광양시 다압면 향동마을의 노용환과 김광곤도 1947년 제4연대 입대했다가 여수 제14연대로 차출되었다. 두 사람은 봉기 이후 마을에 돌아와 숨어 지내다가 자수하여 경찰이 되었다. 이들이 제4연대 입대한 이유도 "너무나 가난하고, 먹고 살 것이 없어서 군대에 갔다"고 했다.

목포출신으로 제4연대에 입대한 서형수도 1948년 6월에 제14연대로 지원 나갔다.

질: 군대 입대한 동기는?

서: 목포에서 생활했는데 국민학교를 졸업하고 급사를 1년 하다가 문태중학교에 그때는 문중이라고 했는디 거기에 입학했지. 그리고 3학년 때 지원병으로 갔어. 어린마음에 그냥 갔지. 군인이 멋져서 그냥 지원한 거여. 지금 맘 같으면 안 갔지. 당시 무등병, 일등병, 이등하사, 이등중사, 일등하사, 일등중사, 이등상사, 일등상사(특무상사) 그랬지. 어린 맘에 호기심에 갔지.

질: 2소대에서 몇 명이 차출되었는지요? 일부에서는 당시 4연대에 공산주의자가 많아 이들을 차출해서 여수로 보냈다고 하는데요.

서: 기억 난 사람은 나하고 아까 말한 사람인 박동식이 두 사람이여. 여러이 갔는디 기억이 안 나. 광주에서는 공산주의자가 있는지 없는지 모르겠어. 박동식과 나도 공산주의자와는 무관해.

서형수는 군인이 멋져서 학교까지 중퇴하고 입대했다. 어린마음에 군인 제복은 그를 군으로 이끌었다. 서형수는 반군과 함께 지리산으로 입산하여, 1948년 12월에 자수했다. 군에 재입대하여 6·25전쟁에 참전한 이후 경찰이 되었다.

제4연대에서 차출된 하사관이 여순사건을 일으키는데 주도했던 것은 사실이다. 그렇다고 제4연대서 차출된 인원이 남로당에 물든 사병이 많았다고 단정할 수는 없다. 차출되었다는 사실만으로 동질적 요소가 있었다고 단정할 수도 없다. 각각이 성향이 있었다. 입대했던 이유도 달랐다. 빈농은 좌익에 물들기 쉽다는 논리도 온당하지 않다.

허종범과 서형수 경우와 같은 증언은 아주 많다. 이들 증언을 절대적 가치로 판단할 수도 없다. 그렇다고 정부나 국군에서 주장하는 것처럼 제4연대에서 차출된 사병은 '문제아'였다고 단정할 수도 없다.

3. 제14연대에 모여든 사람들

제14연대가 창설되면서 부대 편성 완료를 위해 곧바로 모병에 나섰다. 모병하는 과정에서 신분 확인이나 사상 검증 없이 무조건 입대시키다 보니 좌익사병이 많았다. 이러한 정부와 국군의 주장을 뒷받침하는 증언을 살펴보면,

그때 좌익청년을 쫓다 보면 으레 경비대에 입대했다는 게 핑계처럼 되었죠. 그러면 차 사정이 형편없던 때라 말을 타고 14연대를 찾아갈 수밖에 없었습니다. 정문에서 연대장 면회를 요청하면 30분은 기다려야 했습니다. 겨우 만나 문제된 사람을 체포해 가야겠다면 상대방 대답은 이미 경비대에 입대했기 때문에 자체조사를 하고 상부에 연락해 결과를 회신해 주겠다는 공식적인 대답만 듣고 되돌아서기 일쑤였죠. (당시 여수경찰서 사찰과장 박명규)

지원자가 부족한 바람에 제14연대에서는 불온사상의 여부를 가리기 이전에 지원자는 무조건 입대시켰다. 이로 인해 사회에서는 좌익운동을 하다가 경찰의 지명수배를 받게 되면 14연대 입대하기 일쑤였다. …… 이렇게 되자 좌익뿐만 아니라 살인, 방화, 강도 등 사회에서의 범죄자 대부분이 군에 입대하면 괜찮다는 수소문을 듣고 은신처로 삼을 정도였다.(임종명·김석학, 『광복30년: 여순반란 편』, 1975)

두 글을 읽다보면, 제14연대는 마치 범죄자를 모아 놓은 조직 같다. 이러한 형태의 주장은 정부와 국군의 기록에서도 그대로 인용한다. 그러다 보니 제14연대는 반란이 일어날 수밖에 없는 필요충분조건이 모두 갖추어진 부대로 인식되었다. 그렇지만 당시 시대적 상황은 제14연대와 다른 연대가 다르지 않았다.

여순사건 이후 대구 제6연대에서는 3차례나 '반란'이 있었다. 제8연대는 두 차례(표무원·강태무 소령)나 병력을 이끌고 월북했다. 해군 제2특무정대도 월북했다. 이렇게 크고 작은 좌익관련 사건은 부대 내에서 끊이지 않았다. 좌익세력의 입대는 당시 정치적으로 혼란스러운 상황에서 전국적인 현상이었던 것이다.

일방적인 주장만 존재하는 것이 아니다. 여순사건 당시 제14연대 7중 대장이었던 김정덕 소위는 "실질적으로는 14연대의 반란은 내부에 빨갱이가 많아서 일어났다고는 보지 않는다"고 증언했다. 『빨치산의 딸』을 저술한 정지아는 아버지와 어머니가 모두 빨치산 출신이다. 정지아의 아버지 정운창은 "당시 대구 6연대, 마산 15연대, 군산 12연대, 이리 3연대, 광주 4연대는 남로당 조직이 강했지만 14연대는 제일 약한 편이다"고 증언하고 있다.

제14연대에서 남로당 활동을 했던 김영만은 "제14연대에 당원은 많지 않았고 사병들이 봉기에 합류한 것은 군중심리 때문이었다"고 말했다. 제14연대가 특별히 남로당 당원이나 공산주의자가 많다고 할 수 없다는 것이다.

'반란'이 발발하다 보니 정부는 공산주의자의 계획적인 소행이었고, 불순분자들이 포진했다는 것을 알리기 위해 김지회 모병과정을 소개하는 경우가 많았다. 김지회가 모병과정에서 "이승만에 대해 어떻게 생각하느냐? 김일성을 아느냐?" 등의 질문을 통해 이승만 정부에 비판적인 경향이 있는 사람을 입대시켰다는 것이다.

당시 제14연대 12중대 중대장이었던 김형운의 증언에서도 확인할 수 있듯이 장교가 모병에 나간 경우는 거의 없다. 사병을 각 출신지역에 보내서 모병했다. 혹여 모병된 사병을 부대 내에서 심사를 했는지는 알 수 없다. 김지회 모병과정에 대한 주장은 과장되었을 가능성이 높다.

제14연대 창설 이후 전남 동부 지역에서 모병되었던 군인들은 어떤 이유로 입대했던 것일까. 이들은 어떤 사상을 갖고 있었을까. 여수시 돌산읍에서 제14연대에 입대한 임태황과 곽상국의 증언을 들어보자.

곽: 소수는 자원입대고, 대부분은 사상관계나 프락치 사건으로 인해 많은 사람들이 들어왔다.

임: 부락마다 책임자를 주어 배당을 했다. 그런 반면 옷과 계급장이 멋있고 그래서 자원한 젊은 사람들도 많았다.

곽: 너무 가난했다. 보리죽이라도 한 끼 제대로 먹고 죽는 것이 소원이었다. 그런데 군인을 모집한다는 소문이 들렸다. 집에 밥숟가락 하나라도 덜어주는 것이 당시에는 최고라고 생각이 되어 입대했다. 군에 가면 보리죽이라도 제대로 먹겠다고 생각이 든 것이다.

두 증언은 1995년 여순사건 피해조사를 처음 시작한 '여수지역사회연구소'에서 증언한 내용이다. 이후에도 곽상국 목사는 여러 차례 '내가 겪은 여순사건'을 강연했다. 곽 목사의 증언에서 확인할 수 있는 것은 본인은 사상과 무관하며 가난 때문에 입대했지만, 다른 사람들은 사상관계나 프락치 사건으로 많이 입대했다는 것이다.

여순사건 증언자 대부분이 본인은 공산주의자와 관련이 없다는 것을 먼저 강조한다. 곽상국도 자기 합리화를 먼저 하면서, 정부와 국군에서 주장하는 내용을 답습하고 있다. 그러나 곽 목사의 증언이나 강연은 본인이 직접 경험한 것이기보다는 훗날 들은 이야기를 마치 직접 경험한 것처럼 발언했다. 필자가 직접 곽 목사의 강연 이후 여순사건과 논란이 되는 부분에 대해 인터뷰를 하면서 확인한 것이다. 여하튼 곽 목사가 밝힌 본인의 입대 동기, 그리고 임태황이 옷과 계급장이 멋있어서 입대했다는 동기는 전남 동부 지역 곳곳에서 들을 수 있는 증언이다. 낙안에서 제14연대에 입대했던 김일도의 증언을 그대로 옮겨보겠다.

호감을 샀다니까, 모병을 나왔는디 아조 카키복에다가 싹 모자를 쓰고 나왔길래. 19살 먹은 놈이 호기심에 모병을 간 거여. 가서 시험을 보는데 한문으로 이승만 대통령만 쓰면, 구구단만 외뿐면 합격이여. 시험이라는 것이 있어. 낙안서 몇이 안 갔어. 아! 낙안서 셋이 갔구나. 둘이는 훈련을 못한께 쫓겨와부쩨. 그들도 사상이 있는 사람이 아니여. 그들도 호기심에 같이 가자해가꼬.

김일도는 3중대 소속으로 제주도 파병부대원이었다. 여순사건 발발 당시 여수항에서 선적작업 도중에 '반란' 소식을 들었다. 김일도도 카키색의 군복에 호기심을 느끼고 군대에 입대했다.

전반적으로 입대 배경은 가난이었다. 배고픔이었다. 대략 60% 이상은 가난과 배고픔이 죄였다. 그리고 의외로 군인의 제복이 멋있어 입대한 사람이 많았다. 광양읍 목성리에 살았던 박봉구·이정수·김옥태·이상희는 여수에 놀러왔다가 군인의 제복을 보고 무작정 제14연대에 입대했다. 군복을 보는 순간 누구라고 할 것 없이 만장일치로 입대를 결심한 것이다.

순천경찰서 경찰이었던 박오선의 증언은 당시 시대적 배경을 종합적으로 잘 나타내고 있다.

당시에 경찰은 국민의 비판 대상자 아닙니까? 그래서 경찰관 보면 경찰은 '개새끼'라고 하면서 쏴 죽여 부렸어요. 경찰이 국방경비대를 무시했어요. …… 그래서 보복하기 위해 군대에 들어간 사람이 많아요. 해방 이후 자유당시절까지 보릿고개라고 얼마나 못 먹고 살았습니까! 군대 가면 보리밥이라도 먹을까 해서 간 사람도 있어요. 지주들이나 먹고 살았지.

일제강점기부터 검은 제복은 백성들에게 무서움 그 자체였다. 해방된 조국에서도 일제강점기에 날뛰었던 경찰들의 세상이었다. 경찰을 제압할 수 있는 도구가 '군인'이었다. 박봉구 등이 만장일치로 입대했던 이유도 바로 힘의 상징으로 군복을 보았다.

초근목피 연명하는데 보리밥, 보리죽이라도 세 끼를 먹을 수 있는 곳이 군대였다. 그래서 입대했던 것이다. 그렇지만 부대상황도 그렇게 넉넉하지 못했다. 보리죽 한 끼라도 제대로 먹고 싶은 욕망은 쉽지 않았다. 그래서 탈영병은 하루에도 몇십 명이 발생했다. 당시 11중대장이었던 김형운은 모병과 관련하여 재미있는 증언을 했다.

김형운은 경비사관학교 6기로 졸업하고 소위로 임관했다. 8월 17일 동기생 18명이 제14연대에 배속되었다. 동기생은 모두 소대장 직책을 맡은 반면에 그는 제11중대 중대장 대리라는 보직을 받았다. 11중대는 160명의 정원에 30~35명밖에 모병되지 않았다. 그리고 아직 12중대는 부대편성도 하지 못하고 있었다.

부대편성이 완료된 다른 중대에서도 탈영병 때문에 계속 모병을 했다. 일등병, 이등상사 등을 출신지역에 보내 모병을 했지만 신통치 않았다. 입대하면 고생만 죽도록 하고 제대로 먹지도 못한다는 소문이 퍼지면서 입대하는 사람이 적었다. 김형운의 증언을 정리하면,

> 당시 사병 1인당 정량은 6홉이었다. 그런데 부식은 쌀 하나도 없는 깡보리 밥에 소금국 김치 하나가 전부였다. 중대별로 취사를 할 때라서 대대장에게 건의하여 쌀이고 고기고 부식을 정량급식을 주라했다. 부식을 연대에 떼어먹고, 대대에서 떼먹고 장교들은 별도로 먹고 그러니까 사병들은 깡보리밥에 소금국이 전부였다. 사병들은 안 시키고 내가(중대장 대리) 직접 부식

을 받으러 갔다. 그래서 11중대는 쌀밥이네, 고깃국이네 소문이 났다. 육군 본부에서 총지휘검열이 왔다. 그때 제일 우수 표창을 받았다.

11중대는 8월말쯤 부대편성을 완료했다. 연대장은 김형운을 12중대 중대장으로 정식 임명했다. 12중대 또한 한 달도 안 되어 모병을 모두 끝냈다. 김형운의 증언은 당시 모병에서 가장 중요한 것이 무엇이었는지를 확인시켜주고 있다. 사병들이 왜 군에 입대했는지를 알 수 있는 대목이다.

종합적으로 제14연대 모병과정에서 입대한 사병을 분류하면 크게 세 가지로 나눌 수 있다. 첫째, 좌익사상이나 범죄 등으로 경찰에 쫓기어 입대했다. 둘째, 가난과 배고픔을 모면하기 위한 입대했다. 셋째, 옷과 계급장이 멋있어 입대했다.

첫 번째의 경우 보수우익에서 줄기차게 주장했다. 어느 정도 동의는 할 수 있지만 그들의 주장에 과도함이 넘쳐난다. 두 번째의 경우는 인간의 생존과 맞물리는 문제다. 인간은 먹지 않고 살 수 없다. 앞서 여러 사례를 통해 먹는 문제가 얼마나 중요한지 살펴보았다. 세 번째 경우에 대해서 생각해보자. 군복이 멋져서 입대했다는 것이 너무 철없는 행동이었을까?

군복이 상징하는 것은 무엇이었을까. 일제강점기 백성들에게는 호랑이보다 더 무서운 것이 순사였다. 순사의 검은 제복은 무소불위의 힘이었다. '순사'보다 더 무서운 존재가 군인(헌병)이었다. 일본도를 길게 차고 나타난 일본 군인은 군수마저도 고개를 연신 숙여야 했을 만큼 대단한 권력이었다.

해방 이후 군인을 모집한다고 한다. 어떤 조건도 없이 입대가 가능하다고 한다. 군인을 상징하는 군복을 입을 수 있었다. 일제강점기를 거치면서 동경심을 유발시켰던 '군복'을 누구나 입을 수 있게 된 것이다. 그들이 보았던 것은 군복이 아니었다. 군복이 상징하고 있는 '힘'이었다. 백성을 속박하고 억압했던 지긋지긋한 군복을 통해 새로운 욕망을 꿈꾸고 있었다. 인간의 이중성이라고 욕할 수 있겠지만, 당시 조선백성이 당했던 서글픔이 '군복'에 그대로 간직되어 있다.

제14연대를 '빨갱이 소굴', '빨갱이 연대', '문제 사병의 연대'로 지칭할 수 없다. 전국적인 연대의 상황이었다. "까마귀 날자 배 떨어진다"고 봉기가 발발하고 나니 제14연대만이 특별하고 유별난 것처럼 포장했다. 그 이유는 국민을 탄압하고 옭아매는 도구로 제14연대를 활용하고자 했던 것이다. 군인의 반란에 따른 정부가 져야할 책임에서 벗어나고 싶었다. 가장 좋은 올가미가 '빨갱이'였다.

미국 측이 입수한 정보에 나타난 제14연대 상황은 어떨까. 여순사건이 발발하기 한 달 전에 실시된 제14연대 사찰 보고서에는 "정보과 장교들이 세 번 교체되어 정보과가 튼튼하지 못하다"고 지적했다. 그러나 군대 내 좌익세력의 존재에 대해서는 언급하지 않고 있다. 즉 이상한 징후를 전혀 발견하지 못했다는 것이 김종문 소령이 작성한 사찰 보고서이다. 제14연대를 빨갱이 소굴로 옭아맬 아무런 정황이 없었다는 것을 사찰 보고서는 다시 한 번 증명하고 있다.

그럼에도 불구하고 제14연대를 계속적으로 '빨갱이 소굴'로 주장한 이유는 무엇일까. 제14연대 사병은 대부분 전남 동부 지역에서 모병되었다. 제14연대를 빨갱이 소굴로 몰아감으로써 전남 동부 지역의 사람들 또한 빨갱이라는 등식이 성립되었다. 진압 이후 민간인의 피해는 상상을 초월했다. 민간인 희생자를 정부는 빨갱이로 몰았다. 빨갱이는 보호의 대상이 아니라 척결의 대상이었다. 전남 동부 지역 사람들은 빨갱이······.

해방 이후 경찰의 비호 아래 서북청년단·대동청년단 등은 각 지역에서

지부를 결성했다. 이들 우익단체는 경찰의 물리력을 보완하는 사설단체 수준을 넘어 준국가기구로서의 역할을 수행했다. 반공을 전매특허로 하는 '백색테러'는 각 지역에서 악몽의 그림자였다.

전남 동부 지역도 예외는 아니었다. 각 도시마다 지부가 결성되었고, 좌익을 때려잡는데 앞장섰다. 모략과 조작은 당연한 그들의 임무였다.

여순사건의 협력자 색출에 우익청년단체가 단단히 한몫을 했다. 이들이 저지른 악행에 대해서 지금도 어르신들은 고개를 절로 흔든다. 그렇지만 이들에게는 아무런 죗값이 없다. 어떤 책임도 묻지 않았다. 빨갱이를 처단했다는 자부심만 있다.

아래 〈사진-9〉는 여순사건의 한 중심에 섰던 전남 광양 지역의 대동청년단 결성식 사진이다. 남자뿐만 아니라 여자들까지 긴 죽창을 들고 사열하고 있다. 단상에는 경찰의 모습도 보인다. 경찰은 우익 청년단체의 활동에 든든한 우군이었으며, 지원에 앞장섰다.

〈사진-9〉 대동청년단 광양지부 결성식

여순사건,
남로당의 지령인가?

1. 남로당은?

여순사건은 남로당과 관계가 있다고 한다. 남로당은 도대체 어떤 정당일까? 막연하게 공산당이라고들 많이 생각한다. 틀린 것은 아니다. 간략하게 남로당부터 살펴보자.

1946년 11월 서울에서 결성된 공산주의 정당으로 '남조선노동당'을 줄여서 '남로당'이라고 한다. 당시 남쪽에는 우후죽순처럼 정당과 사회단체가 생겨나고 소멸되던 시기이다. 조선에 공산주의 정당이 들어 선 것은 1925년이다. 정당의 역사로는 공산당이 먼저 주도했다고 볼 수 있다.

'공산주의 정당' 조선공산당이 이 땅에 자리 잡기까지는 크게 두 흐름이 작용했다. 국외적으로 1917년 11월(구력 10월)의 러시아 혁명이다. 즉 '볼세비키 혁명'・'10월 혁명'・'프롤레타리아혁명'을 일컫는다. 칼 마르크스(Karl Heinrich Marx)의 사상에 기반을 둔 공산주의 혁명은 세계적인 사조로 확산되었다. 핍박받는 노동자와 민중의 새로운 사조는 조선민중의 삶과 괘를 같이했다.

'공산주의'하면 소련의 해체와 동구권 붕괴라는 현재적 잣대로 선을 긋고 이해하는 경향이 강하다. 특히 분단된 한반도 처지에서는 현재 북한의 모습에 당시 공산주의 사조를 대입한다. 현재적 관점이 아닌 1920년대에 조선 민중들의 수탈과 배고픈 삶으로부터 공산주의 확산을 들여다봐야 할 것이다.

국내적으로 1919년 3·1운동 이후 민족자결주의라는 개념이 도입되었다. 민족자결주의에 러시아 혁명이 이식되면서 1921년까지 급진적이고 점진적인 민족운동이 전개되었다. 즉 사회주의 운동이다. 사회주의 운동의 한반도 상륙은 민족주의 운동과 갈등을 의미하기도 한다. 국내에 사회주의 사상·마르크스주의를 소개한 이들은 일본 유학생들이었다.

1922년 2월 4일 동우회선언同友會宣言으로 시작했다. 김사국·김약수·정태신 등 12인이 서명한 이 선언은 "이제 고학생 및 노동자의 구제기관이라는 기치를 버리고 직접행동을 위한 투쟁기관"으로 성격을 천명했다. 즉 이들은 자신들의 조직을 계급투쟁의 실행기관으로 천명하고, 자본계급과 공개적인 계급투쟁을 가시화했다.

이렇게 시작된 조선의 사회주의 운동은 1925년 4월 17일 박헌영·김단야·조봉암 등이 중심이 되어 조선공산당을 비밀리에 창당했다. 초대 책임비서에는 김재봉이 선출되었다. 김재봉은 1923년 초 러시아 블라디보스토크의 코민테른 극동국 산하 고려국(高麗局·코르뷰로)에서 활동한 인물이다.

이들은 창당 선언문에서 "세계 프롤레타리아 국가 건설을 위해서는 일본 제국주의를 타파하고 식민지 조선의 독립을 도모하지 않으면 안 된다"고 강조했다. 조선공산당은 외곽단체인 고려공산 청년회를 4월 18일에 결성하여 책임비서로 박헌영을 선임했다. 이때부터 다섯 차례에 걸쳐 지도부가 구속되는 수난을 겪으면서 조선공산당은 해체와 재건을 거듭했다.

일제강점기에 조선독립을 위해 싸우던 독립운동가들 중 상당수 수가 사회주의자들이다. 제국주의 침략과 강탈이 치열했던 20세기 초, 소련만이 식민지 국가들의 민족해방을 지지하며 투쟁하는 상황이었다. 이러한 흐름에 식민지 민족해방운동의 지도자들은 사회주의 사상을 수용하는 것이 낯설지 않았다. 일제의 감시와 탄압 속에 1945년 해방을 맞았다.

박헌영과 여운형·허헌·김원봉·한빈·이주하 등은 1945년 8월 20일 조선공산당을 재건했다. 해방정국의 정당·사회단체의 이합집산 속에서 1946년 11월 23일에 조선인민당 및 남조선신민당과 함께 남조선노동당으로 통합되었다. 하지만 여운형을 중심으로 중도·사회주의 성향의 일부 지식층은 공산주의에 반대하고 1947년 5월 근로인민당을 창당했다.

익히 들어온 '남로당'은 이렇게 출범했다. 남로당은 "민주주의 자주독립국가 건설, 정권을 인민위원회로, 20세 이상의 국민에게 선거권과 피선거권 부여, 언론·출판·집회·결사·시위·신앙의 자유, 민족군대 조직과 의무병제 실시, 평화애호국가와 친선강화"를 강령으로 채택했다.

한반도 문제를 두고 미·소공동위원회가 접점을 찾지 못하면서 남로당은 '양군(미군·소군) 철수'를 통한 통일정부 수립 등을 주장하는 등 미군정과 마찰을 빚었다. 결과적으로 합법적인 남로당 활동은 1947년 8월 미 군정청에 의해 비합법화되었으며, 1948년 2월부터 무장 유격투쟁으로 전환했다. 대표적인 것이 1948년의 일명 2·7구국투쟁이다.

미·소공동위원회가 결렬되면서 한반도 문제는 미국의 제안으로 1947년 9월 17일 유엔에 상정되었다. 유엔에서도 '선(先)정부수립·후(後)외국군 철수'를 주장한 미국과 정반대의 입장을 주장한 소련이 대립했다. 유엔총회는 1948년 3월 31일 이내에 유엔 감시하의 총선거를 실시할 것을 결의하고, 9개국 대표로 구성된 '유엔한국임시위원단'을 발족시켰다.

결과적으로 남한만의 단독선거가 결정되었다. 유엔에서 미국이 승리한 것이다. 국내에서는 좌·우익의 대립이 날로 격화되었다. 김구金九·김규식

金奎植 등은 남한 단독선거를 반대하며 '남북대표자연석회의'를 주장했다. 단독선거를 통한 분단정부 수립을 찬성하는 이승만 계열과 한민당을 제외하면, 반대하는 흐름이 전국적으로 형성되었다. 일정부분 남로당이 여론을 선도하고 선동했다.

미군정에 의해 총선 일정이 발표되고, 1948년 2월 5일에 군정장관 러치(Lerche. A L.)가 미군 철수설을 부인하는 성명을 발표했다. 참고로 미군정 기간동안 재조선미군사령관은 하지(Hodge, J. R.) 중장이며, 미군정장관은 초대 아놀드(Arnold, A. L.: 1945.9.12.~1946.1.4.), 제2대 러치 (Lerche, A. L.: 1946.1.4.~1947.9.11.), 제3대 딘(Dean, W. F.: 1947.11.25.~ 1948.8.15.)이 각각 재임했다. 미군정에 의해 불법화된 남로당과 민주주의민족전선(민전)은 '단독선거 단독정부'(이하 단선단정)를 반대하며 2월 7일을 기해 전국적인 대규모 파업을 일으켰다. 앞서 말한 2·7구국투쟁이다. 이들의 주장을 살펴보면,

1. 조선의 분할 침략계획을 실시하는 유엔 한국위원단을 반대한다.
2. 남조선의 단독정부 수립을 반대한다.
3. 양군 동시 철퇴로 조선 통일 민주주의 정부 수립을 우리 조선 인민에게 맡기라.
4. 국제 제국주의 앞잡이 이승만, 김성수 등 친일 반동파를 타도하라.

2·7구국투쟁은 사전에 계획되고 준비되었다. 이틀 후인 1948년 2월 9일 백범 김구가 '삼천만 동포에게 읍소한다'는 제목으로 단선단정 반대 의사를 밝히는 등 전국적인 호응을 얻었다. 하지만 미군정의 힘을 넘어설 수는 없었다. 단선단정 반대를 주도했던 남로당은 미군정에 쫓기어 산악지대로 들어가면서 야산대 활동이 시작되었다. 빨치산의 초보적 형태가 이때 형성된 것이다.

1948년 5·10 단독선거 시점과 다소 차이가 있지만, 1946년 8월에 미 군정청 여론국에서는 일반시민 8천4백5십3명을 상대로 미군정에 대한 만족도와 정치체제 선호도에 대한 여론조사를 실시했다.

첫 번째는 미군정이 '잘 하고 있냐'는 질문이었다. 미군정이 '잘한 점이 있다'는 2%이고, '잘한 점이 없다'는 무려 98%로 나타났다. 미군정이 잘했다고 답한 2%도 대다수가 위생시설이었다. 가장 현안이었던 먹고사는 문제를 미군정에서 해결하지 못하고 있다는 것을 입증하고 있다.

두 번째는 정치체제에 대한 질문이었다. '자본주의' 체제를 선호하는 답은 14%(1,189명)이고, '사회주의'를 선호하는 답은 70%(6,037명)이었다. 또한 '공산주의'를 지지하는 사람은 7%(574명)이고, '모른다'는 8%(653명)로 나타났다. 당시 사회·공산주의의 선호도가 무려 78%에 달했다.

미군정이 조사한 이 여론조사는 어떤 의미를 담고 있을까. 대다수 국민들이 미군정에 대한 불만이 매우 높았다는 것이다. 즉 해방된 조국에서 공평한 분배체제를 선호했음을 확인할 수 있다. 그러나 미군정과 이승만 정권은 백성의 염원과는 거리가 먼 체제와 정책을 추진함으로써 불평불만은 더욱 고조되었다.

1946년 조사된 여론조사 결과라서 1948년 8월 15일 대한민국 정부 수립 당시의 여론과는 차이가 있을 수 있다. 그렇지만 이 여론조사는 해방정국의 국민들이 어떤 생각을 갖고 있었는지에 대해 시사하는 바가 크다고 할 것이다. 미군정의 실패를 이승만 정부가 고스란히 승계하면서 대한민국 정부가 탄생했다. 여기에 가장 반대했던 주축이 남로당이었다.

2. 남로당 지령인가?

앞서 제14연대는 남로당의 전국적인 반란의 도화선이란 정부와 국군의 주장을 살펴보았다. 하지만 다른 연대에서는 어떠한 동조도 행동도 없었다. 남로당 지령의 주장은 허구라는 것이 입증되었다.

그러나 여전히 여순사건은 제14연대 군인들의 우발적인 '반란'인지, 아니면 남로당 지령 아래 계획적인 '반란'인지 논란이 거듭되고 있다. 대체적으로 전문 연구자들은 우발적인 사건으로 보고 있다. 정부와 국군은 발발 당시의 주장이 허구로 밝혀졌음에도 남로당의 계획 아래 발발한 '반란'이란 주장을 굽히지 않는다.

정부와 국군에서 주장하는 내용을 살펴보고자 한다. 우선 정부와 국군에게 묻고 싶다. 남로당의 지령 아래 '반란'을 일으켰다고 주장하면서, 남로당 군사부장으로 알려진 박정희의 역할에 대해서는 왜 함구하고 있는지 설명부터 하는 것이 순리로 보인다.

여순사건이 남로당의 지령 아래 발발했다면 박정희는 '반란'을 계획하고 지령하는데 핵심적인 역할을 했을 것이다. 남로당 군사부장도 모르게 반란을 계획했다는 것은 말도 안 되는 소리이다. 여순사건 이후 체포된 이재복은 남로당 군사총책으로 알려졌다. 박정희는 이재복에게 포섭되었으며, 여순사건은 이재복의 지령에 따라 발발했다는 것이 정부와 국군의 주장이 아닌가. 그런 주장을 소개하면,

> 남로당의 군내최책임자 이재복은 곧 14연대의 제주도 출동정보를 입수하고 소위 오르그(공작지도원) 1명을 여수에 급파했다. …… 제14연대 내의 남

로당조직책인 지창수 상사에게 공작지도원은 이재복의 '검은 지령'을 하달했다. 그것은 제주도 출동직전에 반란을 일으키라는 어머 어마한 내용이었다.(김석학·임종명, 『광복30년 2권: 여순반란편』, 전남일보사, 1975)

이중업(남로당 빨치산 군사부장)은 이 같은 절호의 기회를 놓칠세라 이재복(남로당 군사부장)에게 여수주둔 제14연대에 침투해 있는 프락치들로 하여금 폭동을 일으키도록 지령하였고, 이재복은 지창수 상사에게 지령을 내렸습니다.(박윤식, 『여수14연대 반란』, 도서출판 휘선, 2011)

김석학·임종명의 『광복30년 2권: 여순반란편』은 암울한 시기에 발행된 책자이다. 1972년 박정희는 유신헌법으로 영구집권체제에 돌입했다. 언론·출판·집회결사의 자유는 존재하지 않았다. 오로지 박정희의 '찬양과 칭송'만 이 땅에 울려 퍼졌다. 전남일보도 예외 없이 충성을 맹세해야 했다. 누가 꼭 시켜서 하는 것이 아니었다. 스스로 가장 충직한 신하(?)란 모습을 보여야 했다. 『광복30년 2권』은 충성을 맹세하듯이 극단적인 반공을 잘 묘사하고 있다.

여순사건이 남로당의 지령이었다면 지방 남로당도 흐름에 동참해야 했다. 당시 지역상황을 살펴보자. 당시 남로당 여수군당 위원장은 유목윤이었다. 유목윤은 19일 밤늦게 총소리가 났지만, 아무런 생각 없이 잠에 들었다. 다음날(10월 20일) 아침에 보니 세상이 어수선했다. 그는 발길을 재촉하여 여수일보사로 갔다. 그는 "밤사이에 일어난 난리가 무슨 영문인지 모르겠다. 신문사에 무슨 정보 없느냐?"고 신양남 여수일보사 편집국장에게 물었다. 신양남은 별도의 정보도 없고, 합동통신의 통지문도 평소와 다름없다고 했다.

유목윤은 전국적인 상황이 아님을 파악하고 돌아갔다. 남로당 순천군당에서 활동했던 윤기남과 심명섭의 증언을 옮겨보겠다.

14연대 당부가 독자적으로 결정한 것이지요. 지창수 이야기는 도당에서 그런 결정도 못 받았다는 거예요. 그러니까 현지에다 위임한 상태인데 당 지하조직의 파괴문제에 대해서는 언급이 된 것 같아요. 지하를 노출시켜서는 안 된다. 그러니까 군대 자체만 행동해라. 여수군당은 건드리지 말라는 것이었지요. 여수 지하당하고 연결 유대는 갖지 말고 군은 군 독자적으로 달리 행동을 도모해라.(남로당 순천군당 조직부 간부 윤기남)

도당에서 도대체 어떻게 된 일이냐고 사태를 파악하여 빨리 보고하라는 지시를 내가 직접 받았다. 후에 안 일이지만 어찌하였던 14연대의 움직임은 당의 입장을 위배한 해당행위로 여겨진다. 당시 당의 입장을 위배하고 무계획적으로 일어난 행동으로 인해 당의 통제력이 약화되어 있는 상황에서 무절제한 모습이 파생되는데, 우리는 그러한 무절제한 행동들에 대해 역사의 과오를 저질렀음을 자기비판해야만 했다.(남로당 순천군당 지도과장 심명섭)

남로당 여수군당 위원장도 모른 것을 남로당 지령에 의해 계획적으로 이루어졌다는 것은 도무지 이해할 수가 없다. 순천군당에서 활동했던 이들의 의견은 다소 다르다. 윤기남은 남로당 도당에서는 반란의 기미를 사전에 알고는 있었지만, 군대 독자적으로 행동하라고 했다는 것이다. 그러나 심명섭은 제14연대 군인들의 무계획적인 반란을 전남도당에서도 전혀 모르고 있었다고 주장한다. '반란'이 발생하자 사태를 파악해 보고하라는 지시가 내려 왔다는 것이다.

1990년 후반부터 여순사건에 대한 전문 연구가 시작되었다. 그 결과 남로당 지령 등을 비롯한 여러 부분에서 기존의 정부와 국군에서 주장한 내용들에 대해 문제점을 지적하면서 새로운 연구 결과를 내놓았다. 하지만 보수우익의 일방적인 주장은 계속되고 있다. 이는 또 다른 역사 왜곡이고 조작이다. 더욱 큰 문제는 이러한 주장을 발행한 책자가 국군의 정훈교육으로 이용되고 있다는 것이다.

나라를 지키는 진실 된 애국은 편향된 역사 왜곡에서 시작될 수 없다. 남과 북이 아직도 대치하고 있다고 하지만 이념을 내세워 젊은이들에게 날조된 역사를 가르쳐서는 안 된다. 친일파 척결이 아직까지도 이루지지 않는 것은 '힘의 논리' 때문이다. 힘의 논리를 통해 역사 왜곡·조작은 아무런 거리낌 없는 정권의 도구였다. 더 이상 역사를 날조하거나 왜곡하는 일은 없어야 한다.

여순사건 발발 당시 남로당의 지령이라는 표현은 없었다. 이범석 국무총리의 발표는 '폭동의 성질'에 대해 "본래 수개월 전에 공산주의자가 극우의 정객들과 결탁하고 반국가적 반군을 책동하여 일으켰다"고 규정을 했다. 이 발표 내용으로는 '남로당의 지령'보다 훨씬 복잡한 양상에서 반란이 발발했음을 나타내고 있다. 공산주의자뿐만 아니라 극우 정객까지 결탁했다는 것이다.

정부가 말하는 극우 정객들은 누구일까? 극우 정객은 무엇을 주장하는 사람들일까? 당시에 보편적으로 이승만 지지 세력과 한민당을 우익으로 보았다. 그리고 남로당을 좌익으로 보았다. 그렇다면 김구와 김규식은 어디에 속하는 것일까. 혁명의용군사건과 여순사건에 동시에 등장하는 것이 바로 극우 정객이다.

'극우 정객' 발표로 인하여 마음고생이 심했던 사람이 김구다. 정부에서 극우 정객 개념을 해석하지 않았다. 하지만 당시 이승만 정부에서는 '미군과 소련군의 양군 철퇴와 남북통일'을 주장하는 이들을 '극우 정객'으로 분류했다. 이승만과 정적이었던 김구와 김규식이 여기에 속한다. 지금의 '극우'라는 개념과 상당한 차이가 있다.

정부 발표는 '남로당 지령'이 있었는지 없었는지 다소 애매모호했다. 그럼 당시 여수·순천 현지를 취재했던 특별취재단의 보도내용은 어떨까?

현윤삼의 「전남반란사건의 전모」에서는 "이번 쏘베트 혁명기념일을 기하여 남로당은 북로당의 원조를 얻어 이번 여·순폭동도 이르켰든 것이다"고 기록했다. 남로당뿐만 아니라 북로당의 원조로 여순사건이 일어났다는 것이다.

연합신문은 1949년 5월 23일 '국군의 방위 태세는 완벽'이란 제목으로 국방부 수뇌부와 좌담회를 개최했다. 이 자리에는 채병덕 육군총참모장·손원일 해군총참모장·정일권 육군참모 부장·김석원 제1사단장·작전국장 강문봉 대령·虎부대장 김종오 대령 등이 참석했다. 정일권 참모부장은 "작년 10월 여순반란에 있어 반군 수괴 홍순석·김지회 등은 북로당의 지령을 받았다"고 했다.

현윤삼의 보도와 정일권의 발언은 '북로당 지령'을 받았다는 것이다. 그러나 신빙성이 매우 낮다. 꾸준히 북한을 끌어들이기 위한 국군의 노력이 계속되고 있음을 알 수 있다. 당시 사회적 분위기는 북한을 끌어들일수록 이승만 정부의 정통성과 무고한 민간인 학살에 대한 정당성을 인정받을 수 있었다.

여순사건 진압작전에 작전참모로 참여한 김점곤은 남로당 지령설을 부인한다. 그는 "남로당은 아직 전면적인 '무장투쟁' 단계로 그 노선을 설정하지 않았으며, 군에 있어서도 아직껏 '반란봉기'의 성숙기에 도달하지는 못한 시점이었다"고 당시를 평가했다. 또한 "여순반란은 남로당 '극좌모험주의자'들의 이른바 '미 제국주의를 위한 간첩' 행위로서 '남반부 민주역량 파괴음모'에 의한 것이다"고 하면서 "후에 김일성으로부터 비판과 숙청처단을 받은 이유가 되기도 했다"고 여순사건과 남로당 관계를 정리했다.

미군은 여순사건을 어떻게 보았을까? 미 임시군사고문단 정보참모였던 리드(John P. Reed)는 "남로당이 전군에서 동시에 일어나는 봉기로 정권을 타도할 계획을 갖고 있었지만, 여수봉기는 갑작스런 제주도 출동명령 때문에 시기상조로 단행된 것이다"고 보고했다.

여순사건은 남로당 지령이 없었다. '반란'의 성패는 국가를 전복하던지, 정권을 탈취하는 것이다. 서울에서 가장 멀리 떨어진 한반도 최남단에서 반란이 일어났다는 자체가 남로당 지도부의 개입이 없었다는 것을 반증한다. 대한민국을 전복하기 위해서는 수도 서울을 점령하지 않고 불가능하다. 정권 탈취를 위해서는 이승만 정부를 권좌에서 끌어내려야 한다.

5·16군사쿠데타를 연상해보라. 5·16군사쿠데타는 제2군사령부 부사령관인 박정희가 중심이 되었다. 제2군사령부는 부산에 주둔하고 있었다. 그렇다고 박정희가 군사쿠데타를 일으켜 부산을 장악한 것이 아니었다. 수도 서울을 점령하기 위한 모의와 계획을 세웠고 성공했다.

남로당에서 여수 제14연대에 지령을 내렸다고 가정하면, 서울까지 진격하기에는 너무 난관이 많다. 미군이 여전히 한반도 군사 작전권을 갖고 있는 상황에서 과연 여수에서 서울까지 진격이 가능했을까. 여순사건이 성공했지만 서울 인근에서는 아무런 행동이 없었다. 제14연대 봉기가 성공하면 남로당 지령 아래 전국의 각 연대가 동시다발적으로 일어난다고 정부는 주장했지만, 그런 일은 벌어지지 않았다.

육군 정보참모, 미군 군사고문단에서도 여순사건과 남로당 관계를 부인하고 있다. 사건 초기 언론에서도 '남로당 지령'은 언급조차 없었다. '남로당 지령'의 주장은 결과적으로 반공이데올로기 강화를 통한 '불량 국민들'을 양산하는 지렛대 역할을 했다. 그러한 것은 이승만 정부의 의도였으며, '남로당 지령'은 기정사실화 되었다.

3. 스탈린의 지령

남로당 지령을 넘어서 북로당 지령으로 여순사건이 발발했다는 것이다. 그런데 이보다도 훨씬 가공할 만한 것이 여순사건은 소련의 스탈린 지시를 받았다는 것이다. 소련 개입설의 근거로 봉기에 성공한 사병들은 "인민공화국 만세!", "김일성 장군 만세!", "스탈린 대원수 만세!" 등을 외쳤다는 허무맹랑한 주장을 하고 있다. 여순사건을 남로당 지령과 북로당 지령으로도 부족하여 스탈린의 지령까지 있었다는 주장이다. 정말 가관이다.

『제14연대 반란사건』, 『빨치산의 진실』 등을 저술한 이기봉의 주장에 대한 근거가 무엇인지 간략하게 살펴보겠다. 첫째 10월 20일 여수 중앙동 인민대회에서 인민해방군 사령관 지창수가 "어젯밤 우리는 북조선 인민군과 짜놓은 계획대로 동족상잔의 제주도 파병을 거부 우리 인민의 적인 경찰을 쳐부수고 여수인민을 해방시켰습니다. 우리는 북조선 인민군과 약속대로 합류하기 위해……" 등으로 연설을 했다는 것이다. 이 연설의 근거로 여수지역 향토사학자 김계유의 글을 인용하고 있다. 그러나 이는 사실이 아니다. 만약 이 연설이 사실이라고 해도 북로당과의 연결이지 스탈린 지령이란 근거를 찾을 수 없다.

둘째, 반란의 주모자 중 한 사람인 김지회가 북조선임시인민위원회 내무국 정보처 직속 평양학원 대남반에서 훈련받고 남파되었다는 것이다. 그래서 김지회는 서울 남로당 지도부를 배제하고 북으로부터 직접 지령을 받았다는 것이다. 이 또한 사실이 아니다. 사실이라고 해도 스탈린과는 아무런 연관성이 없다.

셋째, 1948년 9월 중순부터 이현상이 노상명이라는 가명으로 여수에 잠입하여 여수 지하당 총책 이용기, 그 간부 송욱(여수여중학교장), 제14연대 적색장교서클 총책 김지회, 남로당 계열 병사소비에트 총책 지창수 등과 접촉, 평양에서 지령이 떨어지면 군대와 당지하조직이 일제히 봉기하도록 명령했다는 것이다. 이현상의 여수 잠입은 전혀 근거 없는 이야기이다. 일고의 가치도 없는 주장이다.

넷째, 더욱 확실한 뒷받침이라면서 북한 평양방송이 10월 20일 오전 6시 여순사건 1보를 전했다는 것이다. 아직 대한민국 정부와 국군에서도 제대로 파악하지 못한 것을 북한 평양방송이 보도한 것은 제14연대 반란계획을 사전에 알고 있었다는 이야기다 이기봉은 미국자료에서 인용했다고 한다. 하지만, 북한 평양 조선중앙통신이 "소위 국방군 여수 제14연대, 단정을 반대하여 무장폭동"을 제목으로 한 첫 보도는 10월 22일이다. 이 또한 미국자료이다. 즉 10월 21일 이범석 국무총리 기자회견 이후이다.

이기봉이 주장하는 네 가지가 모두 사실이라고 가정을 해도, 이것이 스탈린의 지령을 받았다는 근거는 하나도 없다. 모두가 북로당 지령에 관련되어 있다. 이기봉은 빨치산 소설을 너무 많이 본 것 같다. 여기저기에 나온 인물들을 여순사건에 짜 맞추고 있다. 전혀 근거와 신빙성도 없는 이기봉의 주장은 '최초 공개자료'라는 제목으로 『신동아』에 실렸다.

미·소 냉전구도에서 미국에 밀리고 있던 스탈린이 이를 만회하기 위해 계획한 국제혁명전략의 일환으로 여순사건을 지령했다는 황당무계한 주장은 향후에도 계속될 우려가 있다. 왜 이렇게도 황당무계한 주장이 나오는 것일까. 정부와 국군이 군에서 발발한 '반란사건에 대해 명확하게 진실을 규명하지 않았기 때문이다. 또한 국가기관에서 갖고 있는 각종 정보를 공개하지 않는데 그 원인이 있다.

아직까지도 각 경찰과 국군 등 국가기관 뒤 창고에는 수많은 비밀스러운 자료들이 잠자고 있다. 여순사건이 발발한지 60년이 훨씬 지났지만 공개되지 않고 있는 자료가 수두룩하다. 이승만이 부정선거 여파로 해외망명을 떠난 지 50년이 넘었지만 이승만의 실체를 확인할 수 있는 수많은 자료는 어느 골방에서 잠자고 있다. 박정희가 피살된 지 30년이 넘었지만, 박정희 관련 자료는 여전히 비밀의 방안에 굳게 잠겨있다.

여순사건이 스탈린의 지령이든, 북로당의 지령이든, 남로당의 지령이든 정확하고 확실한 자료로 입증해야 한다. 그렇지 않고 몇 가지 단편적인 사항만 가지고 억지주장을 해서는 안 된다. 이승만 독재정권을 유지하기 위해 여순사건은 철저하게 도구가 되었다. 이승만이 대통령으로 12년 동안이나 권좌를 누릴 수 있었던 핵심에는 여순사건이 있었다.

여순사건을 통해 반공주의를 확고하게 구축했다. 정적을 옭아매 제거할 수 있는 국가보안법을 만들었다. 국민보호라는 미명 아래 국민보도연맹을 만들어 제멋대로 억압하고 통제했다. 시국수습대책과 공산주의 세력을 대비하고자 학도호국단을 창설하여, 고등학생부터 군사훈련을 받게 했다. 전 국민을 대상으로 사회감시체계를 갖추기 위해 유숙계과 애국반을 만들었다. 유숙계란 집을 떠나 외부에서 하룻밤이라도 자게 될 경우 24시간 이내로 파출소에 보고해서 조사를 받는 것이다. 애국반은 동네 집을 10가구씩 묶어 반장으로 하여금 책임지게 했다.

자유민주주의를 주창한 이승만 정부는 전 국민을 감시자이며 감시의 대상으로 몰아갔다. 반공이데올로기 안에서 개인의 삶을 정신분열증 환자로 만들어 갔다. 이승만 독재정권의 안착과 탈법이 제멋대로 판치는 세상을 만드는데 여순사건은 도구가 되었다.

이제 역사를 제자리로 되돌려야 한다. 이제 잘못된 역사를 청산해야 한다. 언제까지 구질구질하게 왜곡과 조작된 역사에 매달릴 것인가. 국가는, 국군은, 경찰은 이제 심사숙고해야 한다. 그리고 선택을 해야 한다. 국민을 속이는 왜곡과 조작된 역사 뒤편으로 숨을 것인지, 아니면 비밀의 문을 열어 잘못된 역사를 청산하고 당당하게 국민 앞으로 나설 것인지를 말이다.

아직까지도 여순사건을 남로당 지령이라고 주장하고 싶은 이들이 이 책을 읽기를 바란다. 왜 여수 주둔 국군 제14연대 군인이 봉기를 일으켰는지, 왜 여수·순천을 비롯한 전남 동부 지역의 사람들이 동조·호응하고 합세했는지 차근차근 적어나가겠다.

그리고 전남 동부 지역 사람들이 '불량 국민' 덫에서 얼마나 처절한 삶을 살아왔는지 기록하겠다. 이제 더 이상 '빨갱이'로 옭아맬 수 있다는 망상에서 벗어나야 할 것이다. 당시 공산주의와 지금의 교조주의적 공산주의 차이를 정확하게 인식하고 주장할 것을 요구한다.

남과 북의 대치를 갈등과 대립으로 몰아가려는 불순한 의도에서 이제는 벗어날 때가 되었다. 이미 대한민국은 조선민주주의인민공화국에서 도저히 따라 올 수 없는 경제적 성장을 거듭했다. 이미 대한민국 국민들은 민주주의 소중함을 온 몸으로 절실하게 느끼고 있다. 통제와 속박의 획일주의 사회에서는 이제 살아갈 수 없다. 자유와 다양성이 보장되는 '나라의 주인으로서 권리와 의무가 삶의 일부분으로 자리하고 있다.

제 2 부

비상나팔소리와 빨갱이들

한라산의 울부짖는 소리는 구봉산 자락에 내려앉았다. 제주 앞바다의 선혈은 가막만을 감싸고 붉은 빛깔로 살포시 내려앉았다. 제주는 여수였고 여수는 제주였다.

．
．
．

대한민국의 국군은 조작된 빨갱이를 척결하는데 앞장섰다. 시퍼런 니뽄도는 무지막지한 춤을 추면서 국민의 군대 되기를 포기했다. 개인의 야욕에 눈이 어두운 이승만의 충성스러운 군대일 뿐이었다.

제주도를 토벌하라!

1. 제주도 토벌을 준비하라!

제14연대 '봉기'의 직접적인 원인은 제주도 파병이었다. 제14연대 사병들은 동족을 살상할 수 없다고 봉기를 일으켰다. 제주도 파병을 위한 부대 편성은 언제부터 준비되었던 것일까. 지금까지 제주도 파병을 위한 부대 편성과 관련해서는 1948년 10월 15~16일경 육군 총사령부에서 제14연대장 박승훈 중령에게 제주도 파병을 위해 1개 대대를 편성하라는 작전명령을 내렸고, 박승훈 연대장은 1대대 대대장 김왈영 대위에게 출동부대를 지휘하게 했다는 것이 일반적 견해이다. 김왈영金曰永은 많은 문헌에 김일영으로 기록되었다. 일(日)과 왈(曰)의 한자의 혼동이다.

제주도에서는 무슨 일이 벌어지고 있었던 것일까. 먼저 제주도 상황을 간략하게 살펴보자. 제주도에 제9연대가 창설된 것은 1946년 11월 16일이다. 제주도(島)가 '도道'로 승격(8월 1일)됨에 따라 군대가 창설되었다. 제주 4·3사건의 시발은 1년 전으로 거슬러 올라간다. 1947년 3월 1일 제주읍에 있는 관덕정 마당에서 3·1절 기념집회가 열렸다. 기념집회를 끝낸 이들은 남한 단독정부 수립을 위한 5·10 선거는 분단을 고착화시킨다면서 만세 시위를 벌였다. 경찰이 시위 군중들에게 총을 쏴서 6명의 희생자가 발생하면서부터 시작되었다. 제주사람들과 경찰과의 갈등. 제주사람과 서북청년단 등과의 대립. 미군정의 비호 아래 가능했다.

1948년 4월 3일 새벽 2시에 350여 명의 무장대가 제주 도내 12개 지서를 공격하고 우익단체 요인의 집을 습격하면서 4·3사건이 발발했다. 4월 8일 전남경찰 응원대가 급파되고 제주비상경비사령부가 설치된다. 사령관은 김정호 경무부 공안국장이었다. 4월 10일 국립경찰전문학교 간부후보생 100명이 제주에 파견되는 등 무장대 소탕전에는 경찰부대가 주력했다.

미군정 윌리엄 딘(William F. Dean) 군정장관은 1948년 4월 17일 제9연대에게 경찰과 협조하여 진압작전에 참가하도록 명령했다. 군대가 진압작전에 개입하면서 4월 20일 부산 제5연대 1개 대대가 제주도에 파견되었다. 경찰과 군의 무기는 차원이 달랐다. 경찰과 군의 합동작전은 무참한 살상을 예고할 수밖에 없었다.

제주에서 벌어진 사태에 대해 잘 알고 있었던 제9연대 김익렬 연대장은 미군정이나 상부 명령 없이 무장대와 직접 평화회담에 나섰다. 동족을 무참히 살상할 수 없었기 때문이었다. 4월 28일 한라산 깊은 골짜기에서 무장대와 김익렬의 평화협정이 체결되었다. 72시간 이내로 전투 중지 등에 합의한 것이다. 김익렬은 무장대에게 신뢰를 보이기 위해 가족을 인질로 제공하는 위험을 감수했다. 국민의 생명을 보호해야 하는 군인으로서 김익렬 연대장의 행동은 높이 추앙받아야 할 것이다.

하지만 5월 1일 오라리 방화사건이 발생하면서 평화협정은 물거품이 되었다. 미군정 수뇌부는 "무장대를 총공격하여 제주사건을 단시일 내에 해결하라"고 경비대사령부에 명령했다. 강경 토벌작전으로 다시 전환되었다. 이를 위해 미군정은 김익렬 연대장을 해임하고 육군 총사령부 인사과장 박진경 중령을 신임 연대장으로 임명했다. 박진경은 취임사에서 "우리나라 독립을 방해하는 제주도 폭동사건을 진압하기 위해서는 제주도민 30만을 희생시키더라도 무방하다"는 충격적인 발언을 했다. 박진경은 김익렬과 대조적인 연대장이었다.

박진경은 토벌작전의 공로를 인정받아 대령으로 승진했다. 하지만 발언의 대가는 스스로에게도 족쇄가 되었다. 박진경은 6월 18일 숙소에서 문상길 중위 등에 의해 피살되었다. 박진경의 피살은 국군에 숨어있는 남로당 숙군의 필요성을 촉발시켰다.

7월 10일을 시작으로 철도경찰과 응원경찰, 수도경찰청·제7관구청·제8관구청 등 경찰 응원부대가 속속 제주도로 집결했다. 국군에서는 7월 15일에 제9연대와 제11연대 합편을 해제하고 제9연대장에 송요찬 소령을 임명했다. 하지만 제주도 진압은 쉽지 않았다.

10월 1일 정일권 육군 총참모장이 제주도를 시찰한 후, 로버츠 임시군사고문단장과 육군 총사령부는 제주도경비사령부를 10월 11일에 설치했다. 사령관에는 제9연대 상급부대인 제5여단 여단장 김상겸 대령이 임명되었다. 진압 주도권이 경찰에서 군으로 완전 이관된 것이다. 기존 제9연대를 중심으로 제6연대 1개 대대, 제5연대 1개 대대, 해군함정과 제주경찰대까지 총동원한 대토벌작전을 예고했다.

미국립문서기록관리청 소장 자료인 〈사진-10〉은 1948년 5월 5일 미군정 수뇌부들이 제주비행장에 도착한 사진이다. A-군정장관인 딘소장, B-유해진 제주지사, C-맨스필드 제주군정장관, D-안재홍 민정장관, E-송호성 총사령관, F-조병옥 경무부장, G-김익렬 9연대장 등이다. 이날 비상회의에서 조병옥 경무부장과 김익렬 연대장 사이에 진압문제로 육탄전이 벌어졌다.

〈사진-10〉 제주 4·3사건의 사진

대한민국 정부 수립 이전에 발생한 제주 4·3사건은 이승만 정권에 큰 골칫거리였다. 다행히 고립된 섬이라는 자연·지리적 조건으로 인하여 육지까지 파생은 되지 않았지만, 이승만 정부에게는 불구덩이를 짊어지고 있는 형국이었다. 한편으로는 빠른 진압을 통해 대내외적으로 통치능력을 검증받을 수 있는 좋은 기회이기도 했다.

여수 주둔 제14연대를 파견하기로 결정한 것은 제주도의 급박한 상황, 즉 박진경 연대장 암살로 인한 남로당 세력에 대한 숙군의 필요성과 대토벌작전이 맞물려 이루어졌다.

제14연대는 언제 누구로부터 제주도 파병에 관한 부대편성을 준비하라는 명령을 받았을까. 제14연대 부연대장이었던 이희권은 "육군본부 작전참모 강문봉이 내려와 1개 대대를 편성해서 준비를 하라"고 증언했다. 제주도 파병은 육군 총사령부에서 직접 내려와 준비를 하도록 명령했던 것이다.

그렇다면 작전참모 강문봉이 내려온 시점은 언제일까. 제주도의 급박한 상황으로 보아 10월 초에 결정되었을 가능성이 높다. 제14연대 7중대 중대장이었던 김정덕은 여순사건 발발하기 15일 내지 20일 전에 사전 명령을 받았다고 증언했다. 제14연대 부대원들도 10월 초부터 제주도 출병 소문이 부대 내에 쫙 퍼졌다고 증언한다.

이를 증명하듯이 제14연대는 시내 시가전을 하면서 진압작전 훈련을 했다. 즉 제주도 파병에 따른 모의 훈련이었다.

> 1948년 10월 13일 03시경 아스라이 먼 곳에서 총소리가 나기 시작하더니 점점 가까워지면서 콩 볶는 소리가 아주 가까운 곳에서 났다. 그리고 계속 총소리는 멀어졌다. 훗날 안 일이지만 제주 4·3사태 진압을 위한 예행연습이라고 했다. 말하자면 꼭 14연대사건 1주일 전 같은 시간에 14연대 시가전 예행연습(훈련)이 공포탄 발사로 행했다는 점이다.(이중근, 「14연대 사건과 나」, 『14연대반란 50년 결산집』, 1998)

제주도 대토벌 작전을 위한 시가지 훈련을 했다. 제14연대에는 공격군(진압부대)이 있고 여수역에는 방어군(무장대)이 진지를 구축했다. 새벽 2시 공격군은 제14연대를 나섰다. 시내에서도 총격을 가했다. 방어군이 있는 여수역을 완전 점령하고 새벽 5시경에 부대로 귀환했다. 무장대를 설정하고 훈련이 진행된 것이다.

제14연대 사병 출신 곽상국도 거의 대동소이하게 말한다. 다만 이중근과 곽상국은 13일 저녁부터 14일 새벽이라고 기억하는 반면에, 대다수는 10월 15일이라고 한다. 박승훈 연대장의 훗날(1948년 10월 29일) 기자회견을 보면,

제주 파견에 관해서는 연대장과 부연대장 이외에는 대대장까지도 출발 시일과 목적지를 몰랐는데 출발 전일인 18일에 선박에다가 무기 탄약 식량 등을 싣기에 분망(奔忙)한 가운데 일부 통신병이 이 기밀을 무전으로 탐지하고 이것이 일부 병사 간에 퍼졌다.

연대장과 부연대장을 제외한 출동부대 부대원들은 언제, 어디로 출발할지 시간과 목적지를 몰랐다는 것이다. 또한 연대장과 부연대장은 출동 준비에 여념이 없는 동안 통신병이 기밀을 탐지하여 좌익병사들에게 출동 사실을 알려줬다는 것이다. 그의 주장은 사실일까.

박승훈은 좌익병사들이 제주도 출동을 안 것이 18일이었다고 하지만 출동부대를 비롯한 부대원들은 제주도로 출병할 것을 이미 오래전부터 알고 있음을 앞서보았다. 그래서 출동부대에 대한 점검과 부대편성을 마쳤고 예행훈련까지 했다. 또한 18일부터 출동부대에 61미리 박격포·M1소총 등 새로운 무기가 지급되었고 군장검사를 모두 마쳤다.

결과적으로 제14연대 제주 파병은 10월 초에 결정되었다. 어떤 기록에는 9월 육군본부의 군장검사를 받을 때 제주도 진압을 위해 1개 대대가 차출될 것을 예상했다고 하는 주장도 있다.

박승훈 연대장의 발언은 억울함의 발로로 보인다. 국군 기록에는 박승훈이 10월 7일 부임한 것으로 나오지만, 본인은 여순사건 발발 5일전에 부임했다고 증언했다. 즉 박승훈은 부대 파악도 제대로 하지 못한 상황에서 제주도 출동을 준비해야 했다. 그 와중에 봉기가 발발한 것이다. 그래서 봉기의 책임을 전임 오동기 연대장에게 떠넘기는 발언도 하게 된다.

박승훈의 억울함을 어느 정도 이해할 수 있다. 그렇지만 현직 연대장이라는 것도 사실이다. '반란'에 대한 책임을 연대장이 질 수밖에 없다. 박승훈은 몇 차례 기자회견 내내 책임을 회피하거나 남을 탓했다. 송욱 교장을 등장시킨 것이 그랬고, 오동기 전임 연대장에게 책임을 전가한 것이 그 랬다. 그럼에도 불구하고 박승훈이 책임진 것은 잠시 파면이었다. 그는 다시 4개월 만에 복귀하였다. 끈끈한 일본 육사 26기생의 덕분으로……

2. 제주도로 출동하라!

제14연대의 제주도 출병이 상부로부터 하달된 것은 1948년 10월 19일 오전 7시. 여수우체국 일반우편 전보로 작전명령이 제14연대 연대장에게 하달되었다.

"1948년 10월 19일 20:00시에 출항하라.
제주경비사령관 김상겸 대령에게 통보필"

군의 작전명령이 일반전보로 하달된 것이다. 당시에 육군본부와 연대 간에는 통신망이 연결되지 않았으나, 여단과 예하 연대 간에는 통신망이 연결되어 있었다. 육군본부는 제14연대와 직접 통신망이 없어 일반전보로 명령을 하달했다는 것이다. 여단을 거쳐 연대에 명령을 하달할 경우 각 부대 내에 포섭된 좌익병사들이 이를 입수할 것을 우려했다는 것이다.

궁색한 변명이다. 당시에 군대뿐만 아니라 사회 곳곳에 남로당 세력이 포진되어 있었다는 것은 누구나 알고 있었다. 정부와 국군의 주장에 의하면 일반전보로 전달된 출동명령을 여수우체국 내의 좌익이 입수하여 지창수를 비롯한 좌익 군인에게 알려줬다는 것이다.

저녁 8시에 제주도로 출항하라는 작전명령이 육군본부로부터 하달되었지만, 박승훈 연대장은 기밀 누설을 염려하여 출항시간을 두 시간 늦춘 저녁 10시로 정했다. 지금까지 제주도 출병명령과 관련된 일관된 주장이다. 다만 출동시간에 대해 약간씩 차이가 있지만 2시간을 늦췄다는 것은 일관된다.

여기에서 생각해 볼 것은, 첫째 상부의 작전명령을 연대장 임의로 늦출 수 있냐는 것이다. 박승훈 연대장은 부연대장과 상의하여 출항시간을 두 시간 늦추었다고 했다. 하지만 출동 시간은 제주도에도 통보가 된 작전명령이었다. 이를 임의적으로 변경할 수 있었을까 한다. 다른 것도 아닌 군사작전과 관련된 명령을 말이다.

둘째, 여순사건은 군대 내의 사병과 지방좌익과 연계되지 않았다는 것이 전문 연구자들의 주장이다. 만약 우체국내의 좌익이 출동명령을 입수한 것이 사실이라면 지방좌익과 제14연대 사병 간에는 긴밀한 연락관계가 유지되고 있었다는 것을 반증한다. 이것은 '민간인 23명 부대 진입'과 함께 지방좌익이 모의·결탁했다는 중요한 단서이다. 그렇지만 서로 간에는 긴밀한 협조나 연락이 없었다.

제14연대 출동명령에 대한 정부와 국군의 발표는 제14연대 부연대장 이희권 소령의 증언이 크게 작용했다. 『한국전쟁사 1권』의 집필과정과 유관종 역할에 대해서는 앞서 살펴보았다. 이희권의 증언을 살펴보면,

그러다가 육군본부에서 어떠한 작명이 내려왔느냐 하면 그것이 10월 19일 되는데 밤 10시에 LST로 여수항을 출발해서 제주도로 향하라는 명령이 왔습니다. 그것이 최종작명입니다. 그때는 무전기도 없었고 해서 그랬으리

라고 생각은 하지만 그 작명이 일반우편을 통해서 전보로 왔습니다. 지금 생각하면 우습습니다. 그때 생각은 나라던가 연대장이라던가 혹은 과거에 일제시대에 군대생활을 한 장교들에게는 이것이 상식에 벗어나는 일이 아니냐 이 작명이 극비에 속하는데 일반우편에 전보로 온다는 것은 좀 상식에 벗어난다고 이야기들을 하고 있었습니다.

이희권의 증언은 밤 10시에 LST함으로 출항하라는 명령이 일반우편 전보로 왔다. 이희권도 말하고 있지만 군대 생활을 한 사람들로는 상식적으로 이해할 수 없다고 스스로 말하고 있다. 당시 제14연대에는 통신부대가 엄연히 존재하고 있었는데, 기밀 누설이 걱정되었다는 것은 다른 의도를 내포하기 위한 의도에 불과하다.

그렇게 시간까지 명시해 왔기 때문에 그때 연대장하고 나하고는 어떻게 상의를 했느냐 하면 기밀이 벌써 누설되었을지도 모르니까, 또 그때 말은 한참 제주도에 게릴라를 상륙시켰는데 그것은 소련 잠수함을 출동시켜서 했다는 말이 있었습니다. 그래서 이런 것에 대비하기 위해서 출동시간을 좀 늦추자고 했습니다. 그래서 실지 출동시간은 10시인데 연대장하고 나하고는 출동시간을 2시간 늦추어서 12시에 하자고 의견통일을 보았습니다.

당시 제14연대는 제5여단 예하부대였다. 제5여단 여단장은 김상겸 대령으로 제주경비사령관을 겸임하고 있었다. 제14연대에 하달된 작전명령은 제주경비사령관 김상겸 대령에게도 통보되었다. 그런데 제14연대 연대장과 부연대장이 기밀 누설이나 소련잠수함을 이유로 2시간을 연기했다는 것은 군대 군율 상 쉽게 이해할 수 없다.

여기에서 생각할 것은, 출동시간을 2시간을 늦춘다고 하여 기밀누설에 대한 별다른 대책이 있었느냐는 것이다. 이미 출동부대는 편성되었고 무기도 지급되었다. 좀 더 일찍 떠나는 것이 봉기를 일으킬 수 있는 시간적 여유를 없애는 것이 아닌가 한다. 시간을 지체할수록 봉기 세력에게는 새로운 기회를 주는 것이 된다.

또한 제주도 주변에 출현하고 있는 소련잠수함이 2시간 후에는 출몰하지 않을 것이라는 보장이 있었겠는가. 소련잠수함 출몰은 소문에 불과했다. 소문을 기정사실화하여 2시간을 늦춘 것은 소련 공산주의가 제주도와 여순사건에 연관 또는 영향을 미치고 있다는 것을 암시하기 위한 의도에 기인했다고 볼 수밖에 없다.

이희권은 제14연대 부대 창설에 가장 깊이 관여한 인물 중의 한 사람이다. 연대장의 교체시기에는 연대장 대리로서 임무도 수행했다. 즉 제14연대의 부대상황이나 부대의 좌익사병에 대한 동정도 가장 잘 알고 있는 위치에 있었던 인물이다. 그만큼 책임도 크다고 할 수 있을 것이다.

이희권은 그에게 불리하거나 정부와 국군에 해가 되는 증언을 하지 않았다. 정부와 국군의 의도에 맞는 발언과 자신의 책임을 모면하는 발언을 할 수밖에 없었다. 공보처 차장 김형원이 여순사건의 주체세력을 지방민중에게 전가했던 것도 같은 맥락이다.

여순사건 발발 당시 통신장교 전용인 소위는 통신부대로 뛰어 올라가 "여수 14연대에 반란 시급 지원바람"이라고 제5여단에 연락을 보냈다. 아쉽게 전용인 소위가 보낸 통신을 아무도 받지 못했다. 밤이 너무 깊었던 것이다.

이와 같이 엄연히 통신부대가 있는데 '일반우편'으로 군대의 명령을 하달한다는 것은 도무지 이해할 수 없다. 이승만을 비롯한 정부와 국군에서도 사회 곳곳에 좌익이 만연했다는 것을 알고 있었다. 그런데 군의 작전명령을 일반우편으로 하달했다는 것을 믿으라는 것은 너무 유치하다.
 이런 주장이 여순사건 발발 당시부터 존재했다면 어느 정도 수긍할 수 있을 것이다. 그러나 당시에는 없던 주장이 1967년에 등장한 것은 무엇 때문이었을까. 여순사건을 지방좌익과 남로당 소속의 군인들이 계획적으로 일으켰다는 것을 고착화하기 위한 일환이었다. 또한 '불량 국민들'을 내세워 반공이데올로기를 통한 군사정권의 정당성을 부여하기 위함이었다고 볼 수밖에 없다.

 1948년 10월. 제주도에는 육지의 부대들이 속속 집결하고 있었다. 제주도 사람들에 대한 강경토벌작전이 착착 진행되었다. 사람 목숨은 천하와도 바꿀 수 없다고 했지만, 제주도는 예외였다. 고립된 섬에서 자행된 반인륜적 행위에 한라산만이 통곡했다.
 한라산으로 숨어 든 제주사람들을 색출하고 학살하기 위해 더 많은 부대가 필요했다. 제14연대는 그렇게 제주도 사람들을 살상하기 위해 출동명령을 하달 받았다. 10월 19일 밤 여수항을 출항한 LST함이 어둠을 뚫고 먼동이 트는 아침 제주항에 선착하면, 더 많은 제주사람들은 황망한 눈빛으로 한라산을 바라보며 싸늘하게 죽어야 했다.
 남쪽 바다의 거친 바람을 타고 온 제주의 통곡소리는 제14연대 사병들의 귓전을 때렸다. 한라산의 울부짖는 소리는 구봉산 자락에 내려앉았다. 제주 앞바다의 선혈은 가막만을 감싸고 붉은 빛깔로 살포시 내려앉았다. 제주는 여수였고 여수는 제주였다.
 "제주도로 출동하라!"는 명령은 동족살상의 또 다른 시작말이요. 맺음말이었다. 평화적으로 수습이 가능했던 것을 조작과 왜곡으로 동족을 살상했던 이들에게 역사는 아무런 죗값을 요구하지 않았다. 그렇지만 동족살상을 반대하는 이들에게 역사는 죗값을 묻고 있다.

조작과 왜곡은 당시에만 국한된 것이 아니다. 현재도 여전히 유효하게 작동되고 있다. 언제까지 왜곡의 역사가 권력 아래 진실을 숨기고 계속되어야 하는지 답답하다. 제주도의 통곡소리도, 여수사람들의 피울음에도 권력은 거짓말을 강요하고 있다.

3. 제주도 파병을 명령한 이유는?

제14연대 제주도 파병은 제주사람들을 토벌하기 위한 명령이었다. 제14연대 일부 사병들은 '동족상잔 반대'를 주장하며 봉기를 일으켰다. 이것이 여순사건의 직접적인 원인이다. 그렇다면 정부와 국군의 제14연대 파병 목적이 제주도 '무장대 토벌' 이외에는 없었던 것일까?

여순사건이 발발하고 이틀 후인 10월 21일 오전 11시에 이범석 국무총리는 기자회견을 통해 여순사건의 발발 원인과 주모자에 대한 발표를 했다. 기자회견을 살펴보면 제주도 출동명령의 근거를 찾아 볼 수 있다.

러시아 10월 혁명 기념일을 계기로 전국적인 기습 반란을 책동하였다. 이것이 군정 이양을 시작하면서 약 20일 전에 몇와 관련자를 검거하게 되었다. 이것이 그 음모가 성장해온 배경이다. 몇와 관계자를 잡자 군대에 몇와 통하는 자들은 공포심이 일어난 모양인데 일조일석에 군대숙청이 불가능하여 이번에 모종임무를 주어 혐의 농후한 이들을 딴 곳으로 분리할 때 공포를 느낀 자들은 지체하면 일할 수 없다고 생각하고 행동을 개시했던 것이다.

앞서 제주도 상황에서 확인했듯이, 박진경 연대장의 피살 이후 미군정과 육군 수뇌부는 남로당을 숙군하지 않고는 안 된다는 확신이 더욱 뚜렷해졌다. 군대뿐만 아니라 사회 전반적으로 공산주의자 척결에 앞장섰다. 공산주의자라서 척결의 대상이 되는 것이 아니었다. 사회 불만세력, 정치적 반대세력은 공산주의자가 되었다. 위 기사에서 나온 최능진·오동기가 대표적인 인물이다.

오동기와 최능진이 연루되었던 혁명의용군사건은 대한민국 정부 수립 이후 국가권력에 의해 조작된 최초의 사건이다. 일명 국가폭력 시발점이 된 사건이다. 이승만이 정치적 정적 제거를 위해 공권력을 앞세워 공산주의자로 만들었다.

제주도 파병 이유로 돌아와, 오동기는 제14연대장으로서 훈련 등을 이용하여 병사들을 포섭했다. 오동기에게 포섭된 공산주의자들이 오동기가 체포되자 공포심을 느끼고 행동을 개시한 것이 여순사건이라고 정부는 밝히고 있다.

이날 기자회견에서 눈여겨볼 대목이 있다. "일조일석에 군대숙청이 불가능하여 이번에 모종임무를 주어 혐의 농후한 이들을 딴 곳으로 분리할 때 공포를 느낀 자들은……" 대목이다.

국군은 남로당 숙군문제로 골머리가 아팠다. 제14연대뿐만 아니라 모든 부대에 해당되었다. 그러나 숙군은 뜻대로 되지 않았다. 제14연대를 제주도에 파병해 무장대 토벌과 함께 혐의 농후한 좌익분자들을 분리하고자 했다. 즉 숙군의 의도가 있었던 것이다.

제14연대에서 1개 대대 파병을 결정한 이후, 기존 1대대가 파병된 것이 아니라 새롭게 부대를 편성했던 것은 이러한 이유가 있었다. 이희권 부연대장은 "연대장하고 나하고는 제주도 토벌은 중요한 작전이기 때문에 이 중에서 과거에 우수한 전투경험이 있는, 즉 일제강점기 때에 경험이 있는 사람이라든가 우수한 병정을 모아서 1개 대대를 편성하자고 이야기가 되어 새로 1개 대대를 편성했다"고 증언했다. 정말로 우수한 병력을 모아 제주도로 보내고자 했던 것일까. 이희권 부연대장의 말이 틀렸다고 단정할 수는 없다. 하지만 액면 그대로 인정하기도 어렵다.

문교부에서 주최한 문인조사반으로 현지를 답사한 고영환은 「여순잡감」을 동아일보에 다섯 차례 연재했다. 그는 여순사건의 발발 원인에 대해서, 첫째는 사상을 통일시켜 건전한 민족의식을 고취 함양한 사병을 모집해야 했으나, 어중이떠중이 오합지졸이 대다수였다는 것이다. 둘째는 전임 연대장 오동기의 혁명의용군사건을 철저히 조사하여 숙군을 단행하지 못했다는 것이다. 셋째는 그대로 옮겨보겠다.

> 셋째의 과오로는 그처럼 "경계" 할 만한 혐의가 있는 연대의 병사를 제주도 좌익 토벌대로 보내려고 한 것이다. 병을 고치는 데에는 간혹 이열치열하는 치료법이 주효하는 수도 전연 없는 것은 아니로되 소위 좌파토벌에 좌파를 보내려고 한다는 것은 "토벌대"를 보내려는 것이 아니라 그 "응원군"을 보내주려는 것과 마찬가지의 어리석은 짓이다. 이는 곪으려는 상처에 더운찜질을 하여 곪아 터지기를 촉진시키는 것과 마찬가지로 작용밖에 더 기대할 수 없는 일이다. 말하자면 이것은 여수반란의 원인 중의 근인이라고 할 수 있는 것이다.(고영환, 동아일보 1948년 12월 4일)

고영환은 좌익을 제주도에 보내려고 했던 것이 여순사건의 가장 큰 원인이라고 나름 분석했다. 이희권이 제주 파병부대가 과거에 우수한 전투

경험 있는 사병이었다는 것과는 대조적이다. 제14연대 좌익은 토벌군이 아니라 응원군이 될 수 있는 어리석은 짓을 저질렀다는 것이다.

전남일보에서 광복 30주년을 맞이하여 김석학·임종명이 펴낸 『광복30년 2권』에서도 1대대 구성과 관련하여 "제주도 출동은 제1대대로 정했으나 2·3 대대의 소위 문제아들을 재빨리 1대대로 배속시켰다"고 기록하고 있다. 『광복30년 2권』은 1975년까지 여순사건과 관련한 유일한 단행본이다. 당시 취재내용을 옮겨보면,

> 여수시외 신월리에 있는 제14연 대중 1대대의 병사 약 40명이 김지회라는 중위 지도하에 장교 5인을 살해하고 무기고를 점령하는 데서 불꽃은 번지기 시작하였다.(이재한, 『전남반군의 진상』, 『개벽』 80호, 1948년 12월)

여순사건을 특별 취재했던 이재한에 의하면 약 40명은 1대대 병사들이었다. 고영환의 분석과 같다. 실명이 거론되지 않아 아쉽다. 이희권의 증언처럼 우수한 전투경험이 있는 병사들이 주도세력 약 40명에 모두 포함되었다면, 우연의 일치치고 너무 가혹한 것이 아닌가.

약 40명이라는 주도세력에 대해서는 연구결과물이 없다. 현재까지 밝혀진 인물은 대략 35명 정도이다. 하지만 완벽하지 않다. 몇 명은 주도세력일 수도 있고 아닐 수도 있다. 이 중에서 소속이 확인된 이영회·유화열·정현종·정정기·정낙현·최철기·송관일 등이 모두 1대대 소속이다.

여순사건의 주모자 중 한 사람인 김지회 중위도 1대대 4중대 중대장이었다. 김지회는 제14연대에서 교육장교 등을 역임하다가 그의 전력 때문에 오동기 연대장 재임시절에 한직인 대전차포 중대장으로 물러났다. 그래서 김지회의 직책을 대전차포 중대장으로 언급하고 있다. 하지만 1대대가 출동 명령을 받고 부대를 새롭게 편성하는 과정에서 김지회도 1대대

로 편입되었다.

'문제아'로 규정한 사병들을 1대대로 편입시켜 제주도로 파병을 결정했던 것은 이범석 총리가 밝힌 여순사건의 전모와 다르지 않다. 즉 "일조일석에 군대숙청이 불가능하여 이번에 모종임무를 주어 혐의 농후한 이들을 딴 곳으로 분리할 때 공포를 느낀 자들이 행동을 개시했다."

제14연대 파병은 제주도 토벌도 있었지만, 숙군의 의도도 있었다. 정부와 국군은 일거양득을 노리고 있었다. 빨갱이를 이용하여 빨갱이를 제거한다는 이이제이(以夷制夷) 작전명령이었다. 고영환이 지적했지만 어리석은 짓이었다.

그동안 제14연대 파병 목적을 제주도 토벌작전으로만 보아 왔다. 이승만 정부의 의도를 정확하게 파악하지 못한 것이다. 이승만에게 골칫거리는 제주도 4·3사건만이 아니었다. 사회곳곳에 숨어있는 이승만의 반대세력이었다. 이승만을 반대한다는 이유만으로 좌익이 되었고, 공산주의자가 되었고, 빨갱이가 된 사람들이 숱하게 발생했다.

대한민국의 국군은 조작된 빨갱이를 척결하는데 앞장섰다. 시퍼런 니뽄도(일본도)는 무지막지한 춤을 추면서 국민의 군대 되기를 포기했다. 개인의 야욕에 눈이 어두운 이승만의 충성스러운 군대일 뿐이었다.

반공을 내세운 국가안보는 국가폭력을 정당화하는 만능열쇠로 작동했다. 정권이 국가안보를 내세울 때마다 국군에 보장된 정치적 중립성은 엿장수 마음이었다. 국가안보는 정권연장을 위한 도구로 철저히 농락당했다. 대한민국 국군의 책임도 적지 않았다.

대한민국 국군의 창설에는 미국의 개입이 있었다. 일제강점기의 잔재가 고스란히 남아 있었다. 여기에 개인의 정치적 야망이 더해졌다. 정치적 탐욕에 눈이 어두운 독재자에게 반드시 필요한 도구가 '빨갱이'였다. 빨갱이란 도구는 도깨비 방망이였다. 도깨비 방망이를 두드릴 때마다 조작된 사실이 만들어졌다. 그리고 불량 국민으로 몰아 통제하고 억압하고 죽였다.

뱃고동 소리가 멈춰버린 여수항에 쓰러진 사람들. 익어가는 나락 따라 길게 늘어진 동천에 처박힌 사람들. 누런 황톳길에 보리피리 그리워 언덕에 꼬꾸라진 사람들. 눈 쌓인 저 산 아래 피범벅이 된 사람들. 드넓은 갯벌 방죽에 찬바람 맞으며 멈춰버린 사람들.

어찌된 영문인지 모른 채 그냥 죽었다. 죽어서보니 빨갱이가 되었다. 빨갱이 가족은 대한민국의 선량한 양민이 될 수 없었다. '불량 국민의 탄생'이었다. 극단적인 반공주의가 만들어 낸 대한민국의 서글픈 역사이다.

〈사진-11〉 제14연대 앞 해상 활주로

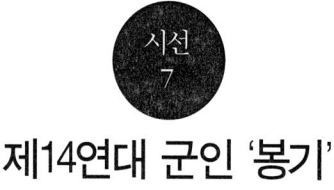

제14연대 군인 '봉기'

1. 여순사건의 현재이야기

여순사건은 현재까지도 뜨거운 감자이다. 그 핵심은 군인이 '반란'을 일으켰다는 것이다. 제주 4·3사건과 구별되는 지점이다. 4·3사건은 특별법까지 제정하면서 진실을 규명하고 대통령 사과까지 있었지만, 여순사건은 논의 자체가 제한적이다. 국가나 정부에서만 그런 것이 아니다. 지역사회에서도 마찬가지이다.

여순사건은 지방좌익과 반군에 의해 경찰과 우익인사 등이 희생되었다. 또한 군과 경찰에 의한 희생자도 많았다. 희생자가 우익일 수도 있고, 좌익일 수도 있다. 성향에 상관없이 희생된 사람도 있다. 이런 아픔을 겪은 지 60여년이 지났지만 지역에는 여전히 앙금이 있다. 서로가 서로에게 편향된 주장이라고 손가락질한다.

몇 해 전 순천역 앞에 세워진 '여순사건 안내판'이 문제가 된 적이 있다. 안내판에 표기된 '봉기군', '진출'이라는 단어를 문제 삼았다. 또한 '여순반란사건'을 '여순사건'으로 '반란'을 빼고 기록했다고 지적했다. 이 안내판은 끝내 철거되었다. 원문을 소개하면,

여순사건 관련지 - 순천역

순천역은 여수의 봉기군이 인근 지역으로 진출한 첫 번째 지역이었다. 통근 열차와 차량에 나누어 탄 1천여 명의 봉기군은 1948년 10월 20일 09시 30분 경 순천역에 도착했다. 이들은 순천에 파견 나와 있던 홍순석 중위가 지휘하는 중대 병력의 합류로 더욱 사기가 올라 광양 삼거리와 동천 제방에 배치된 경찰을 잇달아 물리치고 시내로 진격하였다. 따라서 순천역은 여순사건 봉기군의 확산과정을 보여주는 상징적인 장소이며 순천역 공격의 중요 거점이었다. 현재의 역 건물은 1960년에 세워진 것이므로 여순사건 당시의 모습을 찾아보기 어렵지만, 장소는 그대로이다.

여순사건과 관련한 박사학위 연구자도 '봉기군'이라고 칭했다. '여순반란사건'으로 일반화되었던 명칭에 대해서도 여러 각도로 설명을 하고 있다. 또한 현재 국사교과서에서 '여수순천 10·19사건'으로 명칭이 변경되었다는 것도 친절하게 덧붙이면서, 연구자는 '여순사건'이라고 했다.

명칭문제는 사건을 바라보는 관점에 따라 달라질 수 있다. 어떤 이들은 '여순봉기', '여순항쟁'이라고도 한다. 또 다른 이는 '여순병란', '여순군란'이라고 한다. '제14연대 반란'이라고 부른 사람도 있다. 여순사건은 다양한 관점에 따라 불러지고 있다. 명칭은 꼭 관점의 차이로만 결정된 것이 아니다. 오랫동안 써 왔던 익숙한 명칭을 쉽게 말한 경우도 많다. 지역의 어르신들은 그동안 길들여진 '반란사건'으로 통한다.

여순사건 당시 제14연대장이었던 박승훈도 '봉기군'이라고 기자회견에서 말했다. 정부와 국군의 기자회견에는 '봉기군'이란 명칭도 제법 많이 사용했다. 지금도 여전히 제각각 부르고 있다. 명칭이 갖는 의미가 크다는 것을 알고 있다.

안내판의 '봉기군'이라는 표현이 반민족적이며 반국가적인 시각이라고 주장할 수만은 없다. 명칭에 '반란'의 단어가 빠졌다고 해서 좌익이라고 몰아 세워서는 안 된다. 연구결과를 토대로 기록된 것을 자기 기준에 맞추어 규정하는 것 자체가 편향적 사고이다.

학생들이 지역의 역사에 관심을 갖고자 취재하여 만든 교지에 기록된 '여순사건'까지도 문제를 삼는 자체가 편향적이다. 그것도 부족하여 교육청에서 나서고, 공안당국까지 나서게 만드는 것이 올바른 사고인지 묻고 싶다.

여순사건 60주기(2008년)에 희생된 분들의 넋을 기르는 위령제를 계획했다. 앞서 말했지만 희생된 분들의 가해자는 각각 다르다. 그들이 어떤 성향과 사상을 갖고 있었는지 알 수 없지만 억울하게 죽은 이가 훨씬 많다. 우익으로 대표되는 단체를 찾아갔다. 이제 60년이 지났으니 같이 위령제를 지내자고 했다. 지역사회에 팽배한 반목과 갈등을 조금이라도 해소하고자 하는 취지였다.

논의하고 연락을 주겠다고 했다. 그러면서 한 마디 덧붙였다. 혹시 못 가게 되면 '조화'라도 하나 보내겠다는 것이다. 그들은 연락이 없었고 오지 않았다. 조화도 오지 않았다. 60년이 넘도록 제대로 규명되지 않은 것이 가장 큰 문제였다. 60년 전에 휘몰아쳤던 광풍은 더 많은 시간을 필요로 했다.

'여순사건'은 아픈 사건이다. 아픈 역사를 올바르게 치유할 수 있는 방안과 잘못된 것에 대한 진실규명을 지역사회가 함께 노력해야 한다.

사건의 진실을 규명하기 위해서는 '누가', '왜'가 매우 중요하다. 역사적 사건을 특정해서가 아니라, 일반적인 범죄사건도 마찬가지이다. 미궁사건은 '누가'를 해결하지 못한 문제이다. '누가'를 해결하지 못하다 보니 '왜'라는 것을 밝힐 수가 없다. 그래서 최소한 '누가', '왜' 정도가 밝혀졌을 때 사건에 대해 이러쿵저러쿵 말할 수 있다.

그런 측면에서 여순사건은 많은 부분에서 미흡함이 그대로 남아 있다. 2005년부터 2010년까지 진실과 화해를 위한 과거사정리위원회(이하 진실화해위원회)에서 여순사건에 대해 진실규명을 했다. 하지만 안타깝게도 사건 피해자 중심으로 진실규명이 이루어졌다. 피해자 조사도 전수조사가 아니라 신청자 중심으로 이루어졌다. 진실화해위원회는 전원회의를 통해 직권조사(매우 중요한 역사 사건임으로 신청인과 똑같이 전수 조사함을 의미)를 결정하고도 직무유기를 했다. 그 결과 유가족끼리도 편을 가르는 나쁜 사례를 남겼다.

유가족 입장에서야 진실규명을 통해 억울함을 빨리 해결하는 것이 무엇보다도 중요했을 것이다. 60년 동안 응어리진 유가족의 입장을 왜 모르겠는가. 한 맺힌 절규를 왜 모르겠는가. 늦어도 너무 늦었다. 반공이데올로기에 옴짝달싹 못한 세월동안 유가족의 눈물은 강물이 되었다. 통곡소리 조차 내어 울 수 없어 가슴으로 울었던 세월이었다.

여순사건의 진실규명은 6하 원칙에 의거하여 마무리해야 했다. 논란이 된 것들을 하나하나 찾아내어 사실을 올곧게 기록해야 했다. 특히 여순사건 피해자가 극히 일부가 밝혀졌음에도 이것이 진실인양 왜곡될 수 있는 나쁜 조사 사례를 남겼다. 역사를 청산하고 진실을 규명할 수 있는 기회는 자주 오지 않는다. 기회가 주어졌음에도 사실을 규명하지 못한 것은 또 다른 역사에 죄를 짓는 것이다.

역사 바로 세우기는 험난한 작업이다. 특히 대한민국 근현대사에서는 더욱 그러하다. 반민족행위특별조사위원회(이하 반민특위)가 그것을 증명했다. 반민특위가 해체된 지 60년 만에 진실화해위원회가 다시 작동했다. 기대가 컸다. 기대가 크면 실망도 크다고 했던가. 무척이나 아쉽고 안타깝다.

여전히 민족반역자 후손들이 이 땅을 대표하고 있다. 조작과 왜곡으로 점철된 현대사를 만들었던 이들이 두 눈 시퍼렇게 뜨고 대한민국을 호령하고 있다. 그래서 힘들고 어려운 싸움이 될 것을 알고 있었다. 그렇지만 질긴 투쟁을 통해 잘못된 '역사 청산'에 기여할 것이라고 한 가닥 희망을 가졌다.

결과는 실망으로 다가왔다. 진실화해위원회에 관여했던 이들을 탓하지 않을 수 없다. 이들은 머리로 이해했지, 가슴으로 느끼지 못했다. 책으로 피해자 아픔을 인용했지, 현장에서 피울음소리를 직접 듣지 못했다. 정확한 역사 인식 속에서 꼭 해결하겠다는 의지 또한 결여되어 있었다. '역사 청산'에 대한 투철한 사명감 없이 관여했던 이들을 탓하고 싶다. 여순사건의 진실규명은 다시 시간과의 투쟁 속으로 빠져들었다. 응어리진 한을 인내하며 살아왔던 유가족들은 먼 하늘만 쳐다볼 뿐이다.

여순사건은 대한민국 현대사의 질곡을 그대로 담고 있는 그릇이다. 그런데 그 그릇을 만든 사람이 누구인지 애매모호하다. 그 그릇을 왜 만들었는지도 입증하기가 여간 쉽지 않다. 여순사건 발생 60여년이 훨씬 지났지만, 국가는 아직도 낱낱이 공개하지 않고 있다.

연구자들의 노력으로 어느 정도 성과가 있었던 것도 사실이다. 그렇지만 여순사건의 맨얼굴은 아직 드러내지 못했다. 이것이 여순사건의 현주소이다. 대한민국 현대사의 한계이다.

2. 10월 19일 밤, 비상나팔소리

1948년 10월 19일 여수주둔 국군 제14연대에서 발발했던 봉기를 일명 여순사건이라 부른다. '여순'의 의미는 여수와 순천의 지역 명을 지칭한다. 별도의 설명 없이 '여순사건'이라고 들었을 때 혹자들은 어떤 사건인지 이해하거나 알고 있을까.

'사건'이라 함은 그 명칭 속에서 대략 어떤 사건이었는지를 떠올릴 수 있어야 한다. 즉 '누가', '무엇을' 했느냐를 따져서 사건명이 붙여진 것이 일반적인 사항이다. 그런데 여순사건이라고 하면 도통 어떤 사건인지 인지하기가 쉽지 않다.

'여순사건'은 1948년 10월 19일 여수 주둔 국군 제14연대 봉기를 통칭해서 일컫고 있다. 6하 원칙으로 보면 '누가' 제14연대 군인이, '무엇을' 반란을 일으켰다. 그렇다면 사건의 명칭을 제14연대 군인 반란으로 부르는 것이 가장 적합하지 않은가.

그런데 왜 '여순사건'이라고 부르고 있는 것일까. 1948년 10월 19일 당시에는 '국군 14연대 반란'으로 이범석 국무총리가 처음 발표했고 언론에서 대서특필했다. 적확하게 부른 명칭이다. 그런데 어떤 경로로 '국군 제14연대 반란'이 '여순사건'으로 불린 것일까.

보수우익에서는 '여순반란사건'에 '반란'을 강조하면서 지방좌익들이 여순사건을 일으켰다고 주장한다. 별생각 없이 지역에서도 어르신들은 '여순반란사건'이라 부른다. 긴 시간동안 이어진 세뇌의 덕분이다. 오랜 기간 존재한 독재정치의 망령 덕분이다.

분명 '제14연대 군인 반란'이었다. 그런데 무슨 조화를 부렸기에 '전남반란사건'으로 둔갑했다는 말인가. 또 어떤 경로를 통해 '여순반란사건'이라고 부르게 되었단 말인가.

21일 이범석 국무총리 기자회견이 있었고, 다음날(22일) 이승만 대통령이 기자회견을 했다. 이때 명칭에 대한 언급은 없었다. 같은 날(22일) 김태선 수도경찰청장도 '고시문'을 발표했는데 "전남 여수에서 주둔 중이던 제14연대 병사가 공산당의 지령으로 반란을 일으킨 사건"이라고 명시했다.

10월 22일 공보처장 김동성은 기자회견 석상에서 '전남반란사건 보고'라는 제목으로 발표를 했다. '전남'이란 지역적 특성을 처음으로 드러낸 것이다. 22일 내무부와 국방부의 보고를 받은 국회는 '전남반란사건'에 대한 진상을 조사하기 위해 임시국회를 열기로 했다. 국회에서도 공보처장이 사용했던 명칭을 그대로 사용했다.

현재 사용되고 있는 '여·순 10·19 사건'(약칭 여순사건) 명칭은 '여수·순천 반란사건'이 여러 과정을 통해 변화된 용어이다. 여수·순천 지역사회에서는 '반란의 고장'이라는 인상이 부당함으로 개칭하여 줄 것을 여러 차례 국회에 청원했다. 정부 관련기관의 검토를 거쳐 1997년도부터 국사교과서에 '여수순천 10·19사건'으로 쓰였다.

당시 지역에서는 '여순사건'을 '14연대 반란사건'으로 개칭을 더 원했다. 그 이유인즉 "여순반란사건은 제주 파병을 반대한 14연대 내의 남로당 계열 군인들이 일으킨 것이지 여수·순천지역 주민들이 주동 된 것이 아니므로 명칭 또한 '14연대반란사건'으로 바꿔야한다"는 주장이었다.

매우 안타깝고 또한 애석하다. "안타깝다 애석하다"고 한 것은, 좀 더 철저하고 정확하게 이 사건을 파악해서 명칭 변경을 요구했어야 한다는 것이다. 그랬다면 여순사건의 진실규명이 이루어지지 않았을까 하는 것이다. 그러면서도 짠한 마음이 든 것은 이들은 너무 오랜 시간동안 응어리를 한 움큼 가슴에 품고 살았다. 울고 싶어도 울 수 없었고, 울어서도 안 되었다. 가슴에서 울어야 했다. 가슴만 치고 살아야 했다.

'여순사건'은 제14연대 군인의 봉기로 시작했다. 구봉산 산등성이를 끼고 고즈넉이 자리 잡은 병사兵舍에 휘영청 보름달이 비출 때 비상나팔소리가 울렸다. 섬과 섬 사이 가막만에 보름달이 살포시 내려앉을 때 무수히 쏟아지는 총성에 지아비는 누런 옷고름을 고쳐 맸다.

전라선 굽이굽이 기찻길을 따라 해창뜰은 누렇게 물들어 가는데 순천 사람은 영문도 모른 채 동천에 들어 누웠다. 지리산과 백운산은 색동옷 한 번 입어 보지도 못한 채 붉은 핏빛으로 물들었다. 여자만 드넓은 갯벌에 감칠 맛 나는 꼬막은 채 여물기도 전에 입을 쩍 벌리고 꼬꾸라졌다. 삶과 죽음의 찰나는 그렇게 전남 동부 지역 사람들에게 다가왔다. 제14연대의 비상나팔소리와 함께……

3. 여순반란사건, 누가 처음?

10월 19일 저녁에 시작된 봉기는 다음 날 새벽 여수를 점령했다. 반군은 20일 오후 순천까지 장악했다. 그리고 전남 동부 지역으로 확산되었다. 일본 순방길에 올랐던 이승만 대통령이 급거 귀국했다. 23일 이승만 대통령은 '여·순반란사건 발생에 관하여'라는 경고문을 국민에게 발표했다.

정부의 김동성 공보처장은 '전남반란사건'으로 호도하더니 이승만 대통령은 "정부를 기만하고 국권을 말살하려는 음모로 여수, 순천 등에서 난을 일으켜 관리와 경찰을 학살하고 관청을 점령하여……"란 경고문을 발표했다. 언론에서는 '여·순반란사건'으로 대서특필했다. '여순반란사건' 명칭을 처음 등장시킨 사람은 바로 이승만 대통령이었다. 이승만 대통령과 여순사건의 질긴 인연이 시작되었다.

경고문을 보면 국군의 통수권자이며, 행정부의 수장인 대통령에 대한 자질을 의심하게 된다. "공산분자들이 난을 일으켜 남북을 공산화시켜 타국에 예속하려는 계획을 오래전부터 알고 있었다"는 것이다. 그러면 이승만은 오래전부터 알고 있었음에도 뭘 하고 있었는지, 또한 알고도 왜 조치를 취하지 않았는지도 답해야 한다. 이승만 대통령의 발표대로라면 일부러 반란을 방조했다는 의심마저 든다. 대통령으로서 자신의 본분도 다하지도 못하면서 국민들에게 경고하고 있다.

"군에 또는 단체에서 반란을 양성하고 있다"고 했지만 반란의 주체인 제14연대 국군은 언급하지 않았다. 마치 여수·순천 사람이 반란을 일으킨 것처럼 발표했다. 이승만 대통령의 경고문이 발표된 이후 국방부에서는 '여수·순천 지방반란사건' 또는 '여·순반란사건'으로 전투상황을 발표하고, 언론에서는 '여순반란사건'으로 일제히 보도를 시작했다. 즉 이승만 대통령의 발표로 인하여 정식적인 명칭으로 '여순반란사건'이 자리를 잡았다.

이러한 명칭의 변화는 반란의 주체세력까지 탈바꿈시킨다. 김형원 공보처 차장의 반란사건의 성격을 규정하는 기자회견을 살펴보면,

> 이번 반란사건의 성격은 여수14연대의 군대가 반란을 일으킨데 민중이 호응한 것 같이 일반은 인식하고 있는 모양이나 사실은 그렇지 않고 전남현지에 있는 좌익분자들이 계획적으로 조직적으로 소련의 10월혁명 기념일

을 계기로 일대 혼란을 야기시키려는 음모에 일부군대가 합류한 것이 되는데 그 실증으로는 다음의 몇 가지를 들 수 있다.

"여수14연대의 군대가 반란을 일으킨데 민중이 호응"했다는 것은 거역할 수 없는 역사적 사실이다. 그러나 金 공보처 차장은 이를 부인하고 있다. 즉 전남 현지에 있는 좌익분자들의 계획적 반란에 일부 군대가 합류한 사건이라고 사실자체를 호도하고 있다.

군대 내에서 발발한 '반란' 자체가 이승만 정권에게는 치명적인 문제였다. 그리하여 金 공보처 차장을 비롯한 정부내각에서는 민간인 공산주의자들이 계획적으로 정부 전복을 목적으로 봉기를 일으켰으며 이에 불순한 일부 군대가 합류했다고 국민들에게 인식시켜 나갔다. 이범석 국무총리도 국회에서 "지방 민중이 주동되어 군 내부에서도 반란분자가 있는 것을 기반으로 하여 민중이 주체성적 권력을 취해서 사건을 폭발시켰다"고 반란의 성질을 지방 민중으로 전가했다.

정부는 '군인 반란'에 대한 책임을 모면하기 위해 국군의 내부적 요인이 아닌 외부적 요인에 의해 반란이 발발했음을 국민에게 전달하기 위해 부단히도 노력했다. 잘못을 인정하지 않고 궤변과 책임전가로 봉합하려는 이승만 정부의 도덕성을 여실히 보여주고 있다. 그러나 결론적으로 이승만 정부의 부단한 노력은 성공을 거두었다.

'여순사건'의 명칭이 이를 입증하고 있다. 벙어리 냉가슴으로 살아야 했던 여수·순천을 비롯한 전남 동부 지역 사람들의 삶이 이를 반증하고 있다. 스스로 반공주의자이고 불량 국민이 아닌 양민이라고 발버둥쳐야 하는 절규의 노래가 이를 증명하고 있다.

4. 제주토벌출병거부 병사위원회

여순사건이 서울 중앙청 기자들에게 알려진 것은 10월 20일 점심때쯤이었다. 당시 조선일보 기자였던 유건호는 "'여수에서 국군부대가 반란을 일으켜 순천 쪽으로 올라오고 있다'는 소문이 중앙청 기자실에 흘러 들어왔다. 몇몇 기자가 내무부장관실로 뛰어올라갔다. 좀 더 자세한 내용을 알아보려고 무진 애를 썼으나 도무지 쉬쉬하고 있어 다른 정보는 그 이상도 이하도 얻어내지 못했다"고 사건을 처음 접하게 된 상황을 기록하고 있다.

정부의 언론 통제 속에서 여순사건에 대한 공식적인 첫 발표는 이범석 국무총리의 1948년 10월 21일 기자회견이었다. 이 총리는 '사건진상을 철저규명' 제목으로 여수에서 '국군 14연대가 반란'을 일으켰다고 발표했다.

> 전남 여수에는 국군 제14연대가 주둔하고 있는 바, 돌연 20일 오전 2시경 공산계열의 오랫동안 책동과 음모로서 반란이 발생하였다. 처음엔 약 40명가량의 사병이 무기창고를 점령하고 있어서 교묘한 선동과 위협으로 일부 병사들을 선동시켜 가지고 밤중에 다른 병사들을 무기로 위협하고 장교들 대부분을 살해했다.

이 총리는 전남 여수에 주둔하고 있는 국군 제14연대에서 공산계열의 책동과 음모로 반란이 발생했으며, 약 40여명의 사병이 주도하고 있다고 발표했다. 10월 21일 광주에서 발행된 동광신문은 호외를 발행하여 광주·전남지역에 살포했다. 여순사건과 관련한 유일한 호외로써, "국군 제14연대반란! 여수서 발단 순천을 점령"이라는 제목으로 이 총리 발표문을 보도했다.

다음날 22일에 이 총리 발표는 중앙과 지방 신문에 일제히 보도되었다. 각 신문의 주요 제목을 살펴보면 자유신문 "국군 제14연대 내서 반란", 서울신문 "20일 여수에서 국군 반란", 조선일보 "국군 일부 전남서 반란 좌익과 합세 2천여 명", 국제신문 "여수·순천에 국군 반란 21일 정오 현재 교전 중" 등으로 보도했다. 또한 지방 신문인 호남신문에서는 "국군 제14연대 반란, 여수 점령 후 점차 북진" 등 제목을 달았다.

정부 발표에 의존할 수밖에 없었던 언론에서는 사건의 주체로 '국군 제14연대 반란' 또는 '국군 반란'이라고 대부분 보도했다. 이날 조선일보는 '국군 일부 전남서 반란'이라고 표제를 붙였다. 당시 진압 지휘관은 대부분의 신문이 '국군 반란'이라고 제목을 붙였는데 조선일보에서는 '일부'를 강조한 것이 좋다면서 조선일보를 칭찬하고 유건호 기자에게 호의를 베풀었다. 일선 군인들도 국군이 반란을 일으켰다는 것에 대해 적지 않은 부담감이 작용했음을 미루어 짐작할 수 있는 대목이다.

제14연대에 제주도를 토벌하라는 출동명령이 하달되었다. 이에 제14연대 일부 군인들이 봉기를 일으켰다. 이들은 제14연대를 장악하고 여수 시내로 진격했다. 여수 시내와 주요기관을 장악한 제주토벌출동거부 병사위원회(이하 병사위원회)는 여수일보를 여수인민보로 제호를 바꿔 10월 24일 「애국 인민에게 호소함」의 성명서를 냈다.

우리들은 조선인민의 아들, 노동자, 농민의 아들이다. 우리는 우리들의 사명이 국토를 방위하고 인민의 권리와 복리를 위해서 목숨을 바쳐야 한다는 것을 잘 안다. 그럼에도 미국에 굴종하는 이승만 괴뢰, 김성수, 이범석과 도당들은 미제국주의에 빌붙기 위해 우리 조국을 팔아먹으려 하고 드디어는 조국을 파는 것과 마찬가지인 분단정권을 만들었다. 그들은 미국인을 위해 우리 조국을 분단시키고 남조선을 식민지화하려 하고 있으며, 미국 노예처럼 우리 인민과 조국을 미국에게 팔아먹고 있다. 이런 식으로 한일협정보다 더 수치스러운 소위 한미협정을 맺었다.

친애하는 동포들이여! 만약 당신이 진정 조선인이라면, 어떻게 이런 반동분자들이 저지른 이런 행동에 대한 분노를 참을 수 있겠는가? 모든 조선인은 일어나 이런 행동에 대해 싸워야 한다. 제주도 인민은 4월에 이런 행위에 대해 싸우기 시작했다. 그러나 미국과 붙어 있는 이승만, 이범석 같은 인민의 적들은 우리를 제주도로 보내어, 조국독립을 위해 싸우고 또한 미국인과 모든 애국인민들을 죽이려는 사악한 집단과 싸우기 위해 자신의 목숨을 바치는 애국적 인민과 싸우도록 우리에게 강요했다. 모든 동포들이여! 조선 인민의 아들인 우리는 우리 형제를 죽이는 것을 거부하고 제주도 출병을 거부한다. 우리는 조선 인민의 이익과 행복을 위해 싸우는 인민의 진정한 인민의 군대가 되려고 봉기했다.

친애하는 동포여! 우리는 조선 인민의 복리와 진정한 독립을 위해 싸울 것을 약속한다. 애국자들이여! 진실과 정의를 얻기 위한 애국적 봉기에 동참하라. 그리고 우리 인민과 독립을 위해 끝까지 싸우자.

다음이 우리의 두 가지 강령이다.

1. 동족상잔 결사반대
2. 미군 즉시 철퇴

위대한 인민군의 영웅적 투쟁에 최고의 영광을!

이 성명서의 주체가 병사위원회이다. 만약 군인과 지방좌익이 결탁했다면 병사위원회라는 명칭을 사용하지 않았을 것이다. 여수여중학교 교장 송욱이 반란의 총지휘자였다면 이런 명칭을 사용하지 않았을 것이다.

성명서 내용을 어떻게 해석하느냐보다 우선시 생각해야 할 것은 '봉기'의 주체는 제14연대 병사, 즉 군인이었다는 사실이다. 또한 성명서 전체를 살펴보아도 민간인과 지방좌익의 결탁이 이루어졌다는 느낌을 받을 수 있는 대목은 한 구절도 없다.

병사위원회의 성명서에 '인민', '인민군', '조선' 단어에 많은 사람들이 거부감을 드러낸다. 이들 단어를 통해 현재의 북한(조선민주주의인민공화국)을 연상하거나 일치시키는 경향이 있다. 하지만 당시 '인민', '인민군' 단어는 자연스러운 표현이었다. 예를 들어보면, "조선은 민주공화국이다. 국가의 주권은 인민에게 있고, 모든 권력은 인민으로부터 발한다"는 대한민국 헌법 기초 안(일명 유진오안)의 첫머리였다. '인민'은 당시 일상화되었고 자연스러운 단어였다.

이러한 헌법 기초 안이 "대한민국은 민주공화국이다. 국가의 주권은 국민에게 있고, 모든 권력은 국민으로부터 발한다"로 국호가 수정되었고 '인민'이 '국민'으로 바뀌었다. 유진오는 1980년에 『헌법기초회고록』에서 '인민'이 '국민'으로 바뀐 것에 대해서 아쉬움을 표했다.

유진오는 "'국민'은 국가의 구성원이라는 뜻으로 국가우월주의의 냄새가 풍기는 반면, '인민'은 국가도 함부로 침범할 수 없는 자유와 권리의 주체를 의미한다"면서 "결국 우리는 좋은 단어 하나를 공산주의자에게 빼앗긴 셈이다"고 회고했다. 극단적 반공주의가 좋은 우리말까지 왜곡하는 사태에 대해 곰곰이 생각하고 곱씹어 볼 문제이다.

여담으로 한 마디 덧붙이면, 여순사건 답사를 오신 분들에게 답사를 안내하는 경우가 간혹 있다. 여수시 중앙동(진남관 건너편)에 1948년 10월 20일 '중앙동 인민대회장소를 알리는 안내판이 있다. 안내판을 보고 '인민'이란 단어에 대해 거부감과 함께 잘못된 표현이라는 지적을 하는 사람들이 있다. 당시 시대적 상황을 현재의 이데올로기로 이해하는 사람들이 참 많구나 하는 것을 생각하게 된다.

〈사진-12 중앙동 인민대회장 안내판〉

공산주의자에게 빼앗긴 우리의 아름다운 말을 하나 덧붙이겠다. '동무'라는 단어이다. 40대 이상이 국민학교 시절에 많이 불렀던 동요 중에 「동무들아」가 있다. 교과서에 실렸던 노래이다. 윤석중 작사의 독일 민요이다. 노래 가사를 보면,

> 동무들아 오너라 서로들 손잡고 / 노래하며 춤추며 놀아보자 / 낮에는 해동무 밤에는 달동무 / 우리들은 즐거운 노래동무
>
> 동무들아 오너라 서로들 손잡고 / 노래하며 춤추며 놀아보자 / 비 오면 비동무 눈 오면 눈동무 / 우리들은 즐거운 어깨동무

'동무'라는 단어를 대신하여 요즘은 '친구'라는 단어가 일상화되었다. "달동무, 어깨동무, 소꿉동무, 말동무, 눈동무" 언젠가부터 '동무'는 금기어가 되었다. 반공이데올로기의 사팔뜨기는 이렇게 곳곳에서 으르렁거리며 표현의 자유를 갉아먹었다. 시골에 계신 나이가 지긋한 어르신 분들은 만나면 간혹 정겹게 듣는다. "동무들은 다 어디가고 혼자 다니요."

잠깐 옆길을 쳐다보았다. 병사위원회가 언급한 '인민'·'인민군'·'조선'의 단어를 현재적 잣대가 아닌 당시 상황으로 접근한다면 해석도 달라질 수 있다. 병사위원회 성명서 어디에도 북한이나 김일성을 찬양한 부분이 없다. 공산주의 소련을 찬양하지도 않았다. 공산주의를 선전하거나 옹호하는 것도 없다. 그럼에도 불구하고 한반도 분단체제가 60여년을 훨씬 넘기다 보니 적대적 감정만으로 '인민'을 해석하고 판단하게 되었다.

더불어 성명서에는 두 가지의 강령을 채택했다. "① 동족상잔 결사반대, ② 미군 즉시 철퇴"이다. 이 강령은 병사위원회가 왜 봉기를 일으켰는지를 가장 함축적으로 표현하고 있다고 해도 과언이 아닐 것이다. 두 강령이 갖는 시대적 배경을 보자.

김구는 1948년 2월부터 미군과 소련군 철수를 주장하였다. 단독정부가 수립된 이후에도 일관되게 주장했다. 그 이유인즉 통일국가 수립에는 반드시 양군 철수가 필요했다. 그러므로 병사위원회의 주장을 북한이나 남로당의 지령 또는 공산주의자들만의 특별한 요구로 봐서는 안 되는 것이다.

동족상잔 결사반대는 제9연대장을 역임했던 김익렬을 통해서 제14연대 군인들은 제주도 상황을 잘 알고 있었다. 군인을 파병하지 않고도 제주도는 평화적으로 해결이 가능하다는 것을 김익렬이 보여 주었다. 군인들을 제주도에 파병하는 것은 동족의 무참한 학살로 이어질 수밖에 없었.

1948년 10월 19일 제14연대에서 발발한 '봉기' 또는 '반란'은 군인에 의해 시작되었다. 그들이 봉기의 깃발을 들었던 것은 조선 인민의 아들로서 형제를 죽이는 것을 거부한 행동이었다. 여기에 당시의 사회적 여러 상황이 맞물리면서 전남 동부 지역 사람들이 동조·호응했던 것이다. 그럼 왜 전남 동부 지역 사람들이 동조·호응했던 것일까? 이는 여순사건을 이해하는데 매우 중요한 문제이다. 봉기군이 내건 강령을 생각하면서 〈제3부 시선-11 민중들의 동조와 호응〉을 참고하기 바란다.

5. 23명이 부대에 잠입?

정부와 국군에서는 여순사건이 남로당 계열의 군인과 지방좌익이 사전에 공모·계획했다고 주장한다. 이를 입증하는 근거로 봉기에 성공하자 '민간인 23명'이 부대 내에 진입하여 반군에 합세하고 여수로 진격하는 향도역을 했다는 것이다. 그런데 어찌된 영문인지 민간인 23명에 대한 소속은 제각각이다. 사례를 보면, "여수 인민위원회 소속 23명이 부대에 진입했다", "여수수산학교 학생 23명이 합세했다", "여수 민애청 소속 23명이 부대 안으로 들어갔다" 등이다.

거의 모든 문헌에 '23명'의 숫자는 일치한다. 아쉽게도 현재까지 민간인 23명이 영내에 진입했다는 확실한 입증 자료는 없다. 그런데 '민간인 23명'의 출현은 지방좌익과 군인들이 사전 공모와 계획적인 반란이었음을 확신시켜 주는 단서가 되었다. 여기에 보수우익에서는 첩보영화에서나 등장할 만한 이야기꺼리로 사실감을 한껏 부풀리고 있다. 잠시 소개하겠다.

지창수는 부대 안의 남로당원 40명을 즉시 소집하여 제주도 출발을 위해 연병장에 모일 때 부대를 장악하기로 했다. 그리고 이 계획을 식당에 있는 박태남을 시켜 여수 인민위원장에게 보고하게 하였다. 여수 인민위원장은 여수 남로당원을 동원하여 부대 앞 식품점 근처에서 모여 있을 테니, 식품점 주인에게 물건을 사는 척하면서 반란이 성공하면 신호를 보내라고 하였다. 이때 신호가 '개는 잘 짖고 있다' 였다. 인민위원장은 그러면 즉시 부대에 들어가서 합세하겠다고 하면서 암호는 '처녀' '총각' 이라고 알려 주었다.(박윤식, 『여수 14연대 반란』, 도서출판 휘선, 2010)

제14연대가 주둔한 여수읍 신월리는 가파른 구봉산을 끼고 바다와 접하고 있는 반도 남단에 위치하고 있다. 일제는 대륙 침략을 목적하고 세계를 삼키고자 1942년 8월 14일 일본군 해군 항공기지를 만들었다. 정확한 부대명칭은 관동군 제19방면군 직할 '여수요새사령부'와 '여수중포병연대'였다. 이곳에 비행장·격납고·대공포진지가 있었으며, 철도를 건설하다가 일제는 패망했다.

반농반어半農班魚하며 살아가던 270여 호 사람들은 하루아침에 쫓겨났다. 천연요새의 지형지세 요소를 갖추고 있어 군사적 요충지로서 안성맞춤이었다. 현재 이곳에는 일제강점기에 사용했던 수중 비행 활주로가 아직도 남아 있다. 굴뚝과 격납고와 무기고·탄약고(동굴)들이 남아있으나 군사보호시설(방위사업체)로 직접 보기는 쉽지 않다. 보수우익이 적시하고 있는 내용을 한편의 첩보영화라고 했던 이유가 몇 가지 있다.

첫째, 여수 인민위원장은 이미 좌익사병들과 내통하고 있으며, 봉기에 상당부분 깊이 개입되어 있다는 것이다. 그렇다면 인민위원장의 실체가 누구냐는 것이다. 연락책인 박태남은 실명을 거론하면서 인민위원장은 누구인지 밝히지 않고 있다. 모르는 것일까. 여순사건 당시 여수 군당위원장은 유목윤이었다. 그런데 유목윤은 20일 아침에서야 군인들이 여수 시내를 장악한 것을 알게 되었다. 그뿐만 아니라 군당위원회 대다수 간부들도 20일 아침에야 군인봉기가 발발했음을 알았다.

둘째, 부대 앞의 식품점에 남로당 당원이 동원되어 대기하고 있었다는 것이다. 당시 이곳을 담당한 여수경찰서 봉산지서의 신영길 지서장 서리는 매일 같이 제14연대를 오고갔다. 신영길은 제14연대 동태를 살피고, 군부와 의사소통을 통해 서로 문제를 해결하는 임무를 부여받았다. 그의 말에 의하면 부대 앞에 식품점은 없다고 한다. 식품점이 아니라 민가도 한 채 없다. 부대와 가장 가까운 첫 마을은 넘너리란 작은 어촌이다. 당시 어촌마을에 식품가게는 생뚱맞다고 한다. 그런데 부대 앞 식품점에서 여수 남로당 당원들이 물건을 사는 척하면서 대기하고 있었다고 한다.

셋째, 신호와 암호에 대한 것이다. '개는 잘 짖고 있다' 신호로 부대에 합세했다는 것이다. 19일 저녁 제14연대 암구호가 '처녀 총각'이었다. 남로당임을 확인하는 암구호가 아니었다. '처녀' '총각'으로 적과 아군을 구분할 수 없었다. 제14연대 군인 모두가 암호를 알고 있었다. 총소리가 나고 비상나팔소리가 울려 퍼졌다. 제14연대는 아비규환이었다. 누가 누구인지 구분할 것 없이 구봉산 자락을 넘어 시내로 군인들은 몰려갔다. 제14연대 군인들을 만나 증언을 들으면서 보수우익이 주장하는 것을 그들에게 물었다. 모두가 한결같이 비슷한 소리를 했다. "정신 나간 사람들이 하는 소리지."

봉산지서 지서장 서리인 신영길은 그의 저서 『신영길이 밝히는 역사현장』에서 "영내 반란이 성공하자 제14연대 부근에 잠복하고 있던 수산학교 학생 23명이 합세했다는 것은 낭설이다'고 단호하게 주장한다. 그렇지만 거의 모든 문헌에 '23명'이 등장한다. 그렇지만 전혀 근거를 알 수 없는 이야기에 불과하다.

　민간인 23명의 출현은 군인과 지방좌익이 미리 내통하고 있다는 근거가 되었다. 거짓말도 계속하다 보면 진짜로 착각된다고 했다. 민간인 23명의 출현이 꼭 그런 꼴이다. 민간인 23명의 출현은 지역 사람들을 불량 국민으로 만들었다. 근거 없이 무심코 던진 돌에 수많은 사람들이 맞아 머리가 깨지고, 이마가 터지고, 목숨까지도 내놔야 했다. 불량 국민으로서의 삶은 그랬다.

여순사건 총지휘자는 누구인가?

1. 오동기 연대장과 송욱 교장

여순사건은 누가 일으켰을까. 여러 사람이 주도했다면 그 중에 지휘자는 누구였을까. 여순사건은 제14연대 군에서 시작되었다. 분명 누군가는 지휘했을 것이다. 인류역사에서 '반란'·'봉기'·'혁명' 등 거사를 결행하는데 지휘자가 없는 경우는 없었다. 가까운 일례로 5·16군사쿠데타가 그랬고 12·12쿠데타가 그랬다. 여러 사람이 주도했다고 하여 중구난방으로 모든 사람을 최고지휘자라고 하지는 않는다.

여순사건도 '동족 살상'을 반대하는 제주도 파병에 대해 누군가는 지휘했을 것이다. 지금까지 여순사건의 총지휘자·주동자·주모자 등으로 지칭된 인물은 오동기·송욱·김지회·지창수 등 총 4명이 거론되었다. 여순사건이 단순한 사건이 아니라 '반란'이라고 정부가 밝혔음에도 불구하고 이름이 밝혀지거나 확인된 인물은 많지 않다. 위의 네 사람과 홍순석·정낙현·이기종 정도이다.

여순사건이 발발하고 정부의 첫 발표를 살펴보자. 이범석 국무총리는

10월 21일 오전 11시에 여수에서 '국군 14연대가 반란'을 일으켰다고 발표했다.

> 본래 수개월 전에 공산주의자가 극우의 정객들과 결탁해서 반국가적 반란군을 책동하여 일으켜 책동을 하였다. 그 가운데 그중 吳東起란 자가 가장 교묘한 방법으로 소령으로 승진하여 여수 연대장에 취임하였다.…… 이 자는 여수 가서 소위 하사관 훈련의 기회를 포착하여 선동하고 공산주의 선전하는 한편…… 군정이양을 하면서 20일전 吳와 관련자를 검거하게 되었다. 吳와 통하는 자들이 이번에 모종임무를 주어 혐의 농후한 이들을 딴 곳으로 분리할 때 공포를 느낀 자들이 행동을 개시했다.

이 총리 발표에는 유일한 인물이 등장한다. 바로 전임 연대장이었던 오동기 소령이다. 앞서 오동기에 대해서는 간략하게 언급했다. 오동기는 여순사건 발생 20일 전에 이미 '대한민국 정부 전복' 사건으로 체포되어 서울 육군본부에 수감되었다. 일명 혁명의용군사건이다.

여순사건이 일어나기 20일 전에 오동기를 체포했다. 그렇다면 제14연대 사병 중에서 오동기에 포섭된 자들을 색출하는 것이 가장 급선무였을 것이다. 하지만 여순사건이 발발하기 전까지 오동기와 관련하여 체포된 사병은 단 한명도 없었다.

1948년 10월 11일에 본부중대 재정담당 하사관 김영만이 남로당 세포 조직원으로 제5여단(제14연대 상급부대) 정보국에 체포되었다. 김영만의 체포는 오동기의 체포와 아무런 관련이 없다. 오동기는 여순사건과 무관하며 혁명의용군사건과도 무관하다고 『한국전쟁사 제1권』에서 공식적으로 밝혔다. 그런데도 보수우익의 문헌에서는 오동기를 여전히 여순사건과 관런시키고 있다. 이제는 왜곡과 조작이 아닌 진실을 기록했으면 한다.

이승만은 여순사건이 발발하자 '경고문'을 발표했다. 경고문에는 "공산분자들이 지하에 밀당을 부식하고 난을 일으켜 전국을 난에 빠뜨리고 남북을 공산화시키어 타국에 예속시키려는 계획이 오래전부터 농후했다는 것은 세인이 아는 바이다"고 했다.

9월 28일 오동기는 '정부 전복' 혐의로 체포되었고, 대통령은 전국적 난이 일어날 계획이 농후하다는 것을 알고 있었다. 그런데 왜 적절한 조치를 취하지 않았던 것일까. 아직까지도 풀리지 않는 숙제이다. 여기에 덧붙이면 여순사건이 발발한 이후 가장 이득(?)을 본 사람은 누구였을까?

여순사건은 전남 동부 지역으로 빠르게 확산되어 여수와 순천을 비롯한 인근지역까지 좌익세력과 반군의 활동 근거지가 되었다. 민간인까지 결합된 상황에서 정부는 새로운 인물을 발표한다. 그가 여수여중학교 교장 송욱이다. 송욱을 여수반란의 총지휘자로 지목한 것이다.

구사일생으로 탈출한 제14연대 연대장이었던 박승훈 중령은 "10월 19일 21시 여수폭동발생의 실정은 14연대 내 반군 장교는 병영에서 일부 경찰 및 청년단은 경찰서와 시내에 동시 계획적으로 폭동을 일으켰음. 여수반란 총지휘자는 여수여중 교장 ○○임"이라고 했다.

이범석 총리도 10월 26일자 국회보고에서 "여수 봉기군의 민중을 총연합 지휘하는 최고사령관은 여수여중학교 교장이던 자"라면서 송욱을 주모자로 단정했다. 공보처 차장 김형원은 기자 간담회에서 "민간 좌익분자들이 계획적으로 조직하여 군대가 합류한 사건이다"고 여순사건을 규정했다.

김형원을 비롯한 정부 각료가 군대 내에서 발발한 '반란'을 지방 민중으로 전가하기 위해 얼마나 부단히 노력했는가를 여실히 보여주고 있다. 즉 국군의 내부적 요인보다는 외부적 요인에 의해 반란이 발발했음을 국민에게 끊임없이 전달했다. 이러한 정부의 노력은 전남 동부 지역의 사람들이 일으킨 반란으로 고착화되었다. 특히 송욱의 등장은 학생과 연관되면서 '환상의 여학생 부대'가 출현하기도 했다.

송욱은 억울하게 죽었다. 제14연대 장교를 관사에 숨겨 주고, 안전하게 피신할 수 있도록 했지만, 그는 죽었다. 죽은 자는 말이 없다. 정부와 국군에서는 송욱이 '민중 총지휘자'라는 사실을 밝히지 못했다. 그런데도 처형되었다. 더 억울한 것은 아직도 일부 문헌에서는 송욱을 민중의 최고지휘자 등으로 옭아매어 글쓰기를 하고 있다. 옛 어르신들의 말대로 표현하면 "천벌을 받아 죽어 마땅할 놈들이다"고 할 수밖에 없다.

2. 반군의 수괴 김지회

여순사건 하면 떠오르는 인물 중의 한 사람이 김지회 중위이다. 여순사건 발발 이후 정부와 국군에서도 체포하고자 현상금까지 내걸었던 인물이 김지회이다. 그렇지만 김지회가 처음부터 부각된 인물은 아니다. 처음 발표에는 주모자가 오동기 전임 연대장이었다.

진압작전이 한창이던 10월 25일에 전투사령관 제5여단 김백일 중령은 순천에서 전투경과를 발표했다. 김백일은 제14연대 소속 김지회 중위를 '적군의 수괴'로 지목했다. 군 수뇌부는 사건 발생 6일이 지난 후야 제14연대 장교를 '수괴'로 지목한 것이다.

이후부터 김지회는 반군의 수괴, 총사령관으로 정부와 국군에서 인식했다. 각 특별취재단·문인조사단·종교시찰단에서도 김지회를 중심으로 부대 내의 초기 상황을 보도했다.

> 19일 하오 9시경 제주도 사건 진압의 책임을 지고 출동할 예정이었던 여수시외 신월리에 있는 제14연대 중 1대대의 병사 약 40명이 김지회라는 중위 지도하에 장교 5인을 살해하고 무기고를 점령하는 데서 불꽃은 번지기 시작하였다.(이재한, 『전남반군의 진상』, 『개벽』 80호, 1948년 12월)
>
> (나) 진상
> (1) 종전부터 내통하고 있던 金智會의 지휘 하에 약 40명이 행동을 개시한 것 (2) 이 연대는 원래 불순한 경향이 농후하여 肅軍의 대상이 된 것(종교시찰단 보고, 대동신문 1948년 11월 14일)

김지회가 지도하는 1대대 병사 40명이 장교를 살해하고 무기고를 점령하면서 여순사건이 시작되었다는 기사이다. 또한 종교시찰단에서도 여수·순천 현지를 둘러보고 김지회가 지휘하는 약 40명이 행동했다고 기록을 남겼다. 김지회는 어떤 사람일까?

김지회는 함경남도 함주군 삼평면 삼태리 137번지에서 1925년 3월 25일 태어났다. 함흥농업학교를 졸업하고 일제 하사관 출신으로 소년 비행학교와 비행정비학교를 수료했다(일부에서는 중국 팔로군 출신이라고도 한다).

해방 후 월남하여 1946년 8월에 1연대 C중대에 하사관으로 입대했다.

앞서 살펴본 여순사건이 '스탈린 지령'에 의해 발발했다고 주장하는 이기봉은 김지회가 1946년 11월 초에 서울로 왔다고 한다. 3개월 정도밖에 차이가 나지 않지만, 김지회가 평양학교 대남반 훈련을 받고 서울로 잠입했다고 한다면 3개월은 큰 차이다.

필자가 1946년 8월이라고 주장한 이유는 제1연대 C중대에서 함께 근무했던 이북 동향출신 김응선(1921년생)으로부터 김지회와 관련한 증언을 들었기 때문이다. 김응선이 입대한 날짜는 7월 21일이었고, 정식 군인 즉 이등병을 단 날짜는 8월 1일이다. 이보다 김지회가 7~10일 정도 늦었다고 한다.

잠시 김응선에 대한 이야기를 좀 하겠다. 김응선은 육군본부 병기검사원으로 여순사건이 일어나기 전날(18일) 저녁에 광주 제5여단을 거쳐 제14연대로 왔다. 숙소는 대화호텔로 박승훈 연대장도 머물고 있던 곳이다. 원래 19일 병기검사를 하려고 했으나 제주도 출동 때문에 하루 미루어졌다. 당시 병기검사원으로 이수영 대위, 김응선 특무상사, 장은석 일등중사, 정영만 일등중사(여수출신) 4명이었다. 그런데 19일 밤에 여순사건이 발발한 것이다. 시내 여관에서 자고 있다가 총소리에 놀랐는데, 최과순 중위가 조심하라는 내용을 전달해줬다.

20일 아침에 반군에게 잡혀 순천병원(여수소재)으로 갔는데 그곳에서 박윤민 소위를 만났다. 박윤민과 김응선은 평북 의주보통학교 동기이다. 박윤민 소위는 19일 밤 탄약고 앞에서 반군에 총격을 받고 부상당해 순천병원에 입원했다. 김응선은 순천병원에서 사복을 갈아 입고 병원을 빠져나왔으나 21일 다시 잡혔다. 그가 끌려간 곳은 화신백화점(여수소재) 2층이었다. 그곳에서 김지회를 만났다. 김지회는 앞에서 부대원을 지휘하고 있었다. 김지회는 잡혀 온 이들을 쳐다보지도 않고 사병에게 눈짓을 했다.

김웅선은 그 눈짓이 처형하라는 명령이라고 생각했다. 바닷가로 끌려 나온 김웅선은 사병에게 같은 군인끼리 살려달고 애걸복걸했다. 사병은 빨리 이곳을 떠나라면서 김웅선을 풀어줘 살게 되었다고 회고했다.

김웅선은 숨어 있다가 탈환 이후 부대에 복귀했다. 그리고 여순사건에 대해서, 참혹했던 여수에 대해서 까마득히 잊고 살았다. 그런데 '여순사건 60주기'란 방송을 보고 여순사건을 떠올렸고, 당시 자신을 살려줬던 사람을 찾고 싶다는 생각에 여수에 와서 필자를 만났다.

생명의 은인이었는데 고맙다는 말도 못했던 것이 팔순을 살아온 동안 죄책감이었다고 한다. 살아 있다면 얼굴을 꼭 보고 싶어 경기도 김포에서 팔순의 노구를 이끌고 여수까지 왔던 것이다. 그러나 그를 살려준 사병에 대해서 이름도 몰랐다. 안타깝게도 해 줄 수 있는 것이 아무것도 없었다.

그의 돌아서는 어깨는 무척이나 쓸쓸해 보였다. 그는 죽기 전에 가슴에 묻어 두었던 이야기를 할 수 있어 고맙다고 했다. 그러면서 마지막으로 남긴 말은 "혹시 그 양반을 찾으면 대신하여 꼭 고마웠다"고 전해주라고 했다. 필자가 그렇게 김웅선을 만났고, 그를 통해 김지회에 대해 많은 것을 알았고 비교할 수 있었다.

김지회와 김웅선은 제1연대 C중대에서 근무했다. 중대장은 동향 출신의 이병주李炳冑 중위였다. 김지회는 이병주의 추천으로 1947년 1월 13일 경비사관학교 3기생으로 입교했다. 동년 4월 19일에 소위로 임관(군번 10505)하여 제1연대 2대대장(이병주) 부관으로 부임했다. 1947년 5월 말께 광주 제4연대에 전속되어 1대대 4중대 중대장에 부임했으며, 1948년 5월 4일 여수에 제14연대가 창설되면서 6월 1일자로 제14연대 창설 장교로 전속되었다. 이병주는 숙군과정에서 총살되었다.

김백일은 전투경과 보고에서 봉기의 주모자로 김지회를 비롯한 홍순석, 이기종 등 제14연대 장교를 거론했다. 김백일은 김지회를 '적군의 수괴', '반란의 참모장', '총사령관'으로 지칭했다. 중요한 것은 처음부터 국군에서는 김지회를 반군의 수괴로 보았던 것이다.

> 오후 3시경에 이르러 일단 퇴각했던 적군은 무장을 재비하고 문수리의 뒷봉오리서부터 촌락에 집결 작업코 있는 국군에 대하여 돌연 집중 사격을 개시하였다. 기관총과 소총의 맹렬한 반격은 국군이 양성한 金智會 중위의 실력을 마음껏 발휘하는 등 사격술도 반군이나마 칭찬할 만큼 정확하고 신속하였다. 〈중략〉
>
> 洋髮에 권총 김지회 변인
>
> 그 중에는 김지회 중위의 애인이라고 하는 젊은 여장부의 자취도 엿볼 수 있었다. 파-마한 머리를 날리며 사-지 스카트에 빨간 와이셔츠 그리고 초록색 털 세타. 허리에는 권총을 차고 이리저리 뛰는 모양은 애인과 같이 전투를 지휘하는 것인지 또는 사격을 조력하는 것인지는 알 수 없으나 그의 행동은 몹시 민첩하였다(포로한테 들은즉 제주도 출신의 21세 되는 여자로서 광주도립병원에서 간호부로 근무하였다 함).(국제신문, 1948. 11. 3.)

국제신문에서는 방경린 기자를 26일부터 종군시켜 전투상황을 '지리산 전투 참전기'라는 제목으로 보도했다. 김지회에 대한 평가도 퍽 흥미롭다. 제3연대 김영로 대대장은 김지회를 반군이지만 정확하고 신속한 사격술 등 군인으로서 자질을 높이 평가하고 있다.

또 한 가지 흥미로운 점은 김지회의 애인에 대한 내용이다. 이름은 밝히지 않고 있지만 머리모양과 옷차림새, 뛰어난 전투 능력 등을 상세하게 보도했다. 이와 같이 김지회와 애인이 같이 입산했다는 것을 알고 있다는 것은 김지회의 신상과 가족관계 등을 일찍이 파악하고 있었던 것으로 볼 수 있다.

김지회는 신출귀몰한 유격전과 심리전으로 국군을 괴롭혔다. 지리산으로 입산한 김지회는 10월 25일 구례읍을 공격했는데, 이 과정에서 경찰과 군인을 속이고 반대방향으로 진격하여 총 한방 쏘지 않고 구례읍을 장악했다.

또한 11월 3일에는 제12연대의 1대대 하사관교육대(대장 김두열 소위) 약 100명이 구례군 간전면 국민학교에 배치되어 있었다. 김지회가 직접 지휘하는 주력부대가 은밀히 접근하여 총 한방 쏘지 않고 교육대원 전원을 포로로 잡아 산으로 데리고 갔다. 김지회는 이들을 3일 만에 석방시키면서 "동무들은 본대로 가지 말고 각자 고향으로 돌아가서 공산주의 활동을 하라"고 하면서 여비를 개인당 400원씩 주어 돌려보냈다. 김지회가 악랄하고 잔인하다고 소문이 났지만 그는 아무나 죽이지 않았다. 김지회의 이런 행동은 이후 몇몇의 빨치산들에게도 나타났다.

제12연대 1대대 하사관교육대 기습으로 호남지구전투사령부 북부지구 사령관 원용덕은 배속된 부대장의 지휘관 회의를 11월 4일 남원에 소집했다. 위 사실을 도청한 김지회 부대는 구례군 산동면에 매복하고 있다가 제12연대 백인기 연대장과 호위 헌병 1개 분대를 급습하는 등 유격전으로 국군을 괴롭혔다. 이날 백인기는 빨치산의 추격을 받고 인근 농가에 들어가 "내 시체를 감추어 두었다가 내일 국군이 오면 인도해 달라"는 유언을 남기고 대나무 숲에서 자결했다.

국군은 김지회를 반군의 수괴로 인식하고, 그를 체포 또는 사살하기 위해 무척 애를 썼다. 호남신문에는 '김지회 체포에 50만원 현상'을 내건 보도가 실렸다.

지난 31일 호남지방작전 사령부 북지구전투부대 참모장 위대선 소령 발표에 의하면 여수등지 반란사건 주동자 육군중위 金智會는 방금 부인 동반 지리산에 도피 중에 있는데 전기 김지회 부부를 체포하는 자에게는 일금 50만 원, 사살하는 자에게는 25만 원의 현상을 걸었다 한다.(호남신문, 1948년 11월 5일)

이 보도내용에도 김지회와 부인이 등장한다. 이전까지 애인이라고 했던 것을 부인이라고 부르고 있다. 체포하는 자에게는 일금 50만원, 사살하는 자에게 25만원의 현상금을 걸었다. 1948년 4월 1일 기준으로 계급별 단일 봉급제에 따라 소위 월급은 1만원이었고, 대장 월급은 3만원이었다. 1950년에 백미 1가마(100斤)가 1만7천400원이었다. 지금 화폐가치로 환산하면 얼마나 큰돈일까. 소위 월급 50개월 치를 현상금으로 내걸었다.

김지회 부인은 누구일까. 앞선 기사에서는 "제주도 출신의 21세 되는 여자로서 광주 도립병원에서 간호부로 근무했다"고 포로에게 들은 내용을 밝혔다. 김지회의 애인 또는 부인 이름은 조경순이다.

조경순은 제주도 조천면 1618번지에서 1930년 6월 21일 태어났다. 그녀는 일본 대판등영고녀 2년을 중퇴하고 해방이 되던 해 광주의과대학 부속병원 간호부 양성소를 마치고 동병원에서 근무했다. 이때 김지회를 만난 것으로 알려져 있다. 1948년 8월 병원을 그만두고 여수로 내려 왔다고 한다. 김지회가 맹장수술 때문에 대학병원에 입원하면서 조경순을 알게 된 것으로 전해지고 있다. 조경순의 아버지는 목사였기에 기독교인 아니면 절대로 결혼시키지 않겠다고 거절했다.

10월 25일 제5여단 전투사령관 김백일 중령의 기자회견 이후 김지회는 여순사건의 주모자, 적군의 수괴로 확고하게 자리했다. 군의 토벌대상 일순위였다. 김지회를 체포하기 위한 노력은 군인들 간에도 경쟁이 되었다. 그러다 보니 엉뚱한 사람을 김지회로 오인하여 체포했다는 오보까지 나오기도 했다.

대부분 직접 목격하거나 사실관계를 확인하지 않고 전달하다 보니 여러 부분에서 오류를 범하고 있다. 김지회의 성품에 대해서는 거의 대동소이하다. 훈련시간에는 철저하고 혹독하게 훈련을 시켰다. 일부에서는 잔인하기까지 했다고 한다. 머리는 비상했으며, 사병들 처우를 위해 애썼다. 키는 대략 160~165센티미터로 크지 않았다.

김지회를 비롯한 제14연대 사병의 '봉기'는 목표물이 무엇이었는지 확실하지 않지만, 그들은 지리산으로 들어갔다. 1948년 2·7구국투쟁 이후 야산대 이름으로 무장활동이 간간히 있었지만, 야산대와는 비교할 수 없는 무기와 훈련된 사람들이 지리산을 중심으로 무장투쟁을 시작한 것이다. 빨치산의 탄생이다. 그 중심에는 김지회가 있었다.

김지회는 1949년 4월 9일 남원군 산내면 반선골에서 총격을 받았다. 그의 시신이 발견되지 않아 주변을 수색하던 중 그의 처 조경순을 달궁마을에서 생포했다. 조경순을 심문한 결과 반선전투에서 헤어져 찾고 다니고 있다는 것을 입수하고, 주변을 수색하여 김지회 시신을 발견했다. 조경순은 체포되어 선무공작활동을 했으나, 군법회의에서 사형을 언도받고 유진오·김태준 등과 총살되었다.

김지회를 이야기하면 빼놓을 수 없는 인물이 홍순석 중위이다. 하지만 홍순석 중위에 대해선 별로 알려진 것이 없다.

3. 총사령관 홍순석

홍순석은 1922년 1월 26일 간도 연길현, 경기도 이천, 강원 강릉 등으로 출신지가 여러 군데로 알려져 있다. 그의 주소는 서울 중구 길야정 일정목 121번지이다. 중국 연길현 용정은진중학 4년을 졸업하고 1943년 만주군 특설부대에 입대하여 해방당시는 군조(중사)였다. 해방 후 춘천 제8연대에 하사관으로 입대했다가 1947년 4월 19일 경비사관학교 3기생으로 임관(군번 10583)했다. 그의 말투가 함경도 사투리였다는 것으로 보아 이북에서 오랫동안 생활한 것으로 보인다.

첫 부임지가 김지회와 같은 제1연대라는 설도 있으나 확실하지 않다. 광주 제4연대에 배속되어 1948년 3월 15일 중위로 진급했다. 김지회보다 빠른 진급이다. 여수에 제14연대가 창설되면서 1948년 6월 1일 전출되었다. 여순사건 당시 순천 철도 경비를 위해 파견된 2개 중대를 지휘하는 선임중대장이었다.

국군에서 김지회를 '반군의 수괴' 등으로 표현한 것에 비하면 홍순석은 당시에 언론 노출이 그렇게 많지 않았다. 그렇지만 홍순석이 언론에 보도될 때마다 '총사령관' 또는 '인민군 총사령관' 등으로 그의 직책을 밝혔다.

㉮ 위대선 중령은 23일 기자단과 회견에서⋯⋯ 지난 5일에는 보성군 벌교면 증광산에서 폭도 16명과 함께 김지회의 동료인 인민군 총사령관 홍순석(원14연대 순천파견 중대장 중위)을 사살하였는데 아방도 전사 5명의 피해가 있었다.(동아일보, 1949년 1월 28일).

㉯ 여수순천반란사건의 반란군 총사령관인 홍순석과 남노당 정치부장 조모와 김지회의 처 조경순은 지리산 속에서 제3연대 유격부대에게 사살되었는데(경향신문, 1949년 4월 12일)

㉰ 제3연대장 25일 발표에 의하면 지난 4월 9일 제3연대 유격대가 남원군 산내면에서 반군 총사령관 홍순석을 사살하였을 때 반군 수괴 김지회도 사살당한 것이 판명되어……(동아일보. 1949년 4월 27일)

㉱ 원용덕 재판장 질문:: "지리산 총사령관 홍순석 부사령 김지회 등과는 어데서 갈렸나?"(경향신문, 1949년 9월 29일)

㉮인용문에서 홍순석 사살은 오보이다. 김지회와 동료인 홍순석을 인민군 총사령관으로 표기했다. ㉯인용문은 김지회·홍순석을 남원군 산내면 반선골에서 사살 후 내용이다. 홍순석을 반란군 총사령관으로 발표했다. ㉰인용문은 김지회 시신을 수색중인 기사이다. 홍순석을 반군 총사령관으로 김지회를 반군 수괴로 표기했다. 반군 총사령관과 수괴는 어떤 차이가 있을까? ㉱인용문은 지리산에서 체포된 유진오·홍순학·유호진 등 문화공작대원들과 조경순에 대한 중앙고등군법회의에서 재판장 원용덕이 유진오에게 질문한 내용이다. 홍순석을 총사령관으로 김지회를 부사령으로 칭하고 있다.

4개의 인용문 모두에서 홍순석을 '총사령관'이라고 부르고 있다. 여순사건 발발 당시 홍순석에 대해서는 순천 파견 중대장이었고, 순천에서 반군에 합류했다는 정도였다.

제14연대는 19일 밤 '봉기'를 목전에 두고 각자의 역할이 있었다. 즉 오랜 기간 동안 계획된 것은 아니었지만, 그렇다고 무작정 '봉기'에 돌입한 것은 아니었다.

이희권 부연대장이 부대 내에서 '반란'이 발발했다는 소식을 듣고 진압하고자 영내로 들어갔다. 이미 반란은 걷잡을 수 없었으며 중과부적이었다. 여수 시내로 나가 군기대 분대(헌병분대)에서 순천 파견 중대 중대장 홍순석에게 "반란이 일어났으니 부대를 이끌고 와서 여수를 진압하라"고 명령을 했다. 홍순석이 "안 되겠다"고 했다는 것이다.

이희권의 증언을 보면 홍순석은 19일 밤 순천에 있었다. 그렇다면 홍순석은 '봉기'에 대해 모르고 있었던 것일까? 홍순석의 남로당 가입 관련해서도 주장이 엇갈린다.

장교의 경우 남로당 중앙당에서 관리하고, 사병의 경우 도당에서 관리한 것이 당시 남로당의 세포조직이다. 하지만 홍순석은 광주 제4연대에서 지창수에게 포섭되어 장교 중에 유일하게 도당부에 속했다는 것이다. 그래서 제14연대 장교그룹들과는 접촉이나 사전에 알지 못했다는 것이다. 반면에 경비사관학교 시절 생도대장 오일균에게 김지회 등과 함께 포섭되어 남로당 중앙당부에서 관리하고 있었다는 주장이다. 오일균은 숙군과정에서 총살되었다.

홍순석이 여순사건 이후 입산하여 총사령관으로 불렸던 것으로 보아 김지회와 이미 알고 있었던 것으로 짐작된다. 그러므로 후자일 가능성이 높다고 할 수 있다.

지리산으로 홍순석·김지회와 같이 입산했던 1대대 1중대 소속 서형수의 증언을 보자. 서형수는 산에서 2개월 동안 함께 생활하다가 탈출했다.

질: 홍순석에 대해서도 알고 있습니까?

서: 알지. 홍창표는 산에서도 장교 모자를 항상 쓰고 다녔어. 홍순석이라고들

하는데 도장에서 홍순석으로 나왔다는디, 원래 부대에서는 홍창표였어. 산에서도 그랬고. 홍순석이가 어떻게 남로당이라고 나왔는지 모르겠어. 홍순석이는 참 사람이 괜찮았고, 좋았어. 그래서 참 나도 의문이여. 글구 사령관을 김지회라고 하는데, 사령관은 홍순석이었고, 부사령관이 김지회였어. 김지회가 홍순석이를 사령관으로 시켜 놓것 같해. 모든 작전은 김지회가 직접 했어. 작전을 나갈 때는 열댓 명 20명 미만으로 해서, 따발총으로 별도로 구성하는데, 거의가 김지회가 했지. 나도 곡성전투에 같이 따라갔지. 김지회는 말도 없이 잔인해, 김지회가 중국 팔로군 출신인디, 모래를 각반을 차고 다닐 정도로 신출귀몰했어.

여순사건 발발 당시 홍순석은 여수에 없었다. 제14연대 사병 40명을 지도한 장교는 김지회였다. 그렇다면 김지회가 총사령관이 되는 것이 상식적으로 보인다. 그런데 홍순석을 총사령관으로 불렀던 것은 무엇 때문일까.

반군은 10월 23일부터 지리산 등으로 입산했다. 국군은 대대적인 토벌작전을 수행하여 많은 빨치산을 체포하고 조사했다. 이때부터 홍순석은 총사령관이 되었다. 서형수도 입산하여 보니 총사령관은 홍순석이 맡고 있었으며 실질적인 전투는 김지회가 지휘했다고 증언했다.

김지회는 제14연대에서 실질적으로 전투를 총지휘했음에도 불구하고 입산하여 홍순석에게 총사령관을 양보(?)한 것은 무엇 때문이었을까. 홍순석은 김지회보다 중위 진급이 빨랐다. 나이에서도 홍순석이 2~3살 정도가 많다. 특히 20~30명 소수 인원으로 기습작전을 감행하기 위해서는 본대에서 김지회는 자주 이탈을 해야 했다. 이러한 여러 가지 정황으로 보아 홍순석을 총사령관으로 배려(?)했을 것으로 짐작된다. 하지만 또 다른 속셈이 있었는지도 모르겠다. 어떤 이는 이현상이 20일 순천에 나타나 사령관에 홍순석, 부사령관에 김지회를 지목했다고 하는데 신빙성이 거의 없다.

홍순석은 1949년 4월 9일 남원군 산내면 반선골에서 사살되었다. 그의 옷에서 '洪淳錫'이라고 새겨진 도장이 나와 신분을 확인할 수 있었다.

4. 해방군 연대장 지창수

여순사건을 연구하면서 가장 알쏭달쏭 이해하기 힘든 인물이 지창수 상사이다. 현재 여순사건 주모자에 대한 통설은 연대 인사계 하사관 지창수池昌洙와 핵심인원 40명이 반란을 일으켰다는 것이다. 그럼에도 불구하고 지창수에 대해 신상이나 행적에 대해서 알려진 것은 거의 없다.

여순사건을 직접 주도하여 해방군 연대장으로까지 취임했다고 하지만, 10월 21일부터 행적이 묘연하다. 대한민국 정부를 전복시키고자 했던 '반란의 주모자에 대해 정부와 국군에서도 파악하지 못하고 있다는 것이 이해되지 않는다. 의문투성이의 인물이다. 지창수는 누구일까?

지창수는 전남 광산군 서창면 출신이다. 대략 김지회·홍순석과 비슷한 연령으로 여순사건 당시 23~25세 정도로 알려져 있다. 일부에서 전남 보성군 벌교읍 출신이란 주장도 있지만 광산군(현재 광주광역시) 출신이 맞다. 지창수는 일본군 지원병에 입대했으며, 해방 이후 국방경비대 제4연대 1기생으로 입대했다. 지창수 신상과 관련한 내용을 먼저 정리해보 겠다.

지창수 형이 지창선이라고 전라도 도의회 의장인지 부의장까지 지낸 사람이다. 묘하게도 특무상사로 연대 인사계였다. 제 처남이 여수에 살았는데, 지창수가 처남 집에 세를 살았는데, 당시 지창수가 도와줘 외박도 나오고 그랬다. 그때 지창수가 총각이었는데 광주에 있는 여자와 열애 중이었는데 사건 나기 전에 결혼을 했다.(임태황 증언)

지창수 고향은 전남 광주로, 선대의 유산이 많아 일제하에도 제법 세도를 부린 지봉현(일명 지참봉)의 서자로 태어났다. 축복받지 못한 환경에서 자라난 그는 겨우 국민학교를 마쳤을 뿐 상급학교에 진학하지 못하고 일제 말기 일본군에 지원병으로 입대했다.(이기봉, 「여순군반란 스탈린 지시였다」, 신동아 1995년 7월호)

임태황의 증언이 사실이라면 지창수의 신상을 찾는 것은 어렵지 않다. 일제강점기부터 해방정국에서까지 전남도의회 부의장이나 의원 중에서 지창선을 찾으면 된다. 1933년 조선에서 처음 실시되는 도의원 선거에 광주에서 출마하여 당선된 지창선이 있다. 이 지창선池昌宣은 1896년생이다. 지창수가 1925년생이라고 가정하면 무려 29살 차이가 난다.

지창선은 지응현의 장남으로 남동생은 자선·정선·계선이다. 또한 지창선의 아들로는 11~12대 국회의원을 했던 지갑종(1927년생)과 여수지역에서 왕성하게 활동했던 안과의사 지정익(1931년생) 등이 있다. 이기봉의 기록에 의하면 지창수는 지봉현의 서자로 태어났다. 아버지가 지봉현이다. 임태황이 증언했던 지창선의 부친은 지웅현으로 서로 맞지 않다.

새로운 증언이 있다. 지창선의 아들 지정익의 증언이다. 지정익에 의하면 지창수의 형은 지홍수라고 한다. 지홍수는 전남도경 형사였던 것으로 기억하고 있다. 그리고 본인(지정익)과는 먼 6촌간 정도 된다고 한다. 지창수는 어림잡아 지정익보다 5~6세 정도 많았으며, 집안은 가난했고 성품은 내성적이었으며 키는 컸다고 기억했다.

그렇다면 임태황은 왜 지창수의 형을 지창선으로 기억하고 있었던 것일까? 안타깝게 임태황은 이 세상에 없다. 이기봉이 말했던 지봉현을 충주지씨 대동보(庚午(1990)년 발간)에서 찾아보았다. 전남지방에 거주하는 충주지씨는 대부분이 경력공파經歷公派이다. 현(鉉)자 돌림은 충주지씨 37세손으로 지웅현도 마찬가지이다. 봉현(奉鉉), 봉현(鳳鉉) 등 몇 명을 대동보에서 확인했지만, 후손으로 지창수는 없었으며, 지창수 형으로 알려진 지홍수도 없었다.

반란사건에 연루되었다는 이유로 족보에서 누락했거나, 족보상의 이름과 실제 부른 이름이 다를 수도 있을 것이다. 여하튼 족보상에 지봉현이 부친으로 되어 있는 지창수는 찾을 수는 없었다. 또한 지창수池昌洙란 이름이 다섯 명 있었는데, 이들도 출생년도가 차이가 있었다. 향후 좀 더 확인을 해야 할 것으로 보인다.

1948년 6월 1일에 제14연대 창설요원으로 지창수·정낙현·최철기·김근배·김정길 등이 전출되었다. 지창수 계급은 특무상사이며, 연대 인사계 선임하사 등으로 알려졌다. 제14연대에 전임되고 얼마 되지 않아 연대 인사계 선임하사관 김형렬이 경비사관학교에 입교하면서 지창수가 연대 선임하사관이 된 것이다.

여순사건 발발 당시 정부에서는 지창수 상사에 대해 일체 언급이 없었다. 앞에서 살펴보았지만, 오동기에 처음엔 집중되었다. 이후 민중의 총연합사령관으로 송욱 교장을 언급했다. 그리고 김지회가 총지휘자 또는 반군의 수괴로 알려졌다.

지창수가 처음 거론된 것은 1948년 11월 5일자 지방신문인 동광신문의 보도로,

> 여수사건 발단 지휘자 지창수
> 모 대위의 말에 의하면 지난 19일 심야에 여수14연대에서 반란을 일으킬 때 최선두에서 사병을 독려하고 병기고 등의 파괴를 선동한 자는 바로 대위 자신이 광주 4연대에 재임 시에 부하로 있었든 지창수(池昌洙)라는 애라고 한데 그의 연령은 23세 계급은 특무상사이며 지극히 온순하고 때로는 감격하기 쉬운 단순한 성격의 소유자였다 한다.(동광신문, 1948년 11월 5일)

1948년 10월 19일부터 1967년까지 19년간 대한민국 정부와 국군에서는 지창수에 대해서 전혀 언급이 없었다. 동광신문 1948년 11월 5일자 보도는 정부와 국군의 공식적인 발표가 아니다. 기자가 취재 중 모 대위의 말을 인용하여 보도했다.

모 대위 말에 따르면 지창수는 19일 반란 당시 최선두에서 사병을 독려하고 병기고 등을 파괴하는 선동 역할을 했다. 신문 제목은 "여수사건 발단 지휘자 지창수"였지만, 모 대위는 지창수를 "최선두에서 선동한 자"로 표현했다. 제목은 신문사가 정한 것이다. 군이 파악한 것은 지휘자가 아니라 최선두에서 선동하는 역할이었다.

이 보도에서 지창수에 대한 몇 가지 신상을 확인할 수 있다. 지창수는 광주 제4연대에서 근무했으며 나이는 23세이고 계급은 특무상사이다. 성격은 지극히 온순하면서 단순하다는 것을 덧붙이고 있다.

진압부대 모 대위가 지창수 상사의 역할을 알고 있다는 것은 토벌사령부를 비롯한 정부와 국군에서는 더 자세히 '반란상황'과 '총지휘자'가 누구인지 알고 있었다는 것을 의미한다. 즉 19년간 지창수에 대해 전혀 언급되지 않았던 것은 총지휘자가 아니었기 때문이었다.

미군은 여순사건이 발발하자 비상대책회의에서부터 작전수립과 진압하는 과정 등은 파견된 군사고문관이 실질적으로 수행했다. 또한 진압 이후 좌익혐의자 조사와 숙군 과정에도 깊이 개입했다는 것을 앞서 설명했다. 그래서 미군 기록을 살펴볼 필요가 있다. 미군 제24군단 작전보고서(G-3 Section, XX IV Corps:1948.11.10.) 1948년 11월 10일자에 지창수가 등장한다.

> 1948년 10월 19일 19:00부터 24:00사이 여수를 향한 군대 집결지인 앤더슨 기지에서 지창수 특무상사가 지도하는 전라남도 여수에 있는 제5여단 14연대 7명의 한국 군인들은 다수의 경비대원들에게 전 연대를 통제하는 데 참여하라고 연설하기 시작하였다.…… 이런 움직임은 반란의 최고지휘자로 알려진 김지회 중위 지휘 하에 이루어졌다.

지창수 특무상사를 중심으로 7명 군인들이 반란을 선동내지 참여하라고 연설했다. 반란의 최고 지휘자는 김지회 중위라고 기록했다. 이 기록으로 보면 지창수 역할은 부대원을 선동 또는 참여시키는 그룹에서 우두머리였다고 볼 수 있다. 미군 제24군단 작전보고서는 앞서 살펴본 1948년 11월 5일자 동광신문의 모 대위를 취재한 보도와 일맥상통한 보고서이다.

지창수가 여순사건의 지휘자 내지 주모자라고 알려진 것은 1967년이다. 여순사건에 여러 가지 변화가 생긴 기점이 1967년에 국방부 전사편찬위원회의 『한국전쟁사 1권』 발간 이후임을 앞서 살펴보았다. 이 책에서 장교중심의 총지휘자에 대한 인식 전환에 대한 기록을 옮겨보면,

> 제14연대의 1개 대대가 마침 제주도에 증원부대로 출동하게 된 기밀을 탐지한 지하남로당에서는 동 연대의 조직책인 지창수 상사에게 출동하기 직전의 기회를 포착하여 반란을 일으킬 것을 지령했고…… 동 연대 조직책인 지창수 상사, 김지회 중위, 홍순석 중위가 주동이 되어 출동직전에 반란 쿠데타는 차질 없이 계획대로 성공하였다.…… 20:00시경 연대 인사계 지 상사는 대내 핵심세포 40여 명에게 사전의 계획대로 무기고와 탄약고를 점령케 하고 비상나팔을 불게 하였다. 연대병력을 반란으로 조성시키는데 성공한 지 상사는 자신이 해방군의 연대장임을 선언하고 여기서 그들이 계획한 대로 대대장, 중대장, 소대장 등의 반군지휘체계를 편성하였다.

남로당에서는 제주도 출병을 탐지하고 연대 조직책인 지창수 상사에게 지령을 내렸고, 지창수와 김지회·홍순석이 주동이 되어 출동직전에 반란을 일으켰다. 반란에 성공하고 지창수가 '해방군 연대장'을 선언했다. 사건이 발발한지 19년 만에 '반란'의 지휘자로 지창수 상사가 확인되었다. 국방부에서 발간한 이 책은 국방부의 공식적인 견해라고 해도 과언은 아닐 것이다.

국방부에서는 어떠한 근거로 지창수를 총지휘자로 지목하게 되었을까. 이 책에서 지창수를 '해방군 연대장'으로 서술했지만, 그에 대한 신상이나 행적에 대해서는 전혀 언급이 없다. 이 책이 발행된 이후 지창수 상사는 여순사건을 일으킨 총지휘자로 확고하게 자리했다. 김지회를 비

롯한 장교그룹을 '총 사령관', '수괴' 등으로 발표했던 기존 기록과는 다른 기록이다.

국방부의 『한국전쟁사 1권』과 함께 지창수를 지휘자로 규정하는데 중요한 역할을 한 사람이 향토사학자 김계유의 증언이나 글이다. 김계유는 "연대 선임하사관인 지창수 특무상사가 연단에 올라 연설을 했다. 지금 경찰이 쳐들어온다……"는 등 제14연대의 봉기 상황을 상세하게 기록했다.

하지만 김계유는 제14연대 군인이 아니었다. 또한 그가 기록한 제14연대 내의 사정도 친구 후배로부터 들었으며, 친구 후배는 또 다른 친구에게 들었다. 즉 몇 차례 건너들은 이야기를 마치 직접 경험한 것처럼 증언하고 기록했다. 김계유는 국사편찬위원회의 구술사 사업의 인터뷰에서 "보통 일반인들이 알기로는 김지회로 아는데, 사실은 지창수 상사 아닙니까? 증거야 없죠. 증거야 없지마는 지역이나 향토사에 관심 있는 사람은 다 아는 사실입니다"고 했다.

김계유가 지창수를 주동자라고 확언했지만 증거는 없다. 김계유는 1985년부터 『여수·여천 발전사』를 집필하기 위해 여수와 관련된 자료를 수집했다. 이 과정에서 누구보다 빨리 『한국전쟁사 1권』을 입수했을 것으로 추측된다. 대표적으로 지창수를 '해방군 연대장'으로 묘사한 것과 부대 내에서 지창수가 선동하며 연설했다는 내용이 그렇다. 즉 이러한 기록이나 증언은 어디에서도 찾아 볼 수 없다. 그럼에도 김계유는 당시 부대상황을 마치 본 것처럼 기록을 남겼고 이것이 사실화되는데 큰 역할을 했다.

지창수는 여수에 남아 있었으며, 10월 24일 송호성 사령관이 이끈 진압부대를 여수 잉구부에서 패퇴시킨 이후 24~25일 사이에 여수 묘도를 거쳐 광양 백운산으로 입산한 것으로 알려졌다. 지창수 상사를 '지휘자' '해방군 연대장'으로 규정했지만, 사건 발발 이후 10월 24일부터의 행방·행적은 묘연하다. 그는 개인 신상도 밝혀지지 않았으며, 죽음에 대해서도 여러 설들이 난무하다.

지창수는 1948년 10월 말경 반란을 일으킨 지 약 10일 만에 김종갑 소령이 지휘하는 6연대 3대대의 벌교 반란군 소탕 때 죽었다.(이선교, 『6·25 한국전쟁을 막을 수 있었다』, 2007)

지리산에 들어간 지창수는 이른바 금싸라기 같은 지하당 간부동지들을 적지에 내팽개치고 온 행위에 대해 이현상으로부터 당적 책벌을 받고, 실의의 나날을 보내다가 1949년 2월 부상을 입고 국군토벌대에 생포되었다가 총살당하였다.(이기봉, 『빨치산의 진실』, 1992)

반란 주모자 지창수는 1949년 1월 중순경 생포되어 군사재판에서 사형을 언도 받았으나 당시 광주의 유지인 지(池)씨 집안에서 구명운동을 벌여 무기징역으로 감형되었으나 6·25초 국군 후퇴 시에 처형되었습니다.(안성일, 『혁명에 배반당한 비운의 혁명가들』, 2004)

지창수가 지리산 칠불암에서 잠자다가 진압군에 의해 체포되었으며, 지창수가 광주의 부잣집 아들이었으며 친척 중에서 경찰 간부나 고위 군인이 많아서 사형을 면하고 무기징역으로 감해졌으며 그 후로 행방불명되었다. 그리고 최근에 지창수를 확인하러 안기부 직원과 함께 서울에 갔으나 동명이인이었다.(정운찬의 증언)

벌교에서 토벌군에 사살되었다는 설, 지리산에서 총살되었다는 설, 칠

불암 부근에서 생포 되었다가 6·25전쟁 때 총살되었다는 설, 생포 이후 6·25전쟁 때 행방불명 등 의견이 분분하다. 지창수의 행적과 관련하여 특별히 주목할 만한 것은 정운창의 증언이다.

정운창은 "최근(2002년 3월 31일)에 안기부 직원이 찾아와 서울에 가서 지창수라는 인물인지 아닌지를 확인했다"는 것이다. 이는 정부당국에서도 지창수를 찾고 있다는 것이다. 대한민국 정부를 전복시킬 '반란'을 주모했던 인물을 50년이 훨씬 지난 시점에도 찾고 있다는 것은 뭘 의미하는 것일까.

2002년 지창수를 찾아 안기부가 나섰다. 도저히 상상할 수 없는 대목이다. 지창수는 어떻게 되었을까. 그는 살아있었던 것일까? 지창수는 정말로 제14연대 40여명의 사병을 지휘하여 반란을 일으키고 해방군 연대장이 되었을까. 느닷없이 1967년에 부각된 지창수의 등장은 여순사건의 어떤 의미였을까.

5. 총지휘자는 누구인가?

제14연대 사병들은 '반란'이 성공할 것이라고 확신했을까. 성공의 목표점은 무엇이었을까. 혹여 실패하면 그들에게 다가올 죄악의 크기가 얼마나 큰지 상상하여 보았을까. 그냥 아무런 대책 없이 될 대로 되라는 식으로 한 번 밀어붙여 본 것일까.

'반란'은 인류 역사에 가장 모험주의 행동이다. 성공과 실패의 갈림길은 곧장 목숨과 직결된다. 그래서 '반란'은 함부로 말조차 꺼낼 수 없다. 조선시대에 모반 죄인에게는 3대 멸족과 함께 부관참시까지 있었다. 생각자체만으로도 끔찍함에 살이 떨린다.

다수의 군인들이 총을 들고 부대를 장악했다. 그리고 여수 시내로 나갔다. 사전 계획 없이 실행한다는 것은 있을 수 없다. 제14연대가 반란을 계획하기까지 짧은 시간이었든 또는 긴 시간이었든 분명 여러 사람이 모였다. 그 중에 누가 지휘를 했을까. 누군가는 주도했던 사람이 있었을 것이다. 그가 누구였을까. 여순사건이 발발한지 60년이 훨씬 지났지만, 명확하게 밝혀지지 않았다.

정부는 '수괴'·'두목'·'총 사령관'·'인민해방군 연대장' 등으로 불렀다. 그가 누구일까. 앞서 살펴보았지만 정부와 국군은 오동기 → 송욱 → 김지회 → 지창수 순으로 발표했고, 언론은 대서특필했다. 이를 지금부터 '총지휘자'로 부르겠다. 정부의 이런 총지휘자의 변화에는 숨은 의도가 있었다. 요즘 흔한 말로 꼼수가 있었다.

첫 번째 총지휘자로 주목 받은 인물은 제14연대 전임 연대장 오동기 소령이었다. 오동기의 등장은 정치적 정적을 제거하기 위한 무서운 의도가 숨어 있었다. 또한 여순사건이 오랫동안 극우정객과 공산주의자가 계획해서 발발한 '반란'이라는 것을 국민들에게 알리기 위함이었다. 이승만의 정적 제거를 위해 극우 정객이 결탁되었음을 암시했고, 공산주의자를 숙청할 수 있는 토대를 만들기 위해 오랫동안 계획된 행동임을 강조했다.

두 번째 지목받은 인물은 지역에 신망이 두터웠던 여수여중교장 송욱이었다. 국군이 저지른 '반란'에 대해 정부와 국군도 충격과 당황할 수밖에 없었지만 책임을 져야 했다. 여순사건은 부대 내에서 끝나지 않고 전남 동부 지역으로 확산되었다. 이를 계기로 여순사건은 여수·순천 민중이 일으킨 것을 일부 군인이 동조한 것으로 세상에 알렸다. 정부와 국군이 져야할 책임을 전남 동부 지역 민중들에게 전가시키려는 정부의 매서운 눈초리에 송욱이 포착되었다. 송욱은 억울하게 죽었다. 그리고 여순사건은 지방민중이 일으킨 반란으로 자리 잡았다. 불량 국민들이 만들어진 것이었다.

세 번째가 제14연대 중대장 김지회 중위이다. 제14연대 병력이 지리산과 백운산 등에 입산하면서 여순사건 총지휘자는 김지회 중위로 초점이 맞추어졌다. 탄약고와 병기고를 점거하는 등 군사작전과 2천 명 정도 병력을 지휘한다는 것은 상당한 군사전략과 지휘체계를 알고 있는 사람이어야 가능한 일이었다. 또한 진압과정에서 체포된 사병들의 조사에서도 김지회가 거론되었을 것이다.

네 번째 지창수 상사의 등장이 절묘하다. 1961년 정권을 탈취한 박정희는 남로당에 가입했다는 지난 과거를 숨기기 위해서 스스로 공산주의자가 아님을 증명하려고 했다. 본인의 숙군에 직접적 계기가 되었던 여순사건에 확실한 정리가 필요했다. 지방민중이 남로당 지령 아래 일부 군인을 이용하여 일으킨 '반란'으로 확고하게 인식시키고자 했다. 남로당 지령에 의한 계획. 전남도당부의 지방좌익들과 연락체계를 갖고 있는 군인. 부대사정을 알고 장악할 수 있는 군인. 모든 필요충분조건을 갖춘 인물이 지창수 상사였다.

현재까지 여순사건의 계획과 지휘는 지창수 상사가 40여명의 사병과 함께 주도했으며, 거사에 성공한 이후 김지회 중위가 반군을 지휘했다는 것이 통설이다. 즉 발발 총지휘자는 지창수 상사라는 것이다. 정말 그럴까. 지금껏 살펴본 것을 토대로 지창수를 총지휘자로 규정한 것에 대한 문제점을 지적해보고자 한다.

첫째, 1948년 11월 5일에 지창수가 부대원을 최선두에서 선동했음을 모대위가 알았다. 이는 상부에서는 더 자세히 알고 있었음을 미루어 짐작할 수 있다. 그럼에도 불구하고 발발 당시 정부발표와 언론사 특별취재단 기획보도·문인조사단·종교시찰단 등에서 지창수 상사를 총지휘자로 언급한 발표나 보도는 한 차례도 없었다. 이후 발행된 정부 기록에서도 오동기·김지회를 총지휘자로 거론되었지만 지창수는 1967년 이전까지 전혀 언급되지 않았다.

'반란'이라는 엄청난 사건을 총지휘한 인물, 군인 신분. 그런데 신상이나 행적을 모르고 있다는 것이 말이나 되는 것인가. 지창수는 발발 당시 부대원을 선동하는 역할이었다. 즉 총지휘자는 아니었다.

둘째, 미군 군사고문관은 여순사건이 발발하자 비상대책회의를 주관하고 작전수립과 좌익혐의자 조사에 상당한 역할을 했다. 1948년 11월 10일자 미군의 제24군단 작전보고서에서 지창수 특무상사는 부대원을 참여시키는 연설을 담당하는 역할에서 우두머리였으며, 반란의 최고 지휘자는 김지회 중위라고 밝혔다. 또한 1949년 5월에 '국군의 방위 태세는 완벽: 국방부 수뇌부와 본사 좌담회'가 연합신문 주최로 열렸다. 이날 좌담회에서 육군총참모부장 정일권 준장은 "작년 10월 여순반란에 있어 반군수괴 홍순석·김지회 등은……"이라고 반군의 지휘자를 지목했다. 미군과 국군 최고 수뇌부가 김지회라고 밝히고 있는데 어떤 근거로 지창수가 총지휘자라는 말인가.

셋째, 봉기를 일으키고 빨치산 활동을 한 사병들의 증언이나 기록이라고 할 수 있는 빨치산의 기관지인 「승리의 길」에 '려수병란 3주년 기념좌담회', '여순병란 3주년 22사단 작전과장 정정기 동무의 회고기'에서도 김지회와 홍순석은 거론되지만, 지창수 이름은 언급되지 않는다. 특히 정현종은 "여수의 적을 완전소탕하고 우리는 김지회 동지의 능란한 지휘 아래 다시 순천으로 밀고가 이곳 원수들을 소탕하고 모든 정권기관과 사회단체들을 보호하고 만반의 군사적 준비를 갖춘 후 광양, 구례를 치고 조직적 입산 하에"라고 증언했다. 김지회가 처음부터 주도했다고 봐야 한다.

넷째, 반군은 지리산·백운산 등에 입산하여 무장유격대 활동을 했다. 10월 24일 잉구부 전투 이후 백운산으로 입산한 지창수를 비롯한 제14연대 잔여부대는 '여수 백운산부대'를 창설했다. 사령관은 여수군당위원장 유목윤이 맡았다. 빨치산은 부대를 편성하면서 영웅적으로 활동을 했던 사람의 이름을 부대명으로 사용했다. 예를 들어 김지회 부대, 이영회 부대, 남태준 부대 등이다. 그런데 지창수 이름을 딴 부대는 없을 뿐 아니라 빨치산 기록에도 이름이 남아 있지 않다.

다섯째, 여순사건 진압 이후 14연대 장교뿐만 아니라 많은 사병들이 조사를 받았다. 제14연대 부연대장 이희권을 비롯하여 장교의 증언에서 지창수를 언급한 증언자가 한 명도 없다. 하물며 '반란' 소식을 외부에서 들은 장교들조차도 "김지회가 끝내 일을 냈구만"하고 이구동성으로 말했다. 또한 김지회와 동향이며 육군본부 병기검사원으로 여순사건 당시 제14연대에 왔던 김응선 특무상사 증언, 당시 제주출동부대 1대대 1중대 소속이었던 서형수 증언, 3중대 소속으로 여수항에서 선적 작업 중이었던 김일도 증언, 여수 신항에 파견되어 경비를 맡고 있었던 허종범 증언, 순천 철도청에 근무하면서 10월 20일 새벽에 김지회를 목격했다는 김용익 증언, 여수 봉산지서 지서주임을 대행하면서 제14연대 동향을 살폈던 신영길 증언 등을 종합해도 김지회가 봉기를 지휘하고 있었음을 확인할 수 있다.

여순사건의 직접적인 배경은 제주도 파병이었다. 동족상잔을 반대하고 봉기했다. 이때 지창수는 주도세력에 포함되어 특정 임무를 수행했다. 지창수에게 주어진 임무는 부대원을 선동하는 것이다. 그리고 전반적인 정황과 자료를 살펴보았을 때 김지회 중위가 가장 핵심적인 역할을 주도했던 총지휘자라고 봐야 한다.

그런데 왜 1967년 이후 지창수가 여순사건의 총지휘자라는 인식이 생겨났을까. 반공이데올로기였다. 대한민국은 불량 국민들에게는 어떤 짓을 해도 되는 사회라는 것을 국민들에게 각인시켜야 했다. 이승만의 정권 안보와 권력연장을 위해서 극단적 반공주의는 충실한 역할을 했다.

이승만에 국한하지 않았다. 군사쿠데타로 정권을 탈취한 박정희에게도 정당성을 부여할 도구가 필요했다. 여기에 '빨갱이'가 있었다. 빨갱이의 시발점이었던 여순사건을 더 극단적인 반공이데올로기로 몰아가야 했다. 그러기 위해서는 남로당이 필요했다. 남로당만큼이나 공산주의의 실체를 잘 설명할 수 있는 것이 없었다. 남로당 제14연대 조직책 지창수가 안성맞춤이었다.

박정희의 군사쿠데타를 정당화하는 작업은 사회곳곳에 있었다. 군에서는 더욱 충실히 군사쿠데타의 정당성을 확인시켜야 했다. 거기에는 여순사건으로 통칭되는 지방좌익과 남로당 군인들, 혹은 그 지역에 살았던 사람들까지 불량 국민으로 몰아세웠다.

'양민'이 아닌 불량 국민들은 감시의 대상이었고, 처벌의 대상이었고, 척결의 대상이었다. '불량 국민'은 자신만의 문제가 아니었다. 독재정권에 기승한 공권력에 의해 자식들까지 대한민국에서는 제대로 숨소리를 낼 수 없었다. 제아무리 충성스러운 국민으로 의무를 수행해도 한번 찍힌 '불량 국민'의 족쇄는 쉽게 풀리지 않았다.

'불량 국민', '빨갱이'의 족쇄는 연좌제란 괴물 속에서 후대까지 이어졌다. 이승만 독재정권에서 선보인 서막은 박정희 군사독재정권에서 절정을 이루었다. 오로지 군사독재정권의 정당성을 위해……

지창수 연설과 '경찰 타도!'

1. 대한민국 경찰의 탄생

해방 후 한반도는 혼란의 시대였다. 치안은 공백상태였다. 한국인 친일경찰은 해방 후 짧은 시기 동안 민중의 보복 대상이 되었다. 친일경찰로부터 혹독한 수난에 따른 경험에서 비롯되었다. 친일경찰은 조선인의 모든 일상생활을 통제하고 억압하는 도구로서 충실했다. 일부 친일경찰은 일본인 경찰보다 훨씬 잔혹하고 비열했다.

해방의 혼란시대에 보복이 두려운 친일경찰들은 도피하거나 은신했다. 미군이 1945년 9월 8일 조선에 진주했을 때 일제경찰 소속 조선인 경찰 80~90%는 도망치거나 숨어버렸다. 그러나 친일경찰이란 형벌은 한 순간에 불과했다. 친일경찰 경력은 새로운 길이 되었고, 신분 보장이었다.

미 군정청은 1945년 10월 21일에 경무국을 신설했다. 초대 경무국장에 조병옥, 수사과장에 최능진이 임명되었다. 그리고 수도경찰청장에 장택상이 임명되었다. 조병옥과 장택상은 한민당의 추천을 받았다. 1946년 4월 법령 제46호로 경찰조직을 13부 3처 3위원회 중의 하나인 경무부로 격상시키고, 경찰조직을 하나의 독립 부서화했다.

미 군정청이 경무부로 격상한 것은 경찰의 기구·직제 개혁을 단행하여 일제잔재를 청산한다는 개혁적 입장이었다. 하지만 외형적인 조치에 불과했다. 경찰 충원은 경무부장 조병옥과 수도경찰청장 장택상 두 사람이 주도했다. 1946년 10월까지 임명된 서울시내 10개 경찰서장과 경기도 경찰 간부들은 모두 친일경찰과 총독부 관료출신들이었다. 일제강점기에 조선인으로서는 경찰 내 최고위 계급인 경시(警視, 지금의 총경)에 올랐던 인물은 총 8명이다. 이들의 경력을 추적해보면,

이름	일제강점기	해방 후	반민특위 이후
노덕술	평남 보안과장	수도경찰청 수사과장	헌병 중령, 국회의원 출마
노주봉	경성 성동서장	전라남도 경찰부장	1945년 10월 암살
손석도	황해도 보안과장	서울중부경찰서장	변호사
이익흥	평북 박천군 서장	동대문 경찰서장	제13대 내무부 장관
윤우경	황해도 송화군 서장	영등포 경찰서장	치안국장
전봉덕	경기도 보안과장	경무부 공안과장	헌병사령관, 대한변협회장
최경진	학무국 사무관	경무부 차장	변호사
최 연	경기도 형사과장	경기도 경무부장	?

일제강점기 독립운동가 체포에서부터 고문과 잔인성으로 각종 사건 조작에 앞장섰던 8명의 이력은 화려하다. 일제강점기에 고문 경찰로 악명을 떨쳤던 노주봉은 해방 이후에도 전남 경찰부장으로 득세하다가 그해 10월 광주에서 암살당했다.

최연(본명 최령)은 반민특위 특별재판부에서 공민권정지 10년형을 언도받은 이후 행적이 알려져 있지 않다. 1958년에 사망한 것으로 나온다. 다

만 1952년 8월 2일 경향신문에는 "내무부에서는 고문관 최연 씨를 이사관에 임명했고 총경급 인사이동을 다음과 같이 발표했다"고 보도했다. 공민권정지라고 했지만, 반민특위가 와해되면서 다시 경찰에 채용된 것이 아닌가 한다. 친일경찰의 대명사인 노덕술도 반민특위에 체포되었지만, 곧바로 풀려났다. 이후 헌병 중령까지 역임했으며, 고향에서 국회의원에 출마하는 등 호의호식했다. 이외의 인물들도 대한민국에서 빛나는 행적을 남겼다. 해방된 조국은 친일경찰로 채워졌다. 친일경찰은 친미경찰로 화려하게 변신했다.

이승만과 한민당의 지원을 받은 일제 친일경찰들이 주요한 자리를 척척 차지하고 있었다. 서울시내 8개 경찰서장을 포함해서 경찰 고위직은 대부분 친일경찰이 장악하고 있었다. 당시 경무부 수사국장이었던 최능진은 곧바로 친일경찰 퇴진을 주장했다.

그러나 경무부장 조병옥은 그들을 옹호하면서 "일본경찰 출신이라고 모두 Pro-JAP(A Professional Pro Japanese 친일파)이 아니라 생계를 위한 Pro-JOB이었다"는 유명한 말을 남겼다. 또한 장택상도 "경찰은 기술직이므로 어쩔 수 없다"면서 조병옥을 거들었다.

조병옥과 장택상이 합세된 힘에 최능진은 고군분투했지만 경찰에서 파면되었다. 이는 결과적으로 최능진 인생의 전초전이었다. 1948년 5·10단독선거에 이승만이 출마한 동대문 갑구에서 자웅을 겨루고, 1948년 혁명의용군사건으로 체포, 1951년 처형까지. 시작점은 해방된 조국에 친일경찰 등용을 반대하면서 비롯되었다.

조병옥은 친일경찰뿐만 아니라 해방정국에서 깡패역할을 자행했던 서북청년단에 대해서도 비호와 함께 적극 지지했다. 미군정의 아놀드 군정장관과 러치 군정장관이 서북청년단 해체 지시를 했을 때, 조병옥은 "다소 불법성이 있었다고 해서 서북청년회와 같은 열렬한 반공적 우익청년단체를 해체한다고 하는 것은 한민족의 자유 독립을 완성하기 위한 준비 기관인……"이라며 서북청년단을 두둔하고 나섰다.

　일제경찰에 복무하던 대부분의 한국 사람들은 1945년 이후 한국경찰에 그대로 편입되었으며, 한국 경찰은 이승만 정권 전 기간을 통해 전 일본 경찰관리가 지배를 지속했다는 사실로 특징지어진다. 이승만 독재정권을 유지하는데 친일경찰이 절대적이었음을 알 수 있다. 일제강점기 친일경찰 출신으로 해방 후에도 공직에 진출한 숫자와 비율이다.

계급	총원	일제 경찰	비율
총감	1명	1명	100
관구장	8명	5명	63
도경국장	10명	8명	80
총경	30명	25명	83
경감	139명	104명	75
경위	969명	806명	82
합계	1,157명	949명	82

　미군정에서부터 뿌리 내린 친일경찰은 이승만 체제 유지에 있어서 그 핵심적인 근간이었다. 보통의 국민국가에서 경찰은 법과 질서를 유지하는 객관적인 사회 장치로 이해되지만, 해방정국에서 경찰은 그 출발부터 지극히 정치적인 세력이었다. 거기에 이승만이 있었다. 친일경찰 경력은 이승만에게 신뢰받을 수 있는 경험이었고, 오히려 출세의 길이었다.

미군정시대부터 경찰은 좌익과 민중세력을 최선봉에서 탄압하고 이승만과 한민당을 비롯한 단독정부세력이 정권을 장악할 수 있도록 활약한 정치판의 전위부대였다. 반공이데올로기를 실천하기 위해 정치경찰은 친일파를 가리지 않았다. '반공이데올로기 굳건한 사회'라는 기치 아래 일제강점기 때와 다르지 않은 행동을 국민들에게 적용시켰다. 해방된 조국에서 여전히 잔인성을 드러냈던 당시 상황을 한 구절 옮겨보면,

> 나는 경찰이 각이 날카로운 나무 몽둥이로 사람들의 정강이를 때리는 것을 보았습니다. 경찰들은 사람 손톱 밑에 뾰쪽한 나뭇조각을 쑤셔 넣기도 했지요. 내가 기억할 수 없을 만큼 많은 사람들이 물고문을 받는 것을 보았습니다. 그들은 사람 입에다 고무튜브로 계속 물을 퍼부어 거의 질식할 지경으로 만들어 놓았습니다. 또한 경찰들이 쇠몽둥이로 한 사람의 어깨를 갈기고 쇠고리에 매달아 놓는 것도 보았습니다.(Mark Gain, 『해방과 미군정1946.10~1』, 까치, 1986)

친일경찰의 잔인성은 대한민국 경찰에 그대로 이식되었다. 이승만은 정권 유지를 위해 이런 행위를 용인했다. 친일경찰과 서북청년단이 더욱 활개 치는 세상이었다. 국민의 감정은 안중에 없었다. 국민과는 점점 거리감이 늘어났다. 사회적 분위기나 국민의 감정은 폭발 직전이었다. 하지만 경찰은 태생적 한계를 극복하지 못하고 여전히 힘에 의존했다.

경찰의 못된 습성은 국민과의 문제만이 아니었다. 미군정에서 경찰은 준군사적 안보 경찰이었다. 권력과 유착된 준군사적 기능은 군인과의 관계에서도 우월의식에 사로잡혔다. 당시 국방경비대는 경찰예비대 성격을 띠었다. 경찰은 당연히 국방경비대를 하부조직으로 보고 업신여겼다. 경

찰의 사소한 행동과 행위도 군인들에게는 눈에 거슬렸다.

서로가 서로를 '검정개(친일파)' '노랑개(공산주의자)'라 부르며 비하하고 비아냥거렸다. 군인의 자부심과 자존심은 경찰 앞에만 서면 작아졌다. 곳곳에서 군과 경찰의 충돌이 발생했다.

2. '경찰 타도!'

앞서 여순사건 총지휘자에 대해 살펴보았다. 1967년을 기점으로 지창수 상사는 여순사건의 총지휘자로 급부상했다. 여순사건 확산과정이나 입산하여 활동한 것에 대한 지창수 기록은 거의 전무하다. 지창수의 관련 기록은 발발 당시 부대 내에서의 활동과 20일 여수 인민대회에서 활동한 것이 약간씩 언급된다. 지금 알려지고 있는 지창수의 활동이 사실인지 확인이 필요하다.

여순사건이 발발하고 4일 후(10월 24일) 육군본부는 SIS(CIC전신)에 빈철현 대위를 파견대장으로 이세호·이희영·양인석·장철·김경옥을 광주로 내려 보냈다. 당시 육군은 정보국장 백선엽을 정점으로 하여 김안일 과장, 김창룡, 빈철현 등이 SIC를 운영하고 있었다. 빈철현은 광주에 내려가 약 1개월간 사건 관련자를 조사했다.

이렇게 철저하게 조사된 당시에도 지창수는 여순사건 총지휘자로 거론되지 않았다. 당시 현지 진압부대에서도 주모자를 체포하기 위해 온갖 노력을 다했다. 대표적인 사례가 제5여단장 김백일 대령이 김지회와 그의 처(조경순)에게 내건 현상금이다.

여하튼 지창수의 급부상에는 부대 내의 연설이 결정적이다. 봉기 당시 부대 내의 사병들에게 선동했다는 연설내용을 보면,

친애하는 출동 장병 여러분!

드디어 올 것이 오고야 말았습니다. 오늘 밤 여수경찰이 우리를 처들어온다는 정보가 지금 막 들어왔습니다. 우리는 지금까지 사회에서나 또 군에 들어와서조차도 경찰 놈들로부터 얼마나 많은 멸시와 수모를 받았습니까? 우리가 군에 들어온 목적이 무엇이었습니까? 오직 경찰을 쳐부수고 조국을 통일하는데 있지 않았습니까? 그리고 또 출동 장병 여러분! 우리가 무엇 때문에 동족상잔의 제주도에 가야 합니까? 군대라는 것은 민족을 지키기 위해서 있는 것이지 죽이기 위해서 있는 것이 아닙니다.

친애하는 출동 장병 여러분!

나는 이 자리에서 분명히 제주 파병을 반대합니다. 미국의 괴뢰인 이승만이 제주도에서 우리 동포들을 5만 명이나 죽였다는 말도 있고, 또 8만 명을 죽였다는 말도 있기 때문에 이 순간 북조선 인민군이 38도선을 뚫고 물밀듯이 서울로 쳐내려오고 있습니다. 그리고 이남에 있는 모든 국방군들도 우리가 일어나면 다 같이 일어나 우리와 손을 잡고 이승만 괴뢰정권을 타도하고 진정한 민주주의 인민공화국을 세우도록 되어 있습니다.

친애하는 장병 동무 여러분!

우리는 이제부터 인민해방군이 되어 우선 당면 적인 여수 경찰을 쳐부수고 서울로 밀고 올라가 북조선 인민군과 손을 잡고 진정한 민주주의 인민공화국을 세워야 합니다. 그리고 장교 놈들은 모두가 미 제국주의 앞잡이들이

니 한 놈도 남김없이 이 자리에서 모조리 처단해버려야 합니다.(김계유,
「1948년 여순봉기」, 1991)

급박한 상황에서 지창수 연설은 논리정연하다. 지창수 연설의 핵심은 "경찰을 타도하고 동족상잔의 제주도 파병을 반대한다"이다. 경찰과 어떤 악연이 있었는지 모르겠지만 곳곳에 적개심이 드러나 있다.

지창수의 선동 연설은 어떻게 세상에 알려진 것일까. 위 인용문은 향토사학자로 알려진 김계유가 1991년에 쓴 「1948년 여순봉기」의 내용이다. 그러니까 출처가 향토사학자 김계유이다. 김계유는 여순사건 당시 여수군청 공무원이었다.

당시 여수군청 공무원이 부대 내에서 있었던 연설을 정확하게 기록한 것이 신기하다. 김계유가 남긴 이 글은 이후 많은 연구자와 문헌에 인용되고 있다. 혹시 김계유가 지방좌익으로 부대 내에 있었던 것일까. 그렇다고 한다면 연설 내용은 상당히 신빙성이 있다.

김계유는 제14연대 내에 있지 않았다. 지방좌익도 아니라고 밝히고 있다. 그는 20일 아침에서야 건넌방에 사는 사람으로부터 어제(19일) 저녁에 군인들의 봉기가 있었던 것을 들었다. 그러니까 위 연설은 김계유가 직접 목격한 것처럼 적고 있지만, 사실은 그렇지 않다.

그렇다면 어떻게 이런 연설문을 쓸 수 있었던 것일까. 김계유가 말한 출처는 한 마디로 어처구니가 없다. 즉 지창수가 했다는 연설은 사실이 아닐 가능성이 매우 높다.

김계유는 "돌산읍 우두리에 사는 친구 형련에게 들었지. 형련이 동생이 당시 여수 수산학생이었는데 그 동생이 그렇게 말했다"고 출처를 밝히고 있다. 친구가 직접 목격한 것도 아니고, 친구의 동생이 전한 내용이다. 그럼 친구 동생은 직접 보았던 것일까. 그렇지 않을 확률이 매우 높다.

여순사건이 발발하고 23명의 민간인이 부대 내에 진입했다는 설이 자주 등장한다. 23명은 지방좌익이란 주장도 있고, 여수 수산학생이란 주장도 있고, 민애청 소속이란 주장도 있다. 결론부터 말하면 23명의 부대 내 진입설은 사실이 아니다. 허무맹랑한 주장에 불과하다. 바로 다음에서 확인해 보겠다.

김계유는 아주 상세하게 부대 상황을 묘사하고 있다. 그렇다면 어떤 근거로 연설 내용을 남겼을까? 앞서 살펴본 1967년 국방부 전산편찬위원회가 펴낸 『한국전쟁사 1권』이 그 실체이다. 여기에 1975년 전남일보사에서 발행한 김석학·임종명의 『광복30주년 2: 여순반란편』을 가미한 것이다.

김계유는 1980년 초에 『여수·여천 발전사』 편찬을 위해 여수와 관련된 각종 자료를 수집했다. 당시 여순사건에 대해서는 금기시 되었고 국내연구자도 없었다. 지역에서도 여순사건과 관련하여 연구를 하거나 조사활동에 대한 엄두를 낼 수가 없었다. '여순사건'이라고 입에서 꺼내기조차도 무서웠던 시절이었다.

이때 김계유는 『한국전쟁사 1권』과 『광복 30년 2: 여순반란편』을 누구보다 빨리 입수하게 된 것이다. 당시 이런 자료를 발굴하고 김계유도 충격이었으며, 놀라움을 금치 못했을 것이다. 김계유는 1987년 이후 진보적 연구 활동성과가 나오기 시작하면서, 1990년 초부터 기고·증언 등을 하게 된다.

김계유의 기고와 증언은 중요한 자료로 활용되었다. 지창수의 부대 내에서 연설이나 지창수가 봉기의 주모자라고 주장한 것이 그렇다. 지창수 주모자에 대해서는 앞서 이미 보았듯이 "증거야 없죠. 증거야 없지마는 지역이나 향토사에 관심 있는 사람은 다 아는 사실입니다"고 주장할 뿐이다.

『한국전쟁사 1권』과 『광복 30년 2: 여순반란편』의 내용을 보면,

> 지금 경찰이 우리한테 쳐들어온다. 경찰을 타도하자, 우리는 동족상잔의 제주도 출동을 반대한다. 우리는 조국의 염원인 남북통일을 원한다. 지금 북조선인민군이 남조선해방을 위하여 38선을 넘어 남진 중에 있다. 우리는 북상하는 인민해방군으로서 행동한다. 미제국주의의 앞잡이 장교들을 모조리 죽여라. (국방부 전사편찬위원회, 『한국전쟁사1: 해방과 건군』, 1967)

> 전우 여러분께 알립니다. 지금 경찰이 14연대를 포위해서 쳐들어오고 있습니다. 저 총소리와 신호탄을 보십시오. 경찰을 타도합시다. 그리고 우리가 왜 동족상잔의 제주도에 출동해야 합니까? 나는 출동을 절대로 반대합니다. 여러분! 지금 북조선인민군이 남조선 해방을 위해 38선을 넘어 남진 중에 있습니다. 그러니까 이제부터 반동장교들을 모조리 소탕하면서 북상하는 인민해방군으로서 행동합시다. (김석학·임종명, 『광복 30년』 제2권(여순반란 편), 전남일보사, 1975)

두 책의 내용과 김계유가 주장한 내용을 비교해 보기 바란다. 두 책의 기록보다 김계유의 내용이 훨씬 실감난다. 중요한 것은 '경찰 타도', '동족상잔의 제주도 출동 반대' 등의 주장은 김계유보다 국방부 『한국전쟁사 1권』에서 훨씬 먼저 주장했다는 것을 꼭 기억해야 할 것이다.

김석학·임종명은 여순사건에 대해서 지역민 스스로 충성스러운 반공주의자가 되게 했다. 시민은 '보호의 대상'이 아니라 '척결의 대상'이 되게 했다. 60여년이 지난 지금까지도 빨갱이로 각인될 수밖에 없는 구조에 김석학과 임종명은 큰 역할을 했다.

당시 제14연대 위생병이었던 곽상국도 각종 인터뷰(MBC '이제는 말할 수 있다' 등)에서 지창수가 연병장에서 연설한 것을 봤다고 증언했다. 곽상국은 여순사건을 답사하는 사람들에게 '내가 겪은 여순사건'이란 제목으로 자주 강연도 했다. 필자가 곽상국을 만나 제14연대 봉기 당시(1948년 10월 19일 저녁 6시~10시까지)에 부대 어디에서 어떤 일을 하고 있었으며, 봉기가 발발하고는 어떤 행동을 했는지 직접 면담을 했다.

곽상국은 연병장에서 부대원이 집결하고 있는지도 몰랐다. 자신은 위생병으로 연병장과 한참 떨어진 곳에서 근무했다. 실제 곽상국이 근무한 의무대는 연병장과 직선거리로 300여 미터가 훨씬 더 떨어져 있다. 곽상국은 비상나팔소리를 듣고 밖에 나갔으나, 연병장 부근에는 가도 못하고 다시 의무대로 돌아왔다.

곽상국의 제14연대 연병장 상황 증언은 직접 본 것이 아니다. 그런데 연병장에서 연설을 실제 들은 것처럼 "지창수가 나가서 일장 연설을 하는 거야. 이북에서는 온 군인이 동원되어 내려오고 있으니 올라가서 통일을 하자고 했지"라고 증언하고 강연을 했던 것이다.

당시 생존자의 증언은 자기 과시와 책임을 회피하는 측면이 있다. 특히 본인은 '반란'에 가담하지 않았다는 것을 핵심적으로 주장한다. 또한 남로당과도 무관하다고 주장한다. 그러면서 훗날 전해들은 여러 가지 상황을 마치 본인이 직접 목격한 것처럼 증언하고 있다. 곽상국의 경우에도 마찬가지이다.

당시 부대의 위치상으로 제주도 파병 1대대는 연병장과 맞닿아 있었다. 2대대와 3대대는 연병장과 직선거리로 150~200미터가 떨어진 구봉산 아래에 자리 잡고 있다. 연대본부도 1대대와 2대대·3대대 사이에 있었으며 연병장과 거리는 100여 미터이다.

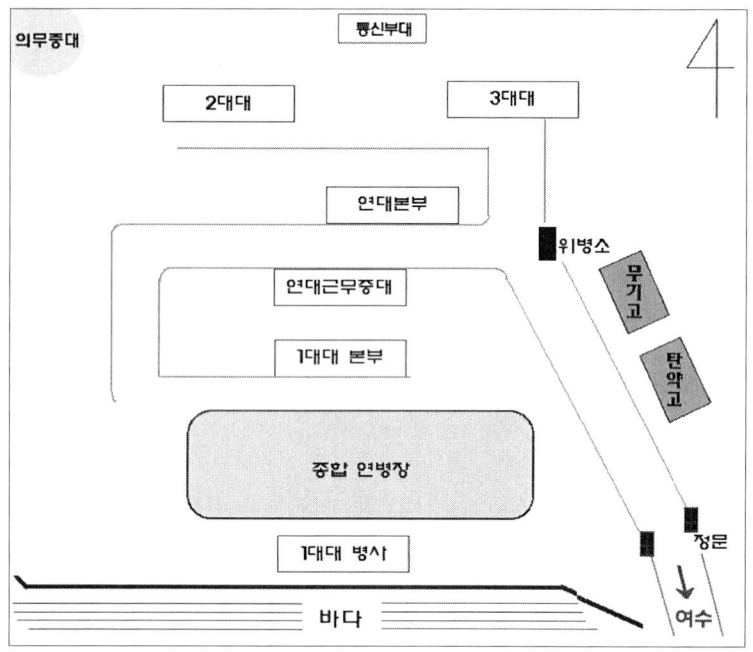

〈사진-13〉 제14연대 부대 배치

봉기 당시 연병장의 상황을 가장 잘 알 수 있는 군인들은 1대대 소속 사병들이다. 그렇지만 현재까지 증언자 중에는 1대대 소속의 사병이 거의 없었다. 김일도가 있었지만 그는 당시 여수항에서 제주도 출동을 위한 선적작업 중이었다. 연병장의 상황을 직접 목격한 사병이 없는 가운데 연병장에서 벌어진 '지창수가 연설을 했다'는 것은 사실이 되었다. 그리고 '경찰 타도'라는 반감을 이용하여 선동했다는 것이 정설로 자리 잡았다.

1948년 당시에서는 어떻게 상황을 기록하고 있는지 살펴볼 필요가 있을 것이다. 각 신문사는 특파원을 파견했다. 또한 문인조사단·종교시찰단 등이 현지를 찾았다. 현윤섭과 홍한표는 여수에 특파되어 취재한 내용을 『대조』와 『신천지』 잡지에 실었다. 우연찮게 제목이 「전남반란사건의 전모」로 동일하다.

제주도로 파견되게 되어 연대 내에서는 송별연회가 벌어졌던 것인데 남로당 푸락지 40명 중 일부는 그 후방 산위에 올라가서 연회장 중앙에 있는 고급장교들을 향하여 집중사격을 개시하여 고급장교들을 사살하는 동시에 연회장에 남은 일부 프락치들은 곧 모략선동하기를 "지금 경관이 우리 국군을 습격한다" "경찰이 우리 상관들을 사격하였다. 우리는 우리 상관의 원수 갚자! 경찰서를 습격하자!" 라고 외쳤던 것이다.(현윤삼, 「전남반란사건의 전모」, 『대조』1948년 12월호.)

밤 9시에서 10시 사이 연대 마당에서 장교들을 중심으로 동료의 건강을 비는 간소한 주연이 벌어져 적당한 흥분점에 오를 리스트·코-스에 들어갈 무렵 뒷산에서 난데없는 총성이 들리자 가운데 있던 장교들이 쓰러지기 시작하였던 것이다. 바로 이때였다. "저놈들은 경찰이다. 경찰이 무슨 원한이 있길래 우리를 쏘는 것이냐" 하며 부르짖는 소리가 들렸다. 병영은 돌연 혼란에 빠졌다. 이때 병사는 "무기고를 열고 경찰을 습격하자" 고 외쳤다.(홍한표, 「전남반란사건의 전모」, 『신천지』1948년 11월·12월호.)

현윤삼은 40명 남로당 프락치가 장교들을 집중사격하고, "지금 경관이 우리 국군을 습격한다. 경찰이 우리 상관들을 사격했다. 우리는 우리 상관의 원수 갚자! 경찰서를 습격하자!"는 선동을 했다는 것이다. 홍한표도 뒷산에서 난데없는 총소리가 나더니 "저놈들은 경찰이다. 경찰이 무슨 원한이 있기에 우리를 쏘는 것이냐. 무기고를 열고 경찰을 습격하자"고 선동을 했다는 것이다.

현윤삼과 홍한표의 당시 상황은 제14연대 반군이 남긴 글은 아니지만, 여순사건 발발 당시 경찰을 타도의 대상으로, 경찰을 이용하여 부대원을 선동했다고 언급하는 발발 당시의 자료이다. 국군과 경찰의 갈등을 묘사했다는데서 지금껏 주장하는 군과 경찰의 갈등을 어느 정도 증명하고 있다.

정부에서는 1948년 11월 13일에 김동성 공보처장의 담화문을 통해 군·경찰의 갈등에 관하여 정부 견해를 발표했다. 김동성은 "군·경이 알력이 심하여 가끔 충돌이 있는 듯이 전해지고 있으나 이는 군·경을 중상하는 이간에 불과한 것이니 사실과는 너무도 거리가 먼 말이다"고 군과 경찰의 갈등을 부인했다.

여순사건 이전에 정부는 군과 경찰의 충돌로 홍역을 치른 상태였다. 시기가 엄중한 상황에서 군과 경찰은 합심해야 했다. 군·경찰의 갈등과 반감을 조장하는 '경찰 타도'와 같은 구호는 진압작전에 득이 될 것이 없었다. 그래서 미리 차단하고자 공보처장이 기자회견을 했던 것이다. 하지만 군과 경찰의 갈등이 있었던 것은 사실이다.

3. 새로운 증언도 있다

봉기 당시 봉기군의 제14연대 주모자들이 '경찰 타도'를 외치며 부대원을 선동했다는 주장은 사실일까. 당시 시대적 상황에서 군과 경찰은 상극으로 대립하고 있었음으로 충분히 가능성은 높다.

 필자가 우연찮게 타 지역 신문에서 제14연대 군인이 생존해 있다는 사실을 알게 되었다. 필자는 제14연대와 관련 있는 사람이 나타나면 곧잘 찾아가서 면담을 한다.

 어렵사리 이분을 찾아냈다. 이분과 면담은 꽤 오랜 시간 진행되었다. 그 이유는 1대대 1중대(중화기 중대, 박격포 부대)라는 소속과 지리산에 입산을 했다는 사실 때문이었다. 특히 지금까지 알려진 내용과 사뭇 달랐다. 그의 발언은 박윤식의 『여수 14연대 반란』에도 실렸는데, 그 내용에 차이가 있다. 그의 이름은 서형수이다.

 서형수의 증언은 더 많은 확인과 검증이 필요하다. 제주도 파병부대 소속이면서, 현장에 있었던 서형수의 증언을 정리하면,

질: 반란이 일어날 때 뭐하고 있었으며, 언제 총소리가 났나요?

서: 밥을 먹고 무기 등을 챙겨 연병장에 있었지. 부대 안이 아니고 연병장에 있었어. 우리는 중화기 중대가 한 30명뿐이 안 되야. 그래서 다 나와 있었어.

질: 저녁을 먹고 중화기 중대는 연병장에서 있었단 말씀이지요?

서: 아니여. 다 있었어. 1대대는 전부 나와 있었어. 나는 중화기 중대니까, 중화기 중대는 당시 산비탈 옆에서 기다리고 있었지. 파견 나갈 1대대는 전부 연병장에 다 나와 있었어. 총소리가 나더니 "제주 파견 나가면 헬리콥터가 떠서 배 파산시킨다. 가면 안 된다. 미 제국주의자 헬리콥터가 떠서 폭파시켜 불면, 그러면 다 죽는다" 그러면서 선동을 누군가가 했지. 그때 그것이 지창수인지는 모르겠지만, 여하튼 제주도 가면 배 전부 폭파시켜 불면 전부 죽는다고 했어.

질: 당시 선동한 사람이 "경찰이 쳐들어온다" 그러면서 부대원을 선동했다고 하는데요?

서: 아니여 경찰이 쳐들어온다 그런 소리는 없어. 그런 소리는 않고 내가 연병장에 직접 들었는데, 그런 말은 절대 없었어. "배 폭파시켜 불면 전부 죽는다 가면 안 된다" 계속 그랬어.

질: 누가 그런 소리를 했으며, 연병장 연단에서 연설을 했습니까?

서: 어두워서 누군지는 모르겠지만 계속 그렇게 선동을 했어. 내가 직접 들었어. 마이크를 들고 그랬어. 휴대폰 쪼그만 마이크로 했지. 이만한 것 있잖아. 연병장에는 우리가 있었는데, 연병장에는 안 왔지. 연단에서 그런 것이 아니여. 그냥 지나가면서 계속 그랬어. 경찰이 쳐들어온다 소리는 없었고, 배 파산시킨다 그랬어. 내가 군대생활을 해 봤는디, 경찰이 군대하고 되기나 한가. 경찰 쳐들어온다는 소리는 말도 안 되지.

질: 그러면 그렇게 선동하면서 연병장으로 전부 모여라고 그랬습니까?

서: 연병장에는 제주도 갈 사람들은 1대대는 모여 갖고 있었어. 장교들은 어디엔가 있었겠지. 연병장에는 없어. 중화기 중대장도 같이 없었어. 장교들은 없었어. 사병들만 있었어. 연병장에는 2대대와 3대대는 없었어. 우리 1대대만 있었고, 모이는 사람들도 없었어.

정리하면, 1대대 파병부대는 저녁밥을 먹고 전원 연병장에서 휴식을 취하며 대기하고 있었다. 갑자기 총소리가 났고 부대원들은 우왕좌왕했다. 조금 있으니 "제주 파견 나가면 헬리콥터가 떠서 배 파산시킨다. 가면 안 된다. 미 제국주의자 헬리콥터가 떠서 폭파시켜 불면, 그러면 다 죽는다"고 선동한 사람이 있었다. 그렇다고 연병장 연단에 서서 연설을 한 것은 아니다. 휴대용 메가폰을 들고 다니면서 선동을 했다. 연병장에 사병들이 모이지도 않았다. 선동한 사병이 누구인지 알 수는 없다.

박윤식의 『여수 14연대 반란』에는 "당시 여수 제14연대 내부에 있던 남로당원들은 미리 '제주도에 출동하면 비행기들이 우리가 탄 배를 폭파시킬 예정'이라는 유언비어를 퍼뜨려 놓았고, 이러한 살벌한 분위기 때문에 14연대 장병들은 겉으로 말은 안 했지만 제주도 가기를 꺼려하는 분위기여서 쉽게 저들의 반란에 동조하고 말았던 것입니다"고 기록하고 있다. 박윤식은 서형수의 증언이라고 했지만, 서형수에 의하면 직접 만난 것은 아니라고 한다.

이렇게 발언이 달라 필자가 꽤 오랜 시간 서형수와 대화를 나누었던 것이다. 그리고 박윤식의 책까지 보여주면서 당시 부대상황을 확인했다.

서형수의 증언은 기존 주장과 사뭇 다르다. 그렇다고 서형수 증언이 맞다고 단정할 수 없다. 기존에 이런 형태의 자료나 증언자가 전혀 없었다. 10월 19일 밤. 일부 사병의 반란을 확대시키기 위해 선동은 있었다. 그 선동 구호는 '경찰'과의 반감을 이용했다는 것에 어느 정도 동의한다.

10월 19일 밤. 휘영찬 보름달이 연병장을 비추고 있었다. 그날의 부대 상황을 『한국전쟁사 1권』과 『광복 30년 2: 여순반란편』 등을 중심으로 재구성하여 보자. 일반적인 보수우익의 주장이다.

제14연대는 제주도 파병 출동을 앞두고 어수선했다. 여수항에서는 아침부터 저녁까지 선적 작업이 계속되었다. 저녁에 출동부대의 환영을 겸한 회식이 장교식당에서 전 장교가 참석한 가운데 있었다. 저녁 7시 정도에 끝냈다. 1대대는 식사를 마치고 출동준비를 하고 내무반에 대기하고 있었다. 잔류 병력은 출동부대 식사를 준비하고 있었다.

김지회와 지창수는 모의 끝에 장교회식의 기회를 이용하여 장교들을 모두 사살하고 봉기하려고 했으나 장병들의 이목이 있어 실행을 못하고 부대 출발 직전에 거사하기로 변경했다.

저녁 9시. 1대대 600명의 부대원들은 제주도 파병을 위해 여수항으로 출발해야 한다. 그런데 저녁 8시경 비상나팔소리가 울렸다. 부대 곳곳에서 총소리가 났다. 핵심세포 40여명이 탄약고와 무기고를 점령했다. 각 부대에서 쉬고 있던 장교들이 총소리에 놀라 뛰쳐나왔고 반군의 총격을 받았다. 일부는 그 자리에서 사살되었다.

출동부대와 잔류부대 사병들도 비상나팔소리에 연병장으로 집결했다. 출동시간이 앞당겨진 것으로 생각했다. 반란이라고는 상상도 못했다. 연병장 연단에는 1대대 대대장인 김왈영 대위가 아닌 지창수 상사가 올랐다. 지창수 상사의 일장 연설이 있었다. 여기저기에서 "옳소! 옳소!"했다. 3명의 하사관이 반란에 반대하며 앞으로 나섰다. "그건 안 된다. 지창수! 너 빨갱이구나! 여러분 우리는 엄연한 국군입니다"고 고함을 쳤다. 즉석에서 사살되었다.

지창수는 자신이 해방군 연대장임을 선언하고 계획대로 대대장, 중대장, 소대장 체계로 편성했다. 부대 내에 잠적한 장교들을 색출하여 대부분 사살하고 이용가치가 있는 자들은 창고에 구금했다. 부대 장악을 끝마치고 20일 01시경 여수 시내로 진격했다.

제14연대 군인의 반란에 반대하는 하사관 3명이 즉석에서 사살되었다는 장면이 있다. 살벌한 분위기 속에 모두 "옳소! 옳소!" 외치며 동조하는데, "그건 안 된다. 지창수! 너 빨갱이구나! 여러분 우리는 엄연한 국군입니다"고 앞으로 나서 고함친 하사관 3명이 있었다. 이들이 누구인지는 밝혀지지 않았다. 아무런 소리도 못하고 사망한 20여명의 장교들의 이름은 밝혀졌다. 그리고 일부는 국가유공자로 지정되었다. 하사관 계급을 알았다면 이들이 누구인지도 충분히 밝혀낼 수 있었을 것이다. 그런데 이름을 거명하지 않았다. 어떤 연유일까?

김지회와 지창수가 모의하여 장교회식을 이용해 장교를 모두 사살하려고 했다. 그런데 장병들의 이목이 있어 실행하지 못했다는 것이다. 논리적으로 맞기나 하는가. 장교회식 중에 사살하는 것과 출동직전에 사살하는 것, 뭣이 다른 것인가. 중요한 것은 어느 것이 성공가능성이 높을 것인지를 판단해야 되는 것이다. 반란을 계획한 사람들에게 장병들의 이목은 전혀 중요하지 않다.

김지회와 지창수 등의 치밀한 모의를 비롯하여 연병장의 연설도 사실이 아닐 가능성이 크다는 것을 반증하는 것이다. 제14연대 반란에 선동역할을 맡았던 사병이 있었다. 그 중에 지창수도 포함될 수 있다. 그렇다고 연병장 연단에 올라가 연설을 하고, 장교계급이 엄연히 있는데 본인이 해방군 연대장이라고 선언했다는 것은 지창수를 부각시키기 위해 왜곡된 과장으로 볼 수밖에 없다. 앞서 살펴본 여순사건 총지휘자와 맥을 같이하여 생각하면 더욱 그렇다. 그런 점에서 지창수는 묘령의 사내이다. 그의 정체는 과연 무엇이었을까?

4. 여수 인민대회와 지창수

1948년 10월 19일 저녁 8시경 제14연대에서 발발한 '봉기'는 빠르게 여수 시내로 진격했다. 다음날 20일 새벽 5시 정도에 여수 시내 전역이 반군에 점령되었다. 그리고 오후 3시 대판동(현 중앙동)에서는 인민대회가 열렸다. 여수시 중앙동(현 진남관 건너편)에는 당시 인민대회를 알리는 '안내판'이 설치되어 있다.

20일 인민대회가 열린 것을 두고 정부와 국군에서는 지방좌익과 좌익 사병이 모의·결탁했다고 주장한다. 이미 여순사건의 남로당 지령이 아니었다는 것과 지방좌익과 무관하다는 것을 살펴보았기 때문에 더 이상 언급하지 않겠다.

20일 인민대회는 대판동이 꽉 찰 정도로 인산인해였다. 어떤 이들은 이를 두고 4만 명이 모였다고 주장한다. 지금도 4만 명의 군중이 모일 수 없다. 당시 여수의 인구와 장소의 규모로 보아 인산인해였다는 표현은 1천 명 정도였을 것이다. 당시 인민대회 표정을 옮겨보겠다.

> 오후 2시 넘어서 대판통에서 인민대회가 있다기에 참석했으나 인산인해가 되어 도무지 다닐 수가 없었고 무엇을 어떻게 하는지 또 누가 나와 무엇을 어떻게 하라는지를 모르고 확실한 연설도 듣지 못하고 모두가 만세만 부르고 옳소만 외쳐대는 장면들이었다.(이중근, 『14연대반란 50년 결산집』, 여수문화원, 1995)

사람들은 조직을 통해 와 놓으니까, 광장에 많이 모였지. 거기가 어디냐

하면, 김정길이 그 밑에 건축자재 장사를 했고, 이층이 중화요리집인디, 그 이층 중화요리, 그 밖에서 하라고 그라드라고. 높은데서 해야 보인다고. 아래층은 단이 없으니까. 창문열고 베란다 같은데서. '14연대가 제주도에 가라는 것을 반대하고 반란을 일으켰으니까, 우리는 그 사람들 하는 일에 호응을 해서 협조해주자' 고 간단히 그런 내용이여.(정기순 증언)

이중근은 당시 여수중학교 4학년이었다. 20일 학교에 갔으나 12시 전에 하교시켜서 중앙동 인민대회가 열린 곳으로 갔다. 정기순은 당시 남로당 여맹위원이었다. 여맹위원회에서 환영연설을 해야 하는데 당시 위원장이던 이춘옥(이용기 여동생)이 그 자리에 없었다. 정기순에게 조그만 쪽지를 하나 건네주면서 연설하라고 해서 단상에 올랐다. 단상이라고 해봤자 중화요리집 2층, 지금의 베란다 같은 곳이었다. 당시 연설하는 연단주변에는 남로당에서 조직된 사람들이 거의 차지했다.

이창수의 사회로 이용기의 개식사와 유목윤의 격려사가 있었다. 세 번째 등단한 사람이 해방군 연대장 지창수였다는 것이다. 이 부분도 김계유의 주장이다. 김계유의 「1948 여순봉기」에는 지창수가 여수인민대회에서 연설했다는 내용이 기록되어 있다.

김계유가 본 지창수는 "군중들의 열띤 환호 속에 손을 흔들며 여유 있는 모습으로 등단해 능란한 말솜씨로 장내를 사로잡았다. 그의 연설은 격하지도 않고 그렇다고 낮지도 않고 그야말로 도도한 냇물이 흘러가는 것 같은 현하지변懸河之辯이었다"고 평가했다.

문제는 두 가지이다. 첫째, 중앙동 인민대회에 지창수가 연설을 했다는 주장이다. 이 주장은 김계유가 유일한데, 모두 그것을 인용하고 있다. 현장에서 연설을 했던 정기순도 지창수의 연설이 있었다는 것을 기억하지 못하고 있다. 정기순은 당시에 반란의 주동자를 '김지회'라고 들었지만 얼굴도 못 보았다고 했다.

　인민대회의 모습을 나중에 취재해서 기사화한 조선일보에도 지창수는 등장하지 않는다. 당시 모든 신문에도 지창수가 연설했다는 것은 보도되지 않았다. 남로당 당원이 아니고는 누가 나와서 연설하는지를 알 수 없었다. 이중근이 증언하고 있다. 그런데 남로당 당원도 아닌 김계유가 그 많은 사람 속에서 지창수의 연설 모습을 보았다는 것은 고개가 갸우뚱해진다.

　둘째, 더 난감한 것은 김계유가 기록한 지창수의 연설내용이다. 지창수가 "저는 14연대 인민해방군 사령관 지창수입니다"고 하면서 연설을 시작했다고 주장한다. 지창수의 등장을 인정하더라도, 그 상황에서 연설내용을 그렇게도 자세하게 기록할 수 있냐는 것이다. 인민대회장은 사람도 많았고 마이크 시설도 좋지 못했다. 당시 녹음기가 있었던 것도 아닌데 말이다.

　지창수가 여수 인민대회에서 '인민해방군 사령관'으로 연설을 했다면, 체포된 제14연대 사병을 조사하지 않아도 총지휘자라는 것을 금방 알 수 있는 행동이다. 그렇다면 지창수는 정부와 국군에 주요 목표가 되어야 한다. 정부와 국군은 김지회에게 현상금을 걸듯이 지창수에게도 현상금을 걸어 그를 체포하거나 사살해야 했다. 그러나 정부와 국군에서 지창수에게 취한 조치는 전혀 없다.

　이날 인민대회에서는 의장단이 선출되었다. 이용기·유목윤·박채영·문성휘·김귀영 등 5명이었다. 불행하게도 송욱이 의장단에 선출되었다는 주장이 많다. 당시 조선일보는 6명을 선출했다고 했지만, 거명된 사람은 5명뿐이었다.

　의장단을 선출하고 혁명과업 6개항이 채택되었다. 여수 인민위원회 혁명과업 6개항은 10월 24일자 「여수인민보」에 실렸다. 앞서 살펴본 제주토벌출병거부 병사위원회의 '애국인민에게 고함'의 성명서도 같이 실렸다.

이를 나중에 미 군사고문단이 입수했다.

지창수의 여수 인민대회 연설은 봉기의 정당성을 부여하면서, 앞으로 어떤 활동을 할 것인지 지침을 밝혔다는 것이 김계유의 주장이다. 그렇다면 「여수인민보」에 실려야 되지 않는가. 봉기를 주도한 인민해방군 사령관의 연설인데 말이다. 하지만 10월 24일자 「여수인민보」에 실리지 않았다.

여수 인민대회에 지창수가 참여하지 않았다는 것을 역설적으로 보여준 것이다. 특히 연설했다는 것은 더욱이 가능성이 희박하다. 연설문도 창의적 작품일 가능성이 매우 높다. 미 군사고문단이 입수한 여수 인민위원회 혁명과업 6개항은 아래와 같다.

1. 오늘부터 인민위원회는 여수지구 행정기관을 접수한다.
2. 우리는 유일하며 통일된 민족적 정부인 조선인민공화국을 보위하고 충성할 것을 맹세한다.
3. 우리는 조국을 미 제국주의에 통째로 팔아먹으려는 이승만 분단정권의 분쇄를 맹세한다.
4. 무상몰수·무상분배에 의한 민주적인 토지개혁을 실시한다.
5. 미 제국주의에 의해 한국을 식민화하려는 현존하는 비민주적인 법령을 철폐한다.
6. 모든 친일 민족반역자와 악질 경찰관 등을 철저히 처단한다.

여순사건 발발 후 일부 지역에서는 인민위원회가 구성되었다. 하지만 점령기간이 짧았던 대부분 지역에서는 구성 정도에 머물렀다. 순천의 경우 점령기간이 3일 정도로 인민행정은 엄두도 내지 못하고 정치적 보복성을 띤 경찰과 우익을 색출하는데 급급했다.

반면에 여수는 인민위원회의 '여수 인민위원회 성명서'와 '혁명과업 6개 항'을 발표하는 등 제법 모양새를 갖추고 초보적인 인민행정을 했다. 첫째로 반동적인 우익인사를 체포하여 사형·징역·취체·석방 등으로 분류했다. 1차적 대상은 경찰이었다. 둘째로 친일파와 모리배들의 은행예금을 동결시키고 재산을 몰수하였다. 그러면서 금융기관의 문을 열어 대중들에게 은행 돈을 빌려주었다. 셋째로 적산가옥과 권력을 이용하여 억지로 빼앗은 집들을 재조사해서 연고자에게 돌려주었다. 넷째로 매판 자본가들이 세운 사업장의 운영권을 종업원들에게 넘겨주었다. 다섯째로 식량영단의 문을 열어 인민대중에게 쌀을 배급했다.

〈제3부 시선-11 민중들의 동조와 호응〉을 읽어보면, 당시 민중들의 마음이 어떠했으며, 사회상이 어떠했는지 확인할 수 있다. 당시 식량영단에 쌀이 썩고 있었지만 백성들은 굶주림의 연속으로 기아에 허덕이고 있었다. 여수 인민위원회는 식량영단을 열어 1인당 3홉씩 쌀을 배급하고, 찌까다비(신발) 등의 생활품도 배급했다. 은행에 돈이 넘쳐났지만, 대중들에게는 그림의 떡이었다. 그래서 은행 문을 열어 대중들에게 돈을 빌려주었다. 7일간의 인민행정은 이승만 정권의 폭정과는 다른 모습으로 인민들에게 다가왔다.

1945년 8월부터 1948년 10월까지 당시 정치적·사회적 현상이 여수 인민위원회의 활동으로 나타났다. 당시 공산주의를 현재 북한의 교조주의적 공산주의와 동일시해서는 안 된다. 여순사건에 우를 범하는 이유 중의 하나가 시기적으로 차이를 나타내는 공산주의의 형태와 성격이다.

〈사진-14〉 여수 만성리 굴(마래2터널)

제14연대 장교의
생生과 사死

1. 제14연대 장교와 사병

제14연대는 1948년 5월 4일 창설되었다. 그로부터 168일 만에 군대 '반란'이 일어났다. 제14연대는 3개 대대로 편성되었다. 각 대대는 4개 중대이고, 중대는 4개의 소대로 편성되었다. 1개 소대는 대략 50명 정도였다.

그렇다면 대략 2천4백 명 정도의 병력이었다고 볼 수 있다. 제14연대가 봉기에 성공하고 여수 시내로 진격할 당시 사병 숫자가 2천 명이네 2천5백 명이네 하는 말들을 한다. 그렇지만 당시 제14연대 취사병이었던 심봉섭의 증언은 "신월리 14연대에서 1천2백 명이 있었는데, 6백 명이 그리 가고(제주도 출동) 6백 명이 남았다. 6백 명을 여수 시내에서 보충을 했다"고 증언한다.

제14연대는 순천철도경비에 2개 중대가 파견되었으며, 벌교 방면의 철도경비 임무도 수행했다. 여수항과 여수역의 경비도 맡고 있었다. 또한 부대편성에서 도망자도 많아서 병력이 부족했다. 그렇다고 한다면 부대에 있었던 병력은 2천명 이내로 보는 것이 타당하다.

장교는 각 부대를 이끌 소대장, 중대장, 대대장, 연대장 및 작전장교, 정보장교, 군기장교, 의무장교 등 최소한 70여명이 필요했다. 그렇지만 당시 장교가 부족한 상황에서 소대장을 하사관이 하는 경우도 많았기에 장교 숫자를 파악하기는 쉽지 않다. 현재까지 제14연대 장교(희생자를 포함)였다고 확인된 숫자는 대략 51명이다. 직책과 이름이 파악된 장교 인원을 말한다.

장교와 사병의 관계는 그렇게 좋지 않았다. 정부와 국군에서 주장하는 지창수 연설 내용에도 "미 제국주의 앞잡이 장교들을 모조리 죽여라"는 구호와 각 건물을 샅샅이 뒤져 장교만 보면 무조건 총살했다는 것에서 장교와 사병간의 관계를 예측할 수 있다.

인간이 살기 위한 가장 중요한 것은 '먹는' 것이다. 하지만 사병과 장교 간에 먹는 것이 달랐다. 처우에 따른 불평등으로 갈등이 시작되었다. 당시 12중대 중대장이었던 김형운이 증언했듯이 사병들에게 돌아갈 부식은 6홉이었다. 그런데 연대에서 빼먹고, 대대에서 빼먹고 장교들이 빼먹다 보니 제대로 이루어지지 않았다. 부식은 모병에도 상당한 영향을 미쳤음을 보여주고 있음을 앞서 살펴보았다.

3대 연대장으로 부임한 오동기는 부대 운영에 있어서 몇 가지 시정을 했다. 가장 우선적인 것이 부대 내의 비리와 사병과 장교 간의 불평등이었다.

> 첫째, 부식 납품업자(송호성 준장의 친척)를 교체시켜 여수 시내의 상인들에게 공개입찰 납품케 하여 부식향상을 도모하였다. 둘째, 장교들에게 치중되었던 부식비를 장병 균등토록 하였다. 그러나 그것이 제대로 시행되지 않아 검수관을 2명이나 교체시켰다.…… 일곱째, 장병들의 복지를 위하여 연대

내의 유휴지를 민간인에게 개간토록 하여 수확을 3·7제로 분배키로 하였고 연대해상 출어금지구역을 개방하여 어획량을 분배하여 부식향상을 하였다.(『한국전쟁사 1권』, 1967)

오동기도 부임하고 보니 각종 부정과 부패가 장교를 중심으로 이루어지고 있었다. 이를 개선하기 위해 장교와 사병에 동등한 부식을 제공했다. 그렇다고 하여 장교와 사병 간의 감정이 하루아침에 눈 녹듯이 해결될 수 있는 것은 아니었다.

먹는 것과 부대 환경도 작용했지만 또한 생각해 볼 것이 '미 제국주의 앞잡이'라는 것이다. 군과 경찰의 마찰의 핵심은 경찰 대부분이 일제에 기생했던 친일경찰이라는 사실 때문이었다. 국군 핵심을 이루고 있는 장교들도 대부분이 만주군 또는 일본군 출신들이었다. 이들을 받아들이고 앞세운 것은 미군정이었다. 군과 미국을 하나로 보는 것이 여기에 있다.

경찰과의 반감도 사병들의 동조를 이끌어 내기 좋았지만, 장교 또한 그와 다르지 않았다. 부정부패와 악랄함은 일본군의 모습 그대로였다. 사병들의 감정이 좋을 리 없었다. 그렇지만 국군의 지휘부 및 장교들은 끼리끼리 동질적 요소로 관대했다. 사병들 관점에서는 경찰과 장교가 다르게 보이지 않았다. 그러나 장교들은 '똥 묻은 개가 겨 묻은 개 나무란다'식으로 친일경찰만 탓하고 있었다.

여전히 국군에서 발행되는 문헌에는 경찰과 군인 간의 갈등만 기록한다. 국군 내에 존재하고 있었던 갈등은 기록하지 않는다. 그것을 기록하기 위해서는 내부의 치부를 드러내야 한다. 이것이 싫었기에 대한민국 국군은 일제 때 통용되었던 구타·명령복종관계, 극단적인 정신주의·집단적인 린치 등으로 군대문화를 만들었다. 지금도 일제강점기의 군대문화가 일정부분 존재하고 있다.

2. 장교들의 죽음

제14연대 남로당 계열의 좌익사병 40여명은 봉기를 결행했다. 좌익사병은 부대 내의 장교를 모두 사살했다. 지창수 상사가 "미 제국주의의 앞잡이 장교들을 모조리 죽여라" 또는 "이제부터 반동 장교들을 모조리 소탕하면서"라는 연설을 했다고 기록하고 있다. 『한국전쟁사 1권』에 나온 기록을 살펴보면,

> 그들은 부대 내의 잠적한 장교들을 색출하기 시작하여 대부분 사살하고 그들이 이용가치가 있는 자들은 창고 안에 우선 구금시켰다. 예를 들어 군의관은 죽이지 않았다. 재빨리 반란행위임을 직감한 장교들은 피신을 하였지만 그렇지 않고 진압하려 나오다가 반군에게 발견된 장교들은 거의 현장에서 사살되었는데 다음과 같다.
> 제1대대장 김○영대위(제2기생), 제2대대장 김순철대위(제2기생), 제3대대장 이봉규대위(제2기생), 작전주임 강성윤대위(제2기생), 정부주임 김내수중위(제4기생), 진도연중위(제3기생), 이병우중위(제3기생), 길원찬(제3기생), 김녹영소위(제5기생), 맹택호소위(제5기생), 박경술소위, 민병흥소위(제5기생), 김진룡소위(제5기생), 장세종소위(제5기생), 이상술소위(제6기생), 이병순소위(제6기생), 유재환소위(제6기생), 김남수소위(제6기생), 김일득소위(제6기생), 노영우소위(제6기생), 이상기소위(제6기생) 등 20여명에 달했다.

1대대장의 김왈영 대위의 경우 김일영으로 더 알려져 있다. 이는 한문 일(日), 왈(曰)에서 오는 오기였다. 이 책에서는 그런 관계로 가운데 글자를

비워났다. 기록상으로는 총 21명의 장교가 사살되었다. 경비사관학교 2기생부터 6기생까지, 직책은 대대장에서 소대장까지 역임하고 있었다.

이들의 이름은 훗날 밝혀져 일부는 국가유공자가 되었다. 그렇지만 '반란'을 반대했던 하사관은 밝혀지지 않았다. 죽어서도 장교와 사병에게는 불평등이 존재하는 것인지 국군에 묻고 싶다. 정부와 국군의 주장이 옳다고 가정하고 말한 것이다.

사살된 장교 21명은 10월 19일 밤 부대에서 '반란'이 발발 당시에 사살된 것일까? 그리고 『한국전쟁사 1권』에 밝힌 이 기록은 어느 정도 신빙성이 있을까.

앞서 두 차례 인용문으로 보여 주었던 이재한, 『전남반군의 진상』에는 "제14연대 중 1대대의 병사 약 40명이 김지회라는 중위 지도 아래 장교 5인을 살해하고 무기고를 점령하는 데서 불꽃은 번지기 시작했다"고 했다. 사살된 장교가 5인이다.

이희권 부연대장은 장교의 사살과 관련하여 "그때 살아난 장교는 7~8명밖에 안됩니다. 그때 장교가 한 20명 있었습니다.…… 대대에 대대장 하나하고 장교 한사람밖에 없었습니다"고 증언했다. 그는 정확하게 몇 명의 장교가 사살된지 모르지만, 대략 수치상으로 12~13명 정도로 보고 있다. 그렇지만 증언의 신빙성이 떨어짐을 알 수 있다. 부대에 대대장과 장교가 한 명밖에 없었다고 한다. 그럼 지금 생존해 있는 본인(이희권)을 비롯한 박윤민·김정덕·전용인·김형운 등은 장교가 아니었다는 말인가.

김형운은 경비사관학교를 마치고 소위로 임관하여 여수 제14연대 부임했다. 김형운과 함께 부임한 제6기생은 총 18명이다. 그런데 이희권은 왜 이렇게 장교의 숫자가 적었다고 증언한 것일까.

이희권의 증언은 군인으로서 책임 모면이었다. 장교가 턱없이 부족한 상황에서 사병의 봉기를 막을 수 없었다는 것을 강조하기 위함이다. 전반적으로 이희권의 증언을 자세히 들여다보면 거의 대부분이 그렇다. 그런 증언을 통해 『한국전쟁사 1권』이 발행된 것이다. 군인들의 증언에 대한 비판과 비교검증이 되지 않고 『한국전쟁사 1권』이 저술된 것이다.

발발 당시 상황과 이희권의 증언은 『한국전쟁사 1권』에서 밝힌 사살된 장교수와 많은 차이가 있다. 이를 좀 더 확인하고자 한다. 『한국전쟁사 1권』에서 밝힌 21명의 사살된 장교 모두가 국가유공자로 인정받은 것은 아니다. 일부분만 국가유공자로 인정되었다. 그렇다면 국가유공자로 인정받지 못한 나머지 인원은 남로당이나 좌익과 관련된 인물이었을까.

여순사건의 진압과정에서 경찰과 국군의 피해도 적지 않았다. 국방부에서는 전남반란 진압작전에 혁혁한 공훈을 세우고 장렬한 전사 91명에 대한 합동위령제를 1948년 12월 1일 서울운동장에서 거행했다. 이승만 대통령·이시영 부통령·이범석 국방부장관·신익희 국회의장 등과 국방부 주요 인사들이 대거 참석했다.

이날 합동위령제에 제14연대 장교 13명이 포함되었다. 그 명단은 '김록영·김일영·김순철·이봉규·강성윤·진도연·이상술·김남수·장세종·이병순·이상기·민병오·맹철호' 등이다. 『한국전쟁사 1권』에 나온 이름과 똑같은 인물은 11명이었다. 민병오와 맹철호는 민병홍·맹택호와 같은 인물로 보고 포함시킨 것이다.

정보주임 김내수 중위는 여수항에서 선적작업을 하던 중에 반란 소식을 듣고, 부연대장과 함께 상황을 파악하기 위해 연대로 향했다. 그는 연대 위병소 근처에서 총격으로 사망한 것으로 알려졌다. 그럼에도 12월 1일 합동위령제에는 포함되지 않았다. 앞서 21명의 장교 중 일부만 국가유공자에 포함되었다고 했다. 이것과는 어떤 차이가 있는지 확인해보고자 한다.

〈사진-15〉 전몰장병위령제

국방부 군사편찬연구소는 해방 이후부터 국가를 위해 헌신하신 분들의 '공훈록'을 작성하고 있다. 이 공훈록에서 21명을 비교하면 12명이 일치한다. 공훈록에 등재된 명단은 '강성윤·김일영·이병순·이봉규·진도연·김순철·김래수·박경술·민병홍·장세종·이상기·이강우' 등이다. 모두 1계급이 특진되었다. 이강우는 이병우 중위와 사망시점, 부대가 일치하여 같은 인물로 포함했다. 혹여 이름이 다를 수도 있다고 판단하여 사망일자와 부대소속을 모두 검색했다. 그 결과가 총 12명이 등재된 것으로 파악되었다.

『한국전쟁사 1권』에서 21명이 사살되었다고 했다. 하지만 어찌된 영문인지 12명만이 '공훈록'에 등재되었다. 1948년 12월 1일의 합동위령제의 명단과도 상당히 차이가 있다. 합동위령제 13명과 공훈록에 일치한 인물은 9명이다. 어떻게 된 것일까.

장창국은 『육사졸업생』에서 "대위급 2기생 4명과 중위급 3기생 4명, 5기생(중위급) 7명, 6기생(소위급) 7명 등이 학살당했다"고 기록했다. 명단은 밝히지 않았지만 총 22명이다. 『한국전쟁사 1권』에서 밝힌 21명보다 1명이 많다.

국방부는 뭘 하고 있는가. 국가보훈처는 뭐하는 기관인가. 국가를 위해 목숨을 바친 이가 있다면, 이들이 억울하지 않게 하는 것이 국가의 도리가 아닌가. 국가보훈처의 임무가 그런 것이 아닌가.

'참전유공자 예우에 관한 법률'에 보면 "참전유공자의 명예를 선양하고 국민의 애국정신을 함양하기 위함"이다. 이들이 6·25전쟁에 참전한 군인은 아니다. 그렇지만 정부와 국군에서 말하는 '반란'으로 인한 희생자들이 아닌가. 앞서 여러 가지 비교한 자료를 국방부는 재검토하여 단 한 명의 희생자도 억울함이 없도록 해야 할 것이다. 국가보훈처도 앉아서 탁상공론하지 말고 희생자의 정신이 훼손되지 않도록 적극적인 자세로 임해야 할 것이다.

정부는 국민을 양민이 아닌 불량 국민으로 통칭되는 '빨갱이'를 조작하는데 급급했다. 그러다 보니 국가를 위해 목숨 바친 이들에 대해 너무 안이하게 대처했다. 국군은 여순사건 발생 이후 책임회피를 통한 조직보호에 앞장섰다. 정작 선양해야 할 희생자들에 대한 일은 제대로 못하고 있다. 국민국가에서 국군이 정말 이래도 되는지 묻고 싶다.

존 F 케네디는 "국가가 당신을 위해 무엇을 해줄 수 있는지 묻지 말고, 당신이 국가를 위해 무엇을 할 수 있는지 물어보라"고 했다. 케네디가 말에 따르면 이들은 국가를 위해 목숨을 바쳤다. 그렇다면 이제 국가가 무엇을 해 줄 것인지 답해야 하는 것이 아닌가.

제14연대 장교의 희생자에서 볼 수 있듯이, 여순사건은 밝혀지지 않은 것들이 많다. 또는 밝혀졌다고 해도 조작되거나 왜곡된 것들도 상당하다. 정부와 국군은 더 이상 숨기거나 왜곡하지 말아야 한다. 진실 되게 국민에게 설명하고, 있는 그대로를 보여줘야 한다. 그러다 보면 회초리를 맞을 수도 있다. 더 호된 꾸지람도 들을 수 있다. 그럴 때만이 역사 청산이 이루어지고, 역사가 바로 서는 것이다.

일제 잔재를 털어내는 대한민국 국군이 되어야 한다. 정치권력에 기승했던 못된 버릇을 씻어내야 한다. 군사쿠데타의 잘못된 행동에 대해 진정어린 사과와 반성이 있어야 한다. 그럴 때만이 국군의 새로운 역사가 시작된다. 국민으로부터 존경받는 국민의 군대가 된다.

제 3 부

학살과
불량 국민들

진압군이 남기고 간 도시는 불바다에 재만 남았다. 시체가 즐비했다. 불바다의 도시에, 죽음의 도시에 살아가는 사람들은 불량 국민으로 낙인 되었다.

.
.
.

오동도에서 떼죽음 당한 이들은 초라한 묘지 하나 없다. 비석 하나 없다. 이들의 넋을 위로하는 작은 비석 하나 세워두면 안 되는 것일까.

민중의 동조와 호응

1. 민중의 피폐한 생활

조정래의 대하소설 『태백산맥』은 전남 벌교를 중심으로 여순사건을 그렸다. 큰 틀에서 보면 대지주와 소작농의 갈등, 즉 농지개혁에 대한 저항을 통해 여순사건을 바라본 것이다. '벌교', '소작농', '여순사건'은 어떤 관계가 있는 것일까. 벌교와 소작농의 이야기는 일제강점기로 거슬러 올라간다. 일제강점기 당시 일본인 나카지마 다츠사부로(中島 辰三郞)는 20리 제방을 쌓아 간척지를 조성했다. 벌교 들판의 대지주는 일본인이었다. 20리 제방을 '중도방죽'이라 부르고 있다. 중도방죽은 조선인 소작농의 노동 착취로 조성되었다. 조정래의 『태백산맥』에 중도방죽과 관련된 내용을 옮겨보면,

워따 말도 마씨오. 고것이 워디 사람 헐 일었간디라. 죽지 못혀 사는 가나헌 개, 돼지 겉은 목심덜이 목구녕에 풀칠허자고 뫼들어 개돼지 맹키로 천대받아 감서 헌 일이제라. 옛적부텀 산몸뎅이에 성 쌓는 것을 질로 심든 부역으로 쳤는디, 고것이 지아무리 심든다 혀도 워째 뻘밭에다 방죽 쌓는 일

에 비허겄소…… 하여튼지 간에 저 방죽에 쌓인 돌뎅이 하나나, 흙 한 삽, 한 삽이 다 가난한 조선사람 덜 핏방울이고 한 덩어리인디, 정작 배불린 것은 일본놈덜이었응께, 방죽 싼 사람들이 속이 워쨌겄소……

갯벌에 쌓은 방죽 돌멩이 하나하나는 조선 사람의 피눈물이었다. 그렇지만 조선인 소작농들은 배불리 먹지 못했다. 고생은 죽도록 했지만 소작농의 삶은 여전했다. 나카지마는 벌교뿐만 아니라 인근 순천 도사면, 해룡면까지 간척지를 만들었다. 조선인으로는 엄두도 내지 못할 일이었지만 일본인이었기에 가능한 일이었다. 나카지마는 전남 동부 지역의 최대 지주였다.

나카지마의 악행을 간단하게 하나 소개하고자 한다. 이를 통해 나카지마의 악랄함과 그 밑에서 신음했던 조선인 소작농들의 삶을 짐작해 봤으면 한다.

소작료는 논 한 두락(一斗落), 일반적으로 2백 평 기준으로 소작비율을 결정한다. 그런데 나카지마는 150평을 한 두락으로 정하여 소작료를 징수했다. 그것도 부족하여 1924년 여름은 수해와 가을 태풍으로 수확이 감소했는데도 불구하고 나카지마는 소작료를 작년보다 2할 가량이나 인상했다. 불만 있으면 그만 두라는 것이었다. 소작할 사람은 조선 땅 천지에 깔렸다는 것이다.

보다보다 못한 순천 해룡면 소작인들은 '소작농 불납동맹'을 결성하여 나카지마에 대항했다. 나카지마는 소작농들을 모아 놓고 "나는 돈이 많이 있으니 광주나 대구 등지까지라도 가서 할 수 있지마는 너희들은 돈이 없는 즉, 그렇게도 못할 것이니 그리 말고 소작료를 납입하라"고 협박했다. 그는 돈으로 변호사를 사서 그동안 밀린 소작료와 손해까지 배상하는 소송을 하겠다고 윽박지른 것이다.

돈 없는 조선인 소작농들은 절대 돈으로 이길 수 없고, 권력으로 이길 수 없으니 순순히 응하라고 협박했다. 경찰도 조사에 나서 혀를 둘렀지만, 조선인 소작농의 편을 들어 줄 리는 만무했다. 악랄한 악덕지주였던 나카지마의 밑에 소작을 붙이며 살았던 벌교사람들의 삶이 상상이 되는가.

벌교하면 연상되는 것이 무엇일까. 조정래의 『태백산맥』, 여자만 드넓은 개펄의 참꼬막. 요즘 벌교 꼬막정식은 전국적으로 유명하다. 여기에 한 가지만 덧붙여 본다면, 남도의 투박함을 나타내는 "벌교에 가서(와서) 주먹자랑하지 마라"는 말이 생각난다. '주먹자랑' 표현 때문에 깡패를 연상하는 이들이 많다. 그런데 벌교의 주먹자랑은 많은 차이가 있고, 벌교 민중의 역사가 있다.

나카지마와 같은 일본인이 들어와 간척지를 넓히고, 1930년 12월에 목포와 부산을 잇는 철도가 건설되면서 벌교역이 1930년 12월에 생겨났다. 벌교는 고흥반도와 순천, 보성을 잇는 육로의 중요한 요충지가 되었다. 빈촌이었던 벌교에 사람들이 모여들기 시작했다. 집단 이주한 일본인들도 넘쳐나면서, 벌교에만 일본인이 6백 명을 넘어 섰다.

벌교 읍내에는 지금도 1919년에 건립된 금융조합 건물을 비롯하여 일본식 건물이 곳곳에 눈에 띈다. 1930년 후반 벌교는 무역도시 상업도시로서 돈 많은 일본인들이 드나드는 포구였다. 조선인을 얕잡아 보는 일본인들이 날로 늘어났다. 야만적으로 조선인을 괴롭히는 일들이 곳곳에서 벌어졌으며, 경찰 또한 일본인을 무조건 감싸고돌았다.

포구사람들의 질긴 저항성향은 반일과 항일운동으로 표출되었다. 주먹으로 일본인과 맞장을 떴다. 조선인을 채찍으로 때리는 헌병대원을 두들겨 패서 소화다리 아래 갯벌에 처박아 버리는 일. 조선학생을 괴롭히는 일본학생들을 주먹 하나로 섬뜩하게 만드는 일. '벌교 주먹'은 그렇게 시작되었다. '벌교에 가서 주먹 자랑하지 마라'는 항상 배고픔에 살아야 했던 벌교사람들의 한이 서린 말이다. 나라 잃은 백성으로서 천대와 멸시의 설움에 남도사람들이 살아가는 방법이었다.

〈사진-16〉 벌교 부용교(소화다리)

벌교의 부용교(소화다리)는 여순사건 당시 좌·우익에서 피비린내 나는 살상이 행해졌던 곳이다. 일제로부터 차별과 냉대를 버티어 왔던 중도방죽의 소작농들은 해방된 조국에서 새로운 꿈을 꾸었다. 나카지마와 같은 악덕지주가 없는 세상에서, 일한 만큼 먹고 살기를 원했다. 제 땅에서 마음껏 농사 한번 지어보고 싶었다. 그렇지만 농지개혁은 요원했다. 일제에 앞장섰던 놈들의 세상이 다시 펼쳐졌다.

조정래의 『태백산맥』에 벌교라는 작은 지역의 소작농 모습은 대다수 국민들의 모습이었다. 일제강점기에도 그랬고, 해방된 이후에도 그랬다. 일장기에서 성조기로 바뀌었을 뿐 그들의 삶은 나아지지 않았다. 오히려 더 궁핍하고 힘들어졌다. 1948년 10월 19일 여수 주둔 국군 제14연대의 총성과 비상나팔소리는 한의 모닥불에 불씨를 던졌던 것이다.

해방 후 남한의 경제는 줄곧 위기였다. 국민들의 먹고 사는 문제는 해결기미가 보이지 않았다. 300만에 달하는 귀환 동포와 월남 동포의 유입에 따른 인구의 규모가 급증하여 식량부족 및 물가급등이 민중의 생존을 위협했다. 1949년 3월 조사에서 파악한 총인구는 2167만 명으로 해방 이후 늘어난 인구가 360만 명이었다.

농업은 전 국민의 77% 이상이 종사하고 있는 남한의 핵심 산업이었다. 하지만 일제강점기 반봉건적 토지소유에 기초하고 있었다. 전체 농가호수에서 소작인 비율은 1913년 35%에서 1941년에는 54%까지 급증했고 해방 당시에는 전농민의 80% 이상이 순소작농과 유사한 위치로 전락했다.

미군정의 미곡수집정책은 소작농이나 빈농에게 매우 불리했다. 미곡수집 실적을 올리기 위해서 경찰과 관리에 의해 강제적으로 실시되는 과정에서 농민들의 저항이 컸다. 미곡 수집의 주체가 일제강점기의 관료와 경찰이 담당함으로써 농민들은 일본에서 미국으로 바뀌었을 뿐 해방 전과 차이가 없다고 느꼈다. 또한 이들의 부정부패가 더 심했다. 실제 할당과 수집에 있어 친분관계, 정치적 고려 등의 여지는, 힘없고 빽 없는 농민들에게는 더 서러움이었으며 고통이었다.

미곡수집이 절정을 이룬 해는 1948년이다. 500만석을 수집했는데, 이는 전체 총생산량의 36.1%에 달하는 양이었다. 그런데 미곡수집가격이 문제였다. 수집가격은 180리터에 2,368원인 반면 시장가격은 11,192원이었다. 힘없는 농민들은 시장가격의 1/5에 불과한, 실제 생산비에도 못 미치는 가격에 미곡을 할당받았다. 경찰과 관료의 힘은 여기서 절정을 이루었다. 그들의 임무는 곧 권력이었다.

미군정의 민생정책은 적자생존 약육강식이었다. 없는 사람은 죽으라는 것으로 밖에 볼 수 없었다. 미군정은 식량 대책이 갈수록 어려워지자 보리를 지역별로 할당해서 수집 독려반을 파견했다. 보리수매는 일제강점기에도 실시하지 않았던 정책이었다. 미군정은 군수와 면장에게 책임량을 정해주고 수집업무를 이행치 못할 경우 파면한다는 엄포까지 했다. 군수와 면장에게 가장 쉬운 상대는 소작농이나 진배없는 농민들뿐이었다.

힘없고 가난한 농민들의 불만은 고조될 수밖에 없었다. 빈농으로 자멸하는 상태에 대해 시급히 대책을 요구하며, 강제 배급제로 인한 굶주림 상태를 해결할 것을 촉구했다. 하지만 공염불이고, 메아리일 뿐이었다.

이들의 목소리를 그나마 듣는 사람들은 좌익이라고 일컫는 공산주의에 물든 사람들이었다. 농민들은 그들을 좌익이라서 좋아했던 것이 아니다. 조금이라도 바꿔 보려고 애쓰는 모습에서 점점 마음이 갔다. 궁핍한 사람들의 애타는 심정을 조금이나마 대변해주니 점점 가까이 갈 수밖에 없었다. 당시 시대상황을 짐작할 수 있는 증언을 보면,

우리 마을사람들은 이 쌀 공출방법이 일제시대보다 더 혹독하다고 불평을 터뜨리고 있다. 나주에선 쌀 강제 수집을 반대하는 시위 농민들을 총으로 쏘았다. 우리 주변의 많은 사람들과 지식인들이 아무 이유 없이 미국 장교들에게 체포되었다. 경찰에게 만약 우리가 할당량을 공납하지 않으면, 우리는 군법회의에 회부될 것이 분명하다.(전남일보, 『광주전남현대사』1, 1991)

해방 후 흉년이 계속되었다. 따라서 지주 측의 소작료 수거 등은 주민생활의 큰 관심사가 되었다. 더구나 적산토지의 분배문제를 둘러싼 좌우의 정책이 달라 이를 둘러싼 갈등도 없지 않았다. 배고플 때라서 남들에 대해 생각할 겨를도 없었지만 소작료, 토지문제에서 대다수의 소작인들에게 유리한 조건을 주장한 좌익들이 내심으로는 더 큰 지지를 받은 것은 당연했다.(김경호 증언(전남일보, 『광주전남현대사』2, 1991))

해방되고 잠시 몸을 숨겼던 경찰, 관료들이 다시 나타나 권력을 유지하고 있었다. 일제보다 더 혹독한 세상에 백성들의 분노는 커졌다. 토지문제는 그 중에 가장 중요한 당면 과제였다. 여기에 미곡수집·하곡수집은 당장 먹고사는데 지대한 영향을 끼쳤다. 좌익들이 주장하는 무상몰수 무상분배는 농민들의 귀에 솔깃하게 들릴 수밖에 없었다. 그동안 수모·수난을 이겨낼 수 있는 새로운 희망이었다.

2. 1948년 자연재해와 민심의 동요

산업기반이 전무한 곳이 전라도 땅이었다. 일제는 호남의 곡창지대에서 더 많은 쌀을 생산하여 수탈하기에 몰두했다. 그래서 호남지방에는 공장을 건립할 생각조차 하지 않았다. 호남사람들은 오직 농사만 지어야 했다. 그것도 소작농으로서 말이다. 그렇게 해방을 맞았다.

호남은 농사가 아니고는 할 수 있는 것이 없었다. 해방 후 미군정이 실시되면서 소작지가 일제강점기 때보다 8%나 증가했다. 대다수 농민은 일제치하보다 미군정의 지배시기에 더 열악한 생활을 했다. 1948년으로 접어들면서, 농민들의 삶은 더욱 궁핍해졌다. 당시 상황을 전하는 증언을 보면,

농민들은 일제 때는 가을에 나락(벼) 공출을 한 번씩만 내면 그만이었지

만 미군정 때부터는 여름에는 보리공출 가을에는 나락 공출까지 두 번씩이나 내야 했으니 맥령기가 되면 온 남녀가 산과 들로 흩어져 초근목피를 채취하는 수밖에 없었다. 그리고 도시 사람들은 염치불구하고 술찌꺼기나 비지를 구하기 위해 매일 도가집 앞이나 두부집 앞에 줄을 서는 것이 당시 삽화(插畵)였다.(중략) 그러나 우리 서민들의 생활고와는 아랑곳없이 소위 모리간상배(謀利奸商輩)라고 불리는 일부 특권층 사람들은 관권과 결탁하여 쌀을 무제한 사들여 일본이나 香港 마카오 등지로 밀수출하여 일확천금을 꿈꾸면서 날마다 주지육림(酒池肉林) 속에 파묻히는 것이 일과였으니 빈익빈 부익부의 사회계층이 저절로 생겨날 수밖에 없었다.(김계유, 『여수문화 제』12호, 여수문화원, 1997)

일제보다 더 강력한 수탈이 해방된 조국에서 벌어지고 있었다. 가을 추수 쌀 공출도 부족하여, 여름에 보리 공출까지. 사람들은 초근목피로 연명한 삶이었다. 그럼에도 불구하고 특권층과 관료는 쌀을 밀수출하고 있었다. 제 나라 백성은 먹을 것이 없어 산과 들로 흩어져 초근목피하고 있는데 특권층은 주지육림 속에 파묻혀 사는 것이 당시의 현실이었다.

도갓집에서 술 찌꺼기를 찾고 두붓집에서 비지를 구하는 일이 하루 일과였던 백성들과는 다른 삶을 살고 있는 특권층의 원천은 친일파였다. 일제에 기승했던 지주와 자본가들은 미군정에 빌붙어 친일파에서 친미파로 옷을 바꿔 입고 행세했다. 친일 경찰과 관료였던 이들도 마찬가지였다. 이들은 또 다시 짝짜꿍이 되었다.

1948년 전남지방의 경우 보리 수확량이 전년보다 4할이나 감소되었다. 하지만 하곡(보리)수집 매집량은 3만5천석이나 증가한 19만8천석을 배당받았다. 무려 21%나 수집량이 늘어난 것이다.

1948년 6월부터 9월까지는 태풍 3차례에, 장마가 35여일 이상 계속되었다. 곳곳에서 제방이 무너지고 가옥과 농작물이 침수되는 등 그 피해는 실로 막대했다. 각종 도로와 철도가 유실되면서 교통도 두절되고 고립된 마을도 속출했다.

> 7일 밤 남조선 일대를 휩쓴 시속 70마일의 태풍은 곳곳에 처참한 발자취를 남기어 현재 판명된 수해정도로도 농작물을 위시하여 가축 가옥 선박 등에 막대한 피해를 입었다. 자연의 재해로 인하여 먹을 것과 집을 잃은 수천의 이재민들은 방금거리에서 헤매며 오직 동포의 따뜻한 구호의 손만을 기다리고 있다. …… 산중턱에는 태풍으로 휩쓸려 올라간 배들이 얹혀져있는 것이 마치 노아의 方舟(방주)를 연상케 한다.…… 목포의 쌀값이 벌써 한 되 2백 원 대에서 껑충 뛰어오를 기세를 보이고 있는 것도 있음직한 일이다.(
>
> 서울신문 1948년 07월 17일)

농사에 의지하고 살았던 전남 동부 지역 사람들의 1948년 여름은 무던히도 힘들었다. 8월 25일 조사된 총 피해액은 2백억 원을 넘었다. 6월부터 8월말까지 전남지역의 사망자만 2백 명을 넘어섰다. 이재민도 헤아릴 수가 없었다. 그런데 9월 8일 또 다시 시속 40킬로미터의 태풍이 남해안을 덮쳤다.

1948년의 여름은 자연마저 백성을 외면하고 있었다. 미군정에서 대한민국 정부가 수립되었지만, 비상대책이라고는 기껏해야 동포들의 따뜻한 구호를 바란다는 목소리뿐이었다.

공출제는 일제강점기의 제도임으로 폐지해야 한다는 여론이 강했다. 수집한 미곡을 관리하고 배급하는 식량영단에 대한 농민과 백성들의 불만도 높아만 갔다.

〈사진-17〉 1948년 재해 기사 모음

여수에서는 1948년 7월 폭풍으로 많은 벼 가마가 유실되어 식량영단은 배급 식량을 분배하지 못했다. 정미업자가 이윤이 박하다는 핑계로 도정搗精을 회피한 것이다. 태풍과 장마로 인하여 더 어려워진 상황에서 7월 하순부터 8월 상순까지 2기분 배급을 주지 못함에 따라 배고픔은 극에 달한 상황이었다.

여수지역만의 문제가 아니었다. 쌀값은 폭등하고 "쌀 배급을 증가하라"는 대중의 아우성이 날로 높아갔다. 정부당국에서는 외미外米까지 들여와 부족한 양곡을 채우려고 했지만 수송문제로 해결하지 못했다. 백성들에게는 모든 것이 핑계로만 보였다.

그런데 정말 핑계에 불과했다. 공출미가 야적된 채 수천 석이 썩고 있었다. 식량영단 관리는 장부를 속여 쌀을 도둑질하고 있었다. 식량영단의 위탁을 받은 도정공장에서는 수백, 수천 가마니를 송두리째 집어 삼키고 있었다. 배급소원은 배급소원대로 근량을 속여 쌀을 빼돌리고 있었다. 모두가 한통속이 되어 도둑질하기에 여념이 없었다. 배를 곯는 것은 농민이요, 빽 없는 민중들뿐이었다.

이러한 사태를 보고 한 신문에서는 "정부당국은 알고도 모른 척하는가? 모르고도 태연히 의자에만 앉았는가? 그 진상과 책임을 밝혀서 농민과 소비대중 앞에 공개하라!"고 요구했다. 제8관구청(전남도경)에서는 쌀 부패 및 부정처분에 대한 수사결과를 발표했다.

1. 곡성: 1948년 7월 25일 식량영단 곡성군 위탁공장장 양병윤이 관리하고 있던 籾 2,466가마니 중 806가마니가 부패되고, 그 해 4월 10일부터 5월 10일까지에 전기 梁이 매각 횡령한 것이 560가마니다.
2. 장흥: 김우채 공장에서 1947년 3월 20일부터 1948년 7월 30일까지 약 1년간에 걸쳐 전기 金이 벼 1,200가마니를 집어먹고 그 공장 사무원 김필주가 벼 2,400가마니를 집어먹었다.
3. 해남: 강석순 공장에서 전기 姜이 그 공장장 대리인의 직을 기화로 1948년 6월 20일부터 그 달 30일까지에 벼 40가마니를 횡령 착복하였다.
4. 나주: 위탁공장장 홍안룡이 1948년 1월 1일부터 그 해 2월 3일까지에 벼 150가마니를 착복하고 동 기일에 1,915가마니가 부패되고, 또한 홍정선 공장에서는 1946년 3월 27일부터 8월 21일까지에 전기 洪이 벼 149가마니를 횡령하고 영단 벼 300가마니를 저당하고 30만 원을 가져다가 썼다.

5. 담양: 영단출장소장 남희복 외 3인이 1948년 4월 10일부터 8월 30일까지에 벼 304가마니를 집어먹고, 나주의 洪과 같은 수단으로 영단 벼 300가마니를 저당하고 30만 원을 가져가 썼다.
6. 여수: 1948년 7월 7일 벼 702가마니가 풍우로 인하여 선박이 조난, 해중으로 손실하였다고 하나, 사실 여부를 목하 조사 중이다. 그리고 8월 24일에는 양곡대가 염가를 구실로 업자 도정을 중지시켰다고 한다.
7. 구례: 벼 600가마니를 1947년 12월부터 1948년 9월까지 약 10개월간에 걸쳐 이한렬이가 횡령 착복하였다.(피해수량 중 백미는 배율 籾(인) 환산하였음)

(호남신문 1948년 9월 10일)

은행에 돈이 쌓여 있었지만 농민들, 백성들에게는 그림의 떡이었다. 식량영단 창고에서 벼가 썩어 가고 있지만, 배급은 멈춘 상태였다. 그래도 지주와 관료는 먹고 사는데 아무런 문제가 없었다. 사회의 혼란기를 틈타 지주와 관료는 더욱더 부를 축적해 갔다. 이는 고스란히 이승만 정권에 대한 불만으로 표출될 수밖에 없었다.

이승만 정부는 민생은 뒷전에 두고 오로지 공산주의자 잡는데 혈안이 되었다. 반대세력을 공산주의자로 몰아 옭아매는데 급급하였다. 백성들의 민생에 대한 불만과 분노는 강 건너 불구경하듯이 쳐다만 보고 있었다.

민생고에 시달린 농민들과 도시의 궁핍한 사람들의 어려운 생활환경은 더욱 가중되었다. 민생고의 어려움 속에는 수단과 방법을 가리지 않고 수천 가마니씩 착복하는 기득권 세력을 옹호하는 관리와 경찰 그리고 정책의 실패가 있었다. 빈부격차를 해소하고 생활고 해결을 바라는 민중들의 염원은 자연스럽게 좌·우익이라는 편 가르기 이념을 떠난 먹고 살기의 한

방편으로 공산주의에 눈길이 갈 수밖에 없었던 것이 당시의 시대상이다.

제14연대 군인들의 봉기는 불난 집에 기름을 끼얹는 격이었다. 자연재해로 인한 삶의 막막함에 관리와 경찰의 부패는 지역민들의 분노의 감정을 폭발시키면서, 제14연대 군인들의 봉기에 동조·호응할 수밖에 없었다. 정부당국이 말하는 양민으로 살아가기에는 해방된 조국의 현실은 녹록치 않았다. 민심은 동요하고 있었다. 전남 동부 지역은 현대사 소용돌이 속으로 점점 들어가고 있었다. 대한민국 정부는 불량 국민들을 양산하고 있었다.

3. 전남 동부 지역의 정치적 상황

해방 후 정치적 공백 상태에서 전남지방의 건국준비위원회는 질서 유지, 세금 징수, 적산 관리, 심지어 학교 운영까지 했다. 그러나 미군정단이 10월 23일 광주에 도착한 직후부터는 상황이 급격히 변화했다. 미군정은 좌익에 대항할 수 있는 친일 경찰과 관리, 지주와 자본가 등을 등용했다. 미군정이 진주한 이후 전남 동부 지역의 정치 정세를 보면,

	여수	순천	광양	구례	곡성	보성	고흥
인민위원회 통치여부	X	X	○	X	X	○	X
좌우익의 우열	우익	우익	좌익	우익	우익	좌익	우익
좌우익 간 관계	공존	갈등	공존	공존	공존	갈등	공존

전남 동부 지역은 전반적으로 우익세가 강했다. 그렇지만 어떤 세력이 우세하다고 해 적대적 관계까지로 발전하지는 않았다. 즉, 전남 동부 지역 7개 시군 중에서 5군데가 좌우익이 커다란 갈등 없이 공존했다. 이는 미군정도 좌파 계열의 행동에 대해 심한 탄압을 하지 않았다는 것을 의미한다.

1946년 10월 항쟁(일명 가을항쟁) 이후에도 큰 마찰이 없어 전남 동부 지역의 좌익세력은 아무런 조직적 손실 없이 그대로 보존되었다. 1947년 5월이 되면서 좌익의 투쟁이 간헐적으로 지역마다 나타났다.

여수의 경우, 남로당과 좌익 청년단이 우익과 경찰에 방화·테러·습격하는 일이 발생하고, 삐라 살포, 불법집회 등의 좌우 대립 양상이 나타났다. 특히 1947년 9월에는 국민학교와 중학교 교사들에 의한 비밀 조직 결성이 발각되기도 했다. 순천에서도 1947년 5월 주암 지서 습격과 200여 명의 소요, 8월에는 남로당원이 체포되는 일이 있었다. 광양, 구례, 곡성, 고흥 지역의 경우도 좌우 조직 간의 간헐적인 대립은 있었으나 폭력적 대립 양상으로까지 치닫지는 않았다.

1948년 5·10 단독선거가 결정되면서 좌우익 간 공존 관계는 새로운 양상으로 나타나기 시작했다. 여수의 경우, 좌익에 의한 선거 방해 활동은 많았으나 테러·습격 행위는 거의 찾아 볼 수 없다. 전국 총파업에 철도 및 항만 노조가 대규모로 참여했지만 유혈 충돌은 없었다. 또한 9월 이후 인공기가 몇 차례 게양되었던 것으로 보아 지하에서 남로당 활동이 활발했음을 알 수 있다.

순천의 경우, 1948년 3·1절 기념행사를 마친 중학교학생들이 '단독 선거 반대' 구호를 외치며 거리로 나왔다. 이에 경찰이 발포하여 남로당원 2명이 사상함으로써 순천은 유혈 충돌이 잦아졌다. 5·10선거 진행과정에서는 두드러진 폭력 사태가 없었으나, 선거가 끝난 후부터는 테러 행위가 빈번했다. 그리고 인공기 게양, 삐라 살포 등 주로 북한 공산 정권의 정통성 선전 활동이 활발했다.

광양의 경우, 5·10선거를 앞두고 20여 명의 군중이 지서를 습격하여 경찰 2명을 부상시킨 뒤 무기를 탈취하여 도주했다. 또 옥룡면과 봉강면에서는 폭동이 발생하는 등 폭력적 대결 양상이 나타났다. 구례의 경우, 3·1절 기념행사 이후 유혈충돌이 나타나 5·10선거를 전후해서는 그 양상이 심해졌다. 구례읍과 산동면, 간전면, 토지면, 광의면 등 곳곳에서 크고 작은 충돌이 있었다.

고흥의 경우, 3·1절 이후 다리 파괴와 경찰지서 습격사건이 대서면과 북남면에서 있었다. 보성의 경우, 3월부터는 끊임없는 폭력 대립으로 나타났다. 특히 5·10선거 후에는 연합 청년단, 면장집, 향보단원 등 우익에 대한 테러와 지서나 경찰을 습격하는 일이 나타났다. 9월에는 벌교와 인근 30여 곳에서 인공기가 게양되었고, 문덕면에서는 무장그룹 32명이 면장을 체포하는 일까지 발생했다.

전남 동부 지역은 1945년 10월에 미군정이 진주했지만 단독선거가 결정되기 전까지는 좌·우 공존관계를 잘 유지하고 있었다. 5·10선거가 본

격화되고 분단국가가 수립되는 과정에서 경찰을 비롯한 우익인사에 대한 공격이 있었다. 지역의 남로당 조직이 와해될 만큼의 과격한 행위는 아니었다.

전반적인 활동에서 우익보다는 좌익들이 훨씬 열성적이었다. 여수의 경우 우익단체인 대한부인회에 비하여 민주여성동맹(여맹) 회원이 각 동네별로 7배에서 10배정도 많았다. 당시 대한부인회는 일제에 협력했던 고관집 부인들이 대부분이었다. 대표적으로 연창희·김영준·차활언 부인 등이다. 이들과 교류할 수 있는 유지급이 당시에 그렇게 많지 않았다. 이들은 일제강점기부터 아이들을 일본인이 다니는 동국민학교에 입학시켰다. 가난한 조선인들이 다녔던 서국민학교에 자기 자식들을 보내기 싫었기 때문이었다.

해방되었지만 우익단체 활동은 가난한 사람들과 괴리감이 있었다. 대한부인회와 다르게 여맹은 각 동에서 열렬하게 활동했다. 민중들과 함께 시국을 논하고 문제를 해결하기 위한 열정적인 모임은 지하에서 꾸준하게 1948년 10월까지 계속되었다.

여순사건이 전남 동부 지역에서 백성들과 함께 활동했던 좌익세력의 힘이 작용될 수밖에 없는 구조를 정부당국에서 만들었다. 정부당국이 외면하고 부잣집 마나님들이 그들만의 세계를 구축했다고 한다면, 좌익세력은 배고픔에서 벗어나고자 하는 백성들과 함께 새로운 세상을 갈구했다. 해방된 조국에서 사람답게 살기를, 제대로 먹고 살기를 원했던 그런 사람들과 궤를 같이하며 살았던 것이다.

여순사건을 무조건 '반란'이라고 치부하고 있는 정부와 국군 그리고 보수우익에서 생각해봐야 할 부분이 여기에 있다. 국가가 국민을 외면하고, 국민을 탄압하면서 수탈의 대상으로만 여겼던 이승만 정부의 국정 실패를 되새겨 봐야 한다. 국민의 수난시대에 사람들이 먹고 살기 힘들었던 당시 시대상황을 생각해볼 필요가 있다.

반란을 일으켰던 제14연대 군인들은 동족상잔을 반대했다. 제주도는 충분히 평화적으로 해결이 가능했다. 그럼에도 미군정과 경찰은 자신들이 저지른 과오가 들어날 것을 우려하여 평화적 해결을 포기했다. 제주도 파병은 무참한 동족살상으로 이어질 수밖에 없다고 반대했던 제14연대 군인들. 그것을 주도한 세력이 좌익이라고 하여 공산주의자들의 만행으로만 매도하고 있다.

제 나라 제 동포를 죽이지 않고도 해결할 수 있는 방법이 있었는데, 군대를 투입시켰던 이승만 정부에 대해서는 왜 비판하지 않는지 이해할 수 없다. 그것을 주도했던 미군에 대해서는 왜 말 한마디 못하는지 납득할 수 없다.

지긋지긋한 일제강점기 40년이 끝났다. 가난에서 벗어나고 싶었다. 그렇지만 여전히 친일경찰과 친일관료에 의해 헐벗고 굶주려야 했다. 쌀이 영단창고에 썩어가고 있었지만 배급은 되지 않았다. 배급도 정량으로 이루어지지 않았다. 이놈이 빼먹고 저놈이 빼먹고 백성들은 초근목피에 연명했다. 무능한 실체를 미군정과 이승만 정부는 보여주었다. 그런데 반란에 동조·호응했다는 이유만으로 빨갱이가 되고 불량 국민이 되었다.

이승만 정부의 실책에 대해서는 아무런 말없이, 오로지 공산주의자들이 저지른 '반란'으로 올가미를 씌어 60년 동안 손가락질했다. 대한민국에서 숨조차 제대로 쉴 수 없도록 불량 국민으로 매도했다. 그냥 당해야만 했다. 아니 더 철저한 반공주의자로 거듭났다. 스스로 가장 충실한 가장 충성스러운 국민이 되었다. 하지만 불량 국민의 딱지는 떨어지지 않았다. 보수우익의 손가락질과 매운 눈초리는 여전히 그들을 감시하고 있었다.

시선 12

환상의 여학생 부대

1. 여순사건과 학생들

　여순사건 논란 중의 하나가 학생들이 대거 가담했다는 것이다. 이 논란의 근원지는 정부와 국군이다. 특히 주목할 것은 여학생 참가에 대해 말이 많다. 단순한 여학생의 참가가 아니라 여학생 부대의 출현이다. 일명 '환상의 여학생 부대'가 여순사건 당시 맹활약을 했다는 것이다. 학생들의 참여에서부터 환상의 여학생 부대까지 그 실체가 무엇인지 알아보고자 한다.

　정부와 국군은 학생들의 가담을 두고 제14연대 좌익 군인들과 지방좌익들이 사전에 모의하여 여순사건이 발발한 근거라고 주장을 한다. 앞서 살펴본 민간인 20명이 부대 내 진입했다는 설, 제주도 출병 명령을 우체국 일반전보로 하달했는데 이를 지방좌익이 사전에 입수했다는 설이 맞물려, 지역민들이 반란을 일으킨 주요한 근거라고 주장하고 있다.

　학생들이 가담했다는 발표는 현지 진압군에서 발표했다. 제5여단 김백일 사령관은 "반군 외에도 무기를 소지한 치안대, 학생, 민애청원들이 대항했기 때문에 가가호호를 수색하지 않으면 안 되었다"고 밝히면서 학생

가담 문제가 대두되었다.

　반군들은 20일 여수를 점령한 후 여수인민위원회가 구성되는 등 조직적인 활동이 시작되었다. 이때 학생들은 질서와 치안을 유지하는데 청년과 함께 상당수 참여했다. 특히 민애청을 중심으로 민청·여맹·교원노조·철도노조 등이 자발적으로 인민의용군을 조직하여 친일분자·경찰관·우익인사 등을 색출하는데 학생들도 함께 활동했다. 또한 제14연대 반군의 길 안내와 보조하는 역할도 맡았다.

　해방 이후 학교도 좌·우익 간의 대립이 심화되었다. 우익단체인 학련(전국학생연맹)과 좌익단체인 민애청(민주애국청년동맹)이 갈등했다. 미군정에 의해 남로당이 비합법화되면서 민애청은 지하로 숨어들었고 우익단체인 학련이 득세했다. 대표적으로 순천지역의 사례가 여기에 포함된다. 손양원 목사의 『사랑의 원자탄』으로 유명한 두 아들(동인과 동신)이 좌익학생에 의해 사살되었다. 단순히 기독교인이라 사살했던 것이 아니고 미군정을 등에 업고 왕성한 학련 활동을 했던 것이 좌익의 표적이 된 것이다. 즉 해방 이후 찬탁과 반탁 등 여러 가지로 학생들 간에 내재된 갈등이 여순사건으로 촉발된 것이다.

　이처럼 민애청을 중심으로 우익학생에 대한 총살과 보복이 있었다. 또한 진압군이 시가전을 하는데 일부 학생들도 반군과 함께 전투를 벌였던 것도 사실이다.

　순천을 탈환한 진압군이 10월 24일부터 여수 토벌에 나섰다. 24일과 25일 반군의 주력부대는 여수를 빠져나갔다. 26일 진압군이 육·해·공 합동작전으로 여수를 공격할 때는 남로당원과 민애청원을 포함한 약간의 저항세력만이 남아 있었다. 여수는 10월 27일에 탈환되었다. 협력자 색출에 학생들도 주요 대상자였다.

　정부와 국군은 학생들이 대거 가담하여 진압작전에 어려움을 겪었다고 한다. 그렇다면 여수·순천을 비롯한 전남 동부 지역의 교원들은 어느 정도 여순사건에 참여했으며, 학생들은 어느 정도 가담했던 것일까. 당시 보도 자료를 보면, 순천시내 중·국민학교 교직원의 가담자는 순천중학 14명, 사범학교 10명, 순천여중 10명, 농업중학 8명, 매산중학 5명, 남국민 11명, 동국민 12명, 서국민 5명, 북국민 5명 등 총 76명이었다. 이미 총살된 자는 3명이었다.

전남도 학무국 발표에 의한 가담 학생 수는 여수중학 19명, 여수여중 22명, 여수수산 30명, 광양중학 15명, 벌교중학 6명, 순천중학 73명, 순천여중 8명, 순천사범 70명, 순천농업 29명, 고흥중학 8명 등 10개 학교에 280명이라고 밝혔다. 숫자적으로 보면 결코 적은 숫자만은 아닌 것 같다.

국군의 학생들이 반군에 가담했다는 발표는 대부분 여수지역에서 발생한 일련의 사건을 토대로 말한 것이다. 하지만 전남도 학무국 발표에 의하면 여수지역 학생의 가담자는 순천지역에 비해 상대적으로 많지 않았다는 것을 알 수 있다. 국군은 여수지역에서 여학생 부대가 활동했고, 여학생 200명을 조사 중이다고 했던 발표는 학무국 조사와 전혀 맞지 않다. 환상의 여학생 부대로 이름을 날린 여수여중학교 학생은 겨우 22명이 반란에 가담했다고 한다. 정부와 국군에서 말한 200명의 숫자는 어디에서 나온 것일까. 즉 국군의 발표는 과장되었을 가능성이 매우 높다.

이승만 대통령까지 나서서 학생들의 반란 가담에 대한 경고를 하고 나섰다. 11월 4일 이 대통령은 "학교와 정부기관에 모두와 남녀아동까지라도 일일이 조사해서 불순분자는 다 제거하여 반역적 사상이 만연되지 못하게 하며, 앞으로 어떠한 법령이 발포되더라도 전 민중이 절대 복종해야 한다"고 경고했다. 대통령의 경고에 제5여단 정보부참모 김창선 대위는 "중학교 학생들이 12월 1일까지 등교하지 않으면 폭도로 처단한다"는 무시무시한 경고문을 발표했다.

무차별적인 민간인 살상에 대한 따가운 시선으로 국군과 경찰은 학생들이 대거 참가했다는 과장된 발표를 할 수밖에 없었다. 대통령도 국민을 보호의 대상으로 보지 않고 척결의 대상으로만 보았기에 학생을 거론한 것이다. 오로지 공산주의자 척결, 반공주의 국가 건설을 통해 자신의 권력을 유지하는 것에 대통령도 급급했던 것이다. 참 나쁜 대통령이었다.

2. 환상의 여학생 부대

여순사건에 여학생들이 가담했다고 알려진 것은 10월 28일 국방부 제7호 발표를 통해서였다. 이 발표의 근거는 제14연대 연대장 박승훈 중령이었다. 여수를 탈출한 박승훈은 10월 28일 중앙청기자단과 회견에서 '반란사건의 진상과 탈출경위'를 밝혔다. 이 자리에서 박승훈은 "20일 아침 10시경 수만 군중 참석 하에 인민대회가 열리었는데 특히 시위행렬에는 어느 틈에 그렇게 많이 만들어 두었던지 중학생 여학생 기타 청년들이 수많은 인공기와 인민위원회를 지지하는 수백 개의 플랜카드를 선두로 굉장하게 진행하였다"고 말한 것이다.

다음날(29일) 경향신문은 "죽창들은 여학생 누구를 찌려 함이냐?"는 제목으로 "홍안의 여학생들이 수건으로 머리를 동이고 죽창 혹은 총을 들고 전투에 참여"하고 있다고 보도했다. 이렇게 시작된 여학생 전투 참여 보도는 대단한 활약상이 덧붙여졌다. 11월 2일 '환상의 여학생 부대'를 상상하고 창작할 수 있는 근거가 된 보도내용이다.

> 관군이 여수공격을 개시하자 반란군은 남녀학생을 중심으로 한 일반양민에게 무기를 주며 참전을 강요하여 돕지 않으면 그 자리에서 사살하였던 것인데…… 그러나 솔선 참가한 학생이 전혀 없는 것은 아니다. 관군이 여수시가에 돌입하였을 때 조그마한 여학생 하나가 "아저씨!" 하고 뛰어나와서 한 병사한테 달려들었는데 그 병사는 인민군에 납치되어 있던 여학생인 줄 알고 "걱정마라! 적은 우리의 손아귀에 있다" 하고 외치자마자 스커트 밑에 감추었던 권총을 쏘아서 그 병사를 죽인 예가 있다.(동광신문 1948년 11월 2일)

무려 80퍼센트 남녀학생이 반군에 가담했지만 대다수가 강압에 의해 참여한 것으로 보도했다. 그렇지만 자발적 참가도 있었는데, 한 여학생이 군인을 유인하여 치마 밑에 숨겨둔 권총으로 사살했다는 것이다. 이 보도 이후 지금까지도 '개머리가 없는 총을 치마 밑에 숨겨두었다', '권총을 숨겨 두었다', '칼빈 총을 숨겨두었다'는 등 갖가지 소문으로 여학생 부대가 존재했다고 주장하고 있다.

문인조사반으로 참여했던 박종화는 동아일보에 「남행록」을 연재했다. 박종화는 「남행록」 (완, 1948. 11. 21)에서 동광신문의 보도 내용을 소설가 특유의 문체로 정리하여 국민들에게 전달했다.

> 작전참모는 다음과 같이 말했다. "공산주의 사상이 한 번 머리에 들어가면 어떻게 사람이 지독하게 되는 것을 아십니까? 여수 진주에서 생긴 일인데 여학생들이 카빈총을 치마 속에 감추어 가지고 우리들 국군장교와 병사들을 유도

합니다. 오라버니! 하고 재생의 환희에서 부르짖는 듯 우리들을 환영합니다. 무심코 앞에 갔을 때는 벌써 치마 속에서 팽! 소리가 나며 군인들은 쓰러져 버리고 말았습니다. 이 깜찍한 일을 보십시오. 이것들은 나이 겨우 열여덟, 열아홉 살 되는 것들입니다.

앞서 살펴본 동광신문의 기사내용에서 '권총'은 '카빈총'으로 바뀌었다. '아저씨'는 군인을 유인했다는데 더욱 친숙한 '오라버니'로 바뀌었다. 이런 여학생들은 잡아서 총살을 하는 모양새를 취하니 '인민공화국 만세'를 불렀다고 한다. 그러면서 민족적인 육성은 등한시 하고 공산주의 이념만 주입시킨 학교 교육에 대해서 박종화는 강력하게 질타했다.

당시 이러한 여학생 부대의 활약상은 반공이데올로기라는 날개를 달고 입에서 입으로 전해지면서 부풀려졌다. 여순사건에 참전했던 군인들은 자신의 무공을 자랑삼거나, 공산주의의 잔악성을 설명하는데 여학생 부대를 활용했다. 이러한 언급이 활자화되면서 실재하는 '신화'로 환상의 여학생 부대가 되었다.

육군의 영웅, 6·25전쟁의 영웅, 최근에 원수 칭호까지 거론되었던 백선엽도 그의 회고록에 여학생 부대 기록이 있다. 약간 이야기를 벗어나 군인으로서 '원수' 칭호가 있는 의미를 한번 살펴보자.

서구식 군 계급체계에서 일반적으로 최고계급은 대장(4성 장군)이다. 그러나 세계대전과 같은 특수상황에서는 별 다섯 개짜리 장군도 출현했다. 원수元帥는 5성 장군을 높여 부르는, 군인으로서 최고의 영광을 지칭하는 호칭이다. 우리나라 군 인사법에도 5성 장군인 원수 계급이 있다. 하지만 1948년 창군 이래 단 한명도 '원수' 칭호를 받은 군인은 없다.

최초의 5성 장군은 미국의 제1차 세계대전 영웅 존 조지프 퍼싱 장군이다. 제2차 세계대전 종전 전후 미국은 육군 4명, 해군 4명, 공군 1명 등

총 9명 원수를 배출했다. 우리나라와 밀접한 관련이 있는 맥아더 장군이 그 중 한 명이다. 영국(버나드 몽고메리)과 구소련(콘스탄티노비치 주코프)도 2차대전 영웅으로 원수 칭호를 부여받았다.

국방부는 6·25전쟁 60돌을 맞아 백선엽 예비역대장의 명예 원수 추대를 검토했다. 백선엽이 6·25전쟁에서 무공이 크다는 것이 국방부의 주장이다. 하지만 일제강점기 간도특설대 등 전력이 문제가 되어 사회 여론에 부딪혀 국방부는 포기했다. 엉뚱하게 5성 장군, 백선엽 명예원수 추대 이야기를 꺼냈다. 백선엽의 책 내용을 소개하려고 하다 보니 그렇게 되었다.

백선엽은 『실록 지리산』에 여순사건을 회고했다. 그 기록에 나타난 여학생 부대에 대한 기록을 옮겨보면,

> 여수 시내를 순찰하다 저격을 당한 일이 있다. 전봇대 뒤에서 날아온 총알은 나를 빗나가 지프차 차양기둥을 맞고 튕겨 나갔는데 아찔했다. 잡혀온 것은 자그마한 여학생이었다. 내가 '나를 죽일 셈이었느냐' 고 버럭 고함을 치는데도 눈 하나 깜박하지 않고 '내일이면 인민군이 와서 우리를 해방시킬 것' 이라며 오히려 큰 소리를 쳤다. 아연할 지경이었다. 그 학생 끌고 여수여중으로 갔는데 약 2백 명의 같은 패거리들이 모여 있었다. 한참동안 그들을 훈계해 집으로 돌려보냈다.(백선엽,『실록 지리산』, 고려원, 1992)

위 회고록의 내용은 백선엽의 경험담이 아니다. 당시 작전에 참여했던 제2여단 군수참모 함병선 소령의 경험담이다. 함병선의 경험담은 당시 정말로 있었던 사실일까. 전혀 사실이 아닐 가능성이 매우 높다. 함병선이 여순사건 진압 당시 겪었던 경험에 기존 보도내용을 합하여 창의적으로 표현했다고 볼 수 있다. 여순사건 당시 함병선의 전투 상황을 찾아

가보자.

『한국전쟁사 1권』에서 함병선의 당시 전투 기록을 보면 "여학생들이 99구식 소총을 가지고 저항했다. 함소령은 지프차로 과감하게 사격하면서 돌진하여 약 100여명의 학생들을 포로로 삼고 무장을 해제시켰다"는 것이다. 백선엽의 회고록과 당시 전투 상황을 비교하면 어떤가. 전혀 다른 전투 상황이었다는 것을 알 수 있다. 이렇게 진압작전에 참여했던 군인들의 경험담은 훗날 자신의 공적이나 공로로 포장하여 과장되게 증언록과 회고록을 남긴 경우가 많았다

백선엽은 국군에서 최고의 자리에 있었다. 여순사건 진압작전에 참여했고, 빨치산 토벌을 위한 백야전투사령부 사령관으로 활동을 했다. 이런 경험을 바탕으로 『군과 나』, 『실록 지리산』 등을 집필했는데, 여기에는 본인의 경험이 아닌 타자의 경험도 상당수 포함되었다. 당연히 검증 작업이 전혀 이루어지지 않았다. 그러다보니 함병선과 같은 경험담이 사실화되어 유포된 것이다. 이를 보수우익에서는 더욱 사실화하고 있다.

『한국전쟁사 1권』에는 여학생 부대를 생각할 수 있는 전투 상황이 있다. 송석하 소령의 제3연대가 시가지 소탕전을 전개할 때, "여학생들이 환영을 가장하여 물 준다고 유도하여 권총으로 국군을 사살한 예가 몇 건 있었다. 가장 악질적이라고 낙인 받은 것이 여수여중학교 여학생들이었다"고 기록되어 있다. 여학생이 물을 준다고 유도하여 군인을 사살한 예가 한 건이 아니라는 것이다. 그 악질적인 행동의 주인공은 여수여중학교 학생들이라는 주장을 하고 있다. 당연히 신뢰할 수 없다. 이는 앞서 여수여중학교 여학생 중 이러한 혐의로 처분은 받은 사례가 전혀 없다는 것에서 알 수 있다.

함병선과 송석하 증언의 공통점은 '여수여중'이다. 송석하는 여수 탈환

이후 여수에 계엄령 사령관으로 협력자 색출에 나섰다. 환상의 여학생 부대에 관련된 기사나 증언은 여수에서 벌어진 일이다. 즉 환상의 여학생 부대는 여수여중 학생들이 만든 부대로 귀결된다. 여수여중이 집중적으로 거론된 것은 당시 교장이었던 송욱과 관련이 있다. 송욱 교장은 잠시 뒤에 살펴보자.

"여학생 부대가 존재했다. 여학생들이 군인을 유인하여 치마에 숨겨진 총으로 군인을 사살했다"는 주장은 도저히 납득할 수 없다. 학생들은 병기를 사용해본 경험도 없고, 교육도 받은 적이 없다. 그런데 여학생들이 정규군과 맞서서 싸울 생각을 했다는 것부터 납득이 되지 않는다.

또한 군인은 실탄이 장전되어 있는 무기를 소지하고 있고 훈련된 정규군이다. 이런 군인을 여학생 혼자서 유인하여 재빠르게 치마 속에 감춰둔 권총 또는 카빈총을 꺼내 사살했다는 것이 도대체 말이나 되는 소리인지 국군에게 묻고 싶다. 당시 여학생들의 치마를 상상해보기 바란다. 지금의 미니스커트로 착각하고 제멋대로 이야기 하고 있지는 않는지 곰곰이 생각해 봐야 할 것이다.

당시에도 여학생 부대는 논란이 되었다. 학생가담과 여학생 부대 소문이 커지다 보니 문교부에서도 가만있을 수 없었다. 여학생들의 반란가담 여부를 파악할 것을 문교부는 여수군 오길언 장학사에게 지시했다. 1949년 봄 오길언은 여수여중에서 열린 여수지역 교원세미나에서 '반란사건에 대한 조사보고'를 발표했다. 그는 항간에서 떠돌고 있는 것과 같이 여학생들이 총을 들고 싸우고 국군에게 오빠하고 달려가서 치마 속에서 총을 꺼내 국군을 죽였다는 말들은 사실무근이며 낭설이라고 했다. 여수지역 학생 모두를 대상으로 소재를 확인했는데, 여학생 가운데 죽은 사람은 한 사람도 없다고 했다.

함병선과 송석하의 증언이 사실이라면 체포된 여학생은 군 당국에 처형되거나 조사를 받아야 했다. 그런데 그런 학생이 한 명도 없다는 것이다. 1949년 당시 여학생 수가 많이 줄었고 고학년의 경우에는 나오지 않는 학생도 있으나 모두 집에 무사히 있는 것을 직접 확인했다는 것이 오길언 장학사의 주장이었고, 문교부에 보고된 내용이다. 당시 여수여중 교사의 말을 들어보자.

『절망 뒤에 오는 것』이란 장편소설을 쓴 전병순은 당시 여수여중 교사로 근무했다. 『절망 뒤에 오는 것』은 여순사건을 배경으로 다룬 최초의 소설이다. 1961년 한국일보 현상모집 당선작인 이 작품은 1962년 3월 6일부터 10월 19일까지 한국일보에 연재되었고, 1963년에 단행본으로 간행되었다.

전병순은 여순사건이 끝나고 재소집된 학생들은 소문과는 달리 재적인원에서 두 명밖에 부족하지 않았다고 했다. 한 명은 모 은행 지점장의 딸인데 사건 직후 고향으로 전학시키기 위해 데려갔고, 또 한 명은 그 가족이 전혀 혐의가 없었는데 이유 없이 행방불명이 되었다는 것이다.

또한 당시 여수여중학교 5학년이었던 김정인은 "당시에 그런 사실은 보지도 못했고 듣지도 못했다. 학교 다시 나가니까 거의 전부가 출석해 있었다"고 증언했다. 여수여중 3학년 신길원과 1학년 신길엽도 김정인과 똑같은 말하고 있다. 도대체 여수여중의 여학생 부대는 어디로 사라진 것일까.

오길언 장학사의 현지조사를 통해 1949년에 '환상의 여학생 부대'는 일단락 정리가 되었다. 실체가 존재하지 않고 항간의 소문에 불과하다는 것이 결론이었다. 그렇지만 정부와 국군은 끊임없이 활용하고 널리 알렸다. 당시 교사와 학생들이 나서서 그런 일이 없다고 최근까지 증언하고 있지만, '환상의 여학생 부대'는 여전히 존재하는 사실적 신화로 남았다. 보수 우익의 표현은 더욱 사실적으로 묘사하며 국민을 혼동시키고 있다. 불행하게도 이런 거짓된 신화를 이 지역에서도 사실로 믿고 있는 사람이 의외로 많다는 것이다.

거짓된 신화의 실체를 믿고 살았던 지역 사람들은 스스로 가장 충성스러운 반공주의자가 되어야 했다. 반공주의자는 '양민'이었다. 양민으로서 국가의 말을 부정할 수 없다. 불량 국민으로 낙인 된 순간 어떤 보복을 감내해야 할지 모를 그런 세상을 살았던 사람들의 지혜였다. '환상의 여학생 부대'는 반공이데올로기가 만들어낸 불량 국민들의 슬픈 자화상이다.

3. 여수여중 교장 송욱

여수여중학교 교장이 송욱이었다. 송욱 교장의 등장은 여순사건에 두 가지 논란을 일으켰다. 이미 모두 살펴보았지만, 간략하게 정리하면 이렇다. 첫 번째, 여순사건은 지방 민중들이 반란을 주도했고, 여기에 일부 군인이 동조했다는 주장을 만들어 냈다. 두 번째, 여수여중의 여학생 부대가 여순사건 기간 동안 활동했다는 주장이었다. 결과적으로 여순사건을 지역 사람들이 일으킨 반란으로 고착화시키는데 결정적인 역할을 했다. 정부와 국군에 의도된 행동이었음에도 불구하고 이는 사실화되었다. 왜곡·조작된 역사의 산물이었다.

송욱 교장의 등장을 살펴보자. 10월 26일에 육군참모장 정일권 대령은 구사일생으로 탈출한 제14연대 연대장 박승훈 중령의 증언을 토대로 "10월 19일 21시 여수폭동발생의 실정은 14연대 내 반군 장교는 병영에서 일부 경찰 및 청년단은 경찰서와 시내에 동시에 계획적으로 폭동을 일으켰음. 여수 반란 총지휘자는 여수여중 교장 ○○임"이라고 발표했다. 그가 송욱宋郁이다. 그리고 신빙성을 높이기 위해 보성전문학교 동창생 이군혁은 "宋군은 재학 중에 공산주의자로 학생들 간에 이름이 떠돌았다"고 송욱이 공산주의자였음을 뒷받침했다.

송욱은 1914년 전남 화순에서 태어났으며 아명 송옥동이다. 고창중학교와 보성전문 법과를 졸업했다. 1938년 서울 상명여학교에서 교사를 지냈고, 조선어학회사건에 연루되어 서대문형무소에 복역하던 중 해방을 맞았다. 상명여학교에 복직한 그는 고향에 처음으로 설립된 영산포중학교 교장, 1946년 광주서중 교감을 거쳐 1948년 당시 여수여중 교장으로 재직 중이었다.

송욱 교장이 정부의 표적이 되었던 것은 크게 두 가지였다. 첫째는 10월 20일의 중앙동 여수 인민대회에서 5명의 의장을 선출했는데, 일부에서 송욱 교장이 포함되었다는 유언비어가 파다했다. 둘째는 10월 22일에 여수군 인민위원회가 주최하는 대강연회에 송욱 교장과 인민위원장 이용기가 연설자로 나온다는 포스터가 거리에 부착되었다. 이를 바탕으로 송욱 교장은 민중의 총지휘자로 몰렸다. 송욱은 인민대회 의장도 대강연회에 강연자로도 참석하지 않았다.

송욱은 인민대회 의장, 대강연회 연설자로 소문이 파다하자 스스로 군기대 사령부를 찾아갔다. 그가 찾아 간 군기대 사령부는 얼마 전까지만 해도 그가 교장으로 있었던 여수여중학교였다. 그를 맞이한 사람은 제5연대 김종원 대위였다. 백두산 호랑이 김종원은 자초지종을 물을 것도 없이 총으로 위협하고 개머리판으로 내리쳤다. 여수 군기대 사령부에서 조사 받은 송욱은 광주로 이송되었다.

여기에서도 국군은 또 한 번 조작을 했다. 송욱은 현재 소문은 자신과는 아무런 관련이 없다고 해명하기 위해 군기대 사령부를 스스로 찾아갔다. 그런데 국군은 그를 체포했다고 발표했고, 언론은 대서특필했다.

송욱을 반란의 총지휘자로 지목할 시점에 한 신문에는 여수경찰서 보안주임 말을 보도했다. 그 말인즉 "내가 알기에도 그 사람이 그럴 사람이 아닐 것이다. 젊은 사람인데도 대단히 인격이 있어 여수에서도 인기가 있는 사람인데요"라고 의문을 제기했다. 하지만 송욱은 광주 토벌사령부로 넘겨져 광주 반도호텔에 감금되어 취조를 받았다.

송욱을 구명하기 위해 몇 사람이 나섰다. 후배인 양회종은 당시 호남신문사 사장이었던 이은상을 찾아 갔다. 평소 송욱과 이은상은 가까이 지냈던 사이였다. 이은상은 자신도 제5여단 사령부로 연행되어 김지회와 관계를 추궁 받고 있어 더 이상 도와줄 수 없다고 했다.

송욱 교장은 후배 양회종에게 "나 보고 반란의 주동자라고 하는데 나는 반란군 측의 연설요구를 거절하고 밖으로 나가지도 못하고 줄곧 학교 안에만 있었다"고 말했다. 즉, 반란사건과 무관하다는 것이다. 이를 뒷받침할 수 있는 근거로 당시 제14연대 12중대 중대장이었던 김형운의 증언을 눈여겨 볼 필요가 있다.

김형운은 사건 당시 아는 사람의 소개로 몸을 피했는데 그곳이 여수여중 교장 관사였다고 한다. 김형운은 고흥으로 탈출할 때(24일 밤에서 25일 새벽)까지 그곳에서 숨어 있었다. 김형운은 송욱이 제12연대 3대대 대대장으로 진압에 참가한 이우성 대위의 매형임으로 안심해도 된다는 소리를 들었으며, 송욱은 김형운이 숨어 있는 동안 처남이라고 부르면서 부인에게도 그렇게 일렀다고 한다. 김형운은 송욱이 아주 잘 해주었고, 참 양순한 사람이었다고 기억하고 있다. 당시 여수여중 음악교사였던 곽동기의

증언도 김형운가 다르지 않다. 곽동기의 증언을 옮겨보면,

> 송욱 교장은 반란군을 지휘하기는커녕 밖으로 한발자국도 나간 적이 없었다. 그는 도리어 좌익계 교사들에게 협박을 당하는 처지였다. 그가 반란군 총지휘자로 몰리게 된 자세한 내막은 잘 모르나 아마도 반란군이 멋대로 붙인 벽보 때문일 것이다. 반란이 일어난 20일 오전 반란군이 학교에 와서 송 교장에게 그들을 지지하는 연설을 하라고 강요했으나 송 교장은 '나는 대중연설 같은 것을 할 줄 모른다'고 거절했다.(반충남, 「14연대 반란과 송욱 교장」, 『월간 말』1993 6월호)

김형운과 마찬가지로 곽동기도 송욱이 관사에서 한 발자국도 나가지 않았다고 했다. 반란군이 지지연설을 강요했지만, 이런저런 핑계로 거부했다는 것이다. 전병순은 "20일 인민대회가 열리는 날 밖에서 돌아오는 그에게(전병순) 송욱 교장이 '군중들이 대회에 많이 모였느냐?'고 물었다"고 증언했다. 이는 20일 학교 관사에서 있었다는 위의 증언과도 일치한다. 인민대회와도 관련 없고 강연회와도 관련 없었지만 송욱의 해명을 국군은 믿지 않았다. 믿지 않았던 것이 아니라 희생양으로 삼고자했던 그들의 의도를 변경할 의향이 없었던 것이다.

송욱을 체포하고 즉석에서 사살하지 않고 광주 반도호텔에 감금했다. 여순사건 관련자가 호텔에 감금되어 조사받았다는 자체가 흥미로울 뿐이다. 지금껏 그 누구도 그런 대접(?) 받으며 조사받은 사람이 없었다. 송욱은 광주 반도호텔에 감금된 얼마 후부터 행적이 오리무중이다. 대부분 총살되었을 것으로 짐작만 할 뿐 송욱을 본 사람은 아무도 없다. 당연히

가족 품으로도 돌아오지 않았다. 그의 나이 34세였다.

송욱 교장의 체포는 개인적인 문제가 아니었다. 앞서 살펴본 '여학생 문제'와 깊이 연관되어 있었다. 특히 군인이 지방좌익과 모의·계획 아래 발발했다는 여순사건의 성질을 규정한 정부와 국군의 발표를 뒷받침할 총연합 지휘자가 필요했다. 10월 28일에 공보처 차장 김형원의 기자 간담회가 이를 잘 설명하고 있다.

> 이번 반란사건의 성격은 여수 14연대의 군대가 반란을 일으킨데 민중이 호응한 것 같이 일반은 인식하고 있는 모양이나 사실은 그렇지 않고 전남 현지에 있는 좌익분자들이 계획적으로 조직적으로 소련의 10월혁명 기념일을 계기로 일대 혼란을 야기시키려는 음모에 일부 군대가 합류한 것이 되는데……(김형원 공보처 차장, 서울신문, 1948년 10월 29일)

여수 제14연대가 반란을 일으킨데 민중이 호응한 것은 역사적 사실이다. 하지만 김형원 공보처 차장은 이를 부인하고 있다. 김형원은 전남반란사건의 성격 규정에서 "민간 좌익분자들이 계획적으로 조직하여 군대가 합류한 사건이다"고 정의했다. 역사적 사실을 왜곡·조작하여 발표한 것이다. 전남 동부 지역의 사람들을 좌익, 즉 불량 국민으로 몰아가기 위한 정부의 의도를 엿볼 수 있다. 이러한 김형원의 주장은 지금도 여전히 유효하게 보수우익에서 활용하고 있다.

송욱의 문제는 개인이나 지역에 국한된 것만은 아니었다. 이승만 정부는 사회전반에 숨어있는 공산주의자들로 골치가 아팠다. 그런 사회적 현상에서 송욱의 등장은 교육계 전반에 공산주의자 척결에 대단한 힘을 발휘했다. 앞서 박종화가 「남행록」에서 '공산주의 이념만 주입시킨 학교 교육에 대해서도 질타'했다는 것을 상기할 필요가 있다.

여순사건에 학생들의 가담은 교육계에 침투한 공산주의자 교사의 조종에서 발발했다는 주장으로 이어졌다. 공산주의 색체가 있었던 교사들을 비롯한 이승만 정부에 반감을 갖고 있었던 교사들에 대한 대대적인 파면이 시작되었다. 특히 기존의 교육정책에 대한 비판과 함께 철저한 '국가지상, 민족지상'을 강조하는 교육체계로 급선회했다. 건전한 국민주의, 획일화된 반공주의, 순종하는 도덕주의 등을 강요하는 교육체제가 이 땅에 뿌리를 내리게 되었다. 학생은 학교의 주인이 아니었다. 종속적인 산물에 불과하였다.

불바다의 도시

1. 육·해·공 합동작전

10월 22일 국무총리 이범석은 '반란군에 고한다'는 투항호소문을 비행기로 현지에 살포했다. 제5여단장 김백일은 여수·순천지역에 계엄령을 선포했다. 『한국전쟁사 1권』의 계엄포고문을 옮겨보면,

> 본관에게 부여된 권한에 의하여 10월 22일부터 별명시(別命時)까지 재기(在記)와 여(如)히 계엄령을 선포함.(만일 此에 위반하는 자는 군법에 의하여 사형 기타에 처함.)
> 1. 오후 7시부터 익조(翌朝) 7시까지 일절 통행을 금함.(통행증을 소지한 자는 차한(此限)에 부재함)
> 2. 옥내외의 일절 집회를 금함.
> 3. 유언비어를 조출(造出)하여 민중을 선동하는 자는 엄벌에 처함.
> 4. 반도의 소재를 알시 본 여단사령부에 보고하여 만일 반도를 은닉(隱匿)하거나 반도와 밀통(密通)하는 자는 사형에 처함.
> 5. 반도의 무기 기타 일절 군수품은 본 사령부에 반납할 것. 만일 은닉하거나 비장(秘藏)하는 자는 사형에 처함.

순천탈환 공격은 제5여단장 김백일 대령의 지휘 아래 제12연대 백인엽 부대가 주도했다. 이윽고 제3연대, 제4연대, 장갑차 부대, 경찰부대가 증강된 진압군은 이른바 인민군사령부가 있는 동순천역을 일시에 공격했다. 10월 23일 아침부터 재차 공격을 감행하여 오전 11시경 순천을 탈환했다.

　　순천을 찾은 반군토벌사령부 사령관 송호성 준장은 흥분을 감추지 못했다. 곧바로 작전회의가 열어 제2연대 및 제4연대 1개 대대를 잔류시켜 시가지 소탕전과 경비를 담당케 했다. 제12연대 2개 대대와 제15연대 2개 대대로 광양부근을 협격하여 반군의 백운산·지리산 등 산악지대로 도주를 차단했다. 제4연대 1개 대대와 장갑차 부대로 여수 탈환작전에 송호성 사령관이 직접 진두지휘하겠다는 것이다.

　　여수는 23일 해군 LST함이 선상에서 박격포 공격을 가했으며, 김종원 대위가 이끄는 제5연대 1개 대대가 상륙작전을 시도했다. 박격포의 부정확과 반군의 완강 저항으로 여수 탈환 1차 공격은 실패했다. 24일 송호성 사령관은 외국인 종군기자까지 대동하고 의기양양하게 장갑차를 앞세워 여수탈환에 나섰다.

　　진압군이 여수 시내의 초입인 잉구부에 도달했을 때 협곡 양쪽에 매복한 반군의 집중사격을 받았다. 이때 반군의 지휘자는 지창수 상사와 보안서장 유목윤이 이끈 지방좌익이었다고 알려져 있다. 송호성 사령관은 고막이 터지는 부상을 입고 장갑차에서 나뒹굴었으며, 미국인 종군기자는 즉석에서 사망했다. 송호성은 후퇴하면서 미평지서에 잡혀있던 지방좌익 47명을 즉결처분했다. 이날 송호성 사령관의 패퇴는 더 큰 재앙으로 다가왔다. 미평지서 47명을 총살한 것으로 분이 풀리지 않았다.

　　이 전투를 잉구부 전투라 부른다. 잉구부는 원래 왼쪽으로 구부러진 언덕을 의미하는 '완구부'였다. 여수 지방에서는 '왼'을 '인'으로 발음하여 완구부가 '잉(인)구부'가 되었다. 25일 진압군은 박격포 사격을 지원받으며 제3차 탈환작전에 나섰다. 오후 늦게 여수읍 외곽고지를 점령했다. 그러나 날이 어두워지자 진압군은 곧 철수했다.

26일 제4차 여수탈환작전에 나섰다. 이날 탈환작전에는 제12연대 2개 대대를 비롯하여 순천에 경비 중이던 제4연대 일부병력, 제3연대 1개 대대, 제2연대 1개 대대, LST함에 승선해 있는 제5연대 1개 대대, 장갑차 부대, 경찰지원대, L-5항공기 10대, 해군의 충무공호를 비롯한 경비정 6척이 동원되었다. 공군사상 첫 출전이었으며, 대한민국 국군 창설 이래 최초의 육·해·공 합동작전이었다.

한편, 반군의 주력부대는 24일 잉구부 전투 승리 이후, 진압군의 대대적인 공격을 예감하고 24일 저녁부터 여수를 빠져나가기 시작했다. 지창수와 유목윤도 이때 여수를 빠져 나간 것으로 알려진다. 이들은 여수의 북동쪽 상암과 신덕을 거쳐 여수와 광양사이에 위치한 묘도에 안착했다. 이곳에서 2~3일 머물며 상황을 지켜본 반군은 광양 백운산으로 들어갔다. 여수에는 일부 반군과 지방좌익, 학생들만이 남았다.

26일 해군 LST함에서 무차별적인 박격포 포탄이 여수 시내에 쏟아졌다. 진압군마저 피해를 당하는 사태가 발생했다. 여수 시내 일부가 화염에 휩싸였다. 26일 저녁 무렵 여수 시내 거의 대부분을 진압군이 탈환했다.

27일 아침부터 장갑차를 선두로 인민위원회가 위치한 여수 시내 한 복판으로 4방면에서 포위하며 공격을 개시했다. 김종원 제5연대는 육지 상륙을 위해 61밀리 박격포를 LST함 갑판 위에 설치해 놓고 여수 시내에 집중 포격했다. 그러나 흔들리는 배위에서 고정되지 않은 포탄은 탄착점을 형성하지 못하고 또 한 번 여수 시내를 초토화 시켰다. 제5연대의 포탄에 진압에 나섰던 제12연대 8중대 중대장과 하사관마저 전사했다.

27일 오후 2시, 여수 시내가 진압군에 의해 완전히 탈환되었다. 여수 인민위원회 7일 천하는 끝났다. "무상몰수·무상분배에 의한 민주적인 토지개혁을 실시한다"는 여수 인민위원회 강령은 실현되지 못한 혁명과업으로 남았다. 시내 곳곳에서는 소탕전이 전개되었다. 협력자 색출이 이루어졌다.

철모에 하얀 띠를 두른 진압군이 완전 장악한 여수 시내. 27일 어둠이 약간 내리고 있을 때, 여수읍내 서교동과 교동 일대에는 다시 검은 연기가 피어올랐다. 여수 시내가 온통 불바다가 되었다. 여수 진압작전을 기록한 미군 G-3작전보고서 일부를 옮겨보겠다.

> 이 날(27일)은 여수시에 대한 마지막 공격과 점령이 특징이다.…… 마침내 12:00에 도시를 점령한 토벌사령부는 2, 3, 4, 12연대 그리고 상륙용 주정으로 상륙한 5연대 1대대 1,200여 명으로 이루어져 있었다. 이 대대는 분간되지 않은 박격포 사격 때문에 아군 내에서 혼란을 일으켰다. 이 박격포탄은 상륙용 주정의 갑판에서 발사되었는데, 상륙과 조화되지 않았다. 여수전투는 도시의 1/4를 파괴시켰다. 수많은 총격이 한창이었고 많은 주요 건물들과 부두 부근이 불타 버렸거나 불타고 있었다. 14:00까지 정부군은 시에 대한 완전한 장악을 획득했다. (미군 G-3보고서)

2. 잿더미 불바다의 거리

여수는 완전히 진압군에 의해 탈환되고 시내는 온통 검은 연기에 휩싸였다. 여수 시내가 불바다가 된 것이다. 누가 여수 시내에 불을 질렀는가를 두고 이견이 많다. 이견이 아니라 정부와 국군에는 반군이 후퇴하면서 시가지에 불을 질렀다고 주장하고 있다. 이런 주장이 사실인지 확인해 보고자 한다.

여수는 불바다로 인하여 재만 남은 거리가 되었다. 이를 가장 리얼하게 묘사한 사람들은 문교부 문인조사반이었다. 여순사건이 발발하자 문교부는 작가들과 화가들로 '반란실정 문인조사반'을 구성하여 여수·순천 현지로 파견했다. 문인조사반 파견은 문인들의 단체였던 문화단체총연합회 간부들과 문교부장관 등의 연석회의에서 결정되었다.

문교부는 문인들에게 "현지의 참담한 모양을 실지로 답사하여 자세히 살핀 뒤에 그 발생된 원인과 근인을 올바르게 파악하고 관조해서 민족정기에 호소하고 국가재건의 방책에 이바지해서 다시는 이러한 불상사가 이 땅 이 나라에 일어나지 않도록 글과 그림으로 쓰고 그려 달라"는 간곡한 부탁을 했다.

문인조사반의 목적은 발생된 원인과 근인을 파악하는 것이었지만, 속뜻은 현지의 반란군에 대한 참혹한 잔인성을 알리기 위함이었다. 문인조사반은 10명으로 구성되었다. 제1대는 박종화·김영랑·김규택·정비석·최희연 등이었으며, 제2대는 이헌구·최영수·김송·정홍거·이소녕 등이었다. 박종화·정비석·김송은 소설가였고, 김영랑은 시인이었으며, 정홍거·김규택·최영수 만화가로 해방직후 만화계를 이끌었던 인물들이다. 사진작가로는 최희연·이소녕이 있었다. 문인조사반 구성은 각 방면을 대표하는 사람들이었다. 총 10명이라고 당시 보도되었지만 또 한사람이 더 있었다. 수필가이며 평론가였던 고영환이었다.

문인조사반이 서울역을 출발한 것은 11월 3일 아침이었다. 피비린내 나는 호남선에 몸을 실었다. 저녁에야 광주에 도착했다. 전남지역은 계엄령

상황이었다. 특히 여수를 통행하기 위해서는 곳곳에서 군기병의 검문을 받았다. 문인조사반의 최희연 글을 보면 "여수읍 동구에 이르자 통행인 검문에 바쁜 군인. 여기저기 기관총을 거치하고 전투태세에 여염이 없는 군인들의 씩씩한 모습이 보인다"고 여수읍에 들어서는 분위기를 전하고 있다.

문인답게 이들의 문체는 상상력과 표현력이 대단했다. 특히 반군의 잔혹한 행위를 묘사하는데서 절정을 이루었다. 여기에 불바다로 폐허된 도시도 빠지지 않고 이들의 현지 시찰보고서에 기록되었다.

> 총탄의 흔적은 벽과 문과 창에 가득하다. 우리가 받고 앉은 밥상에도 총알 구멍이 셋씩 넷씩 나서 뚫어졌다. 다시 거리로 나오니 폐허에 섯는 이 고장 남녀노소 백성들은 우리들을 쳐다보며 "정부에서는 무슨 대책이 있습니까. 겨울은 닥쳐오고 의지가 없는 우리들에게 구호의 손길을 네려줍시요" 하고 목이 메여 부탁한다. 돌아서지 않는 발을 돌려 돌아섰다. 나는 줄 모르게 흐르는 눈물, 석양 비낀 해에 나는 또 다시 폐허를 바라본다.(박종화 「남행록」, 동아일보)

> 여수시는 문자 그대로 폐허나 다름없었다. 화재로 인하여 소실된 가옥이 1,500호를 넘어 물질적 손실로 100억대를 초월한다는 것이다. 남아 있는 중요 건물치고 탄환구멍 뚫리지 않은 집이 없었고 더구나 여수읍사무소 같은 것은 거의 1,000발에 가까운 탄환세례를 받았으니 이것이 동족 간에 일어난 비통사였음을 생각할 때 새삼스러운 전율을 금하기 어려웠다.(정비석, 「여·순 낙수」, 조선일보)

여수의 거리에는 "오로지 조각조각의 한 줌 흙과 재와 유리파편과 타다가 남은 소금 무데기, 길다란 엿가락처럼 녹아보린 철근, 무기미(無氣味)하게 남아 있는, 반란도배의 총사령부였다는 큰 카페집의 처절한 아아취형 입구의 형해" 만이 남아 있었고, 여수의 심장인 중앙동, 교동은 폐허로 변해 버렸다.(이헌구, 「반란현지견문기」, 서울신문)

〈사진-18〉 재만 남은 여수 시내

박종화의 「남행록」에 묘사된 여수의 거리이다. 벽과 창에 가득한 총탄 흔적이 밥상까지 있다고 한다. 이 고장 사람들은 정부에 대책을 묻고 있다. 겨울로 접어드는 이들에게 정부는 아직 어떤 대책도 내놓지 못하고 있었다. 박종화는 그들의 모습에 목이 메고 눈물을 흘리며 돌아섰다고 썼다.

정비석은 「여·순 낙수(落穗)」란 제목으로 조선일보에 3회 연재했는데, 그가 표현한 여수의 거리이다. 여수읍사무소는 인민위원회가 사용했던 건물이다. 27일 진압군이 이곳을 탈환하기 위하여 4방면에서 포위작전을 진행했다. 1,000발의 탄환세례는 진압군의 무차별한 공격이 어느 정도였는지를 짐작할 수 있다. 정비석은 문인조사반 중에서 가장 객관적으로 '반란'을 바라보고 글을 남겼다고 평가할 수 있다.

이헌구의 「반란현지견문기」에서도 별반 다르지 않게 여수의 모습을 묘사했다. 여수 시내를 뒤덮었던 화염의 위력은 철근까지도 엿가락처럼 녹아버렸다고 표현하고 있다. 박종화·정비석·이헌구의 뛰어난 문체는 여수 시내의 당시 상황이나 모습을 어림짐작할 수 있다. 그러나 이런 참혹한 짓을 누가 했는지에 대해서는 기록하지 않았다. 반군의 잔인성을 실감나게 설명하면서 반군이 했을 것이라는 뉘앙스만 풍기고 있다.

최영수는 당대의 이름난 수필가이며 만화가였다. 그는 경향신문에 「폐허에 우는 여성」 글을 실었다. 그의 눈에 비춘 여성은 "창백한 얼굴과 가다듬지 못한 머리를 흩뜨린 채 분주히 오고가는 많은 여성들이 창황히 오고가는 모습부터가 처참하였다"고 하면서 "남편과 자식은 영원히 갔으며, 내 몸 하나 가릴 옷과 거처할 집을 갖지 못한 여성들이 재만 남은 폐허 위에서 울부짖고 있다"고 했다. 이 여성들은 타다 남은 생철 쪼가리를 모아 움집모양으로 지붕을 삼고, 거기에 찌그러진 냄비 몇 개로 살림을 차리는 비극적인 삶이라고 표현했다.

여기에도 여성의 참담한 삶은 표현했지만, 누가 여수에 불을 질렀는지 밝히지 않고 있다. 한편 최영수는 이외에도 경향신문에 답사기 3회를 연재했다. 한 부분을 옮겨 보면,

이윽고 여수도심지대 이미 반란군의 방화로 폐허한 해안통 일대에는 지

난날의 모습도 일모를 찾을 길 없이 타다 남은 몇 개의 벽돌담과 돌기둥만이 여기저기 무심한 하늘을 향하여 호소하는 듯 서있을 뿐이다.

최영수는 여수 시내에 방화범이 '반란군'이라고 했다. 뉘앙스로 풍겼던 방화범에 대해 정확하게 표현한 것이다. 이는 반군들이 도망치면서 휘발유를 뿌려서 방화했다고 발표한 국군의 주장과 같은 맥락이다.
다시 진압군의 여수 진압 상황을 보자. 10월 26일과 27일 진압군의 대대적인 공격에 저항세력으로는 지방좌익과 몇몇의 학생들뿐이었다. 26일 대부분 여수 주요 지점을 장악했고, 27일 여수 시내는 완전 탈환되었다. 이 시점에서 발생한 여수 시내 화재는 두 차례였다. 26일 첫 번째 불은 해군과 제5연대의 박격포에 의한 불이었다. 그런데 문제는 27일 여수 시내 거의 대부분을 휩쓸고 간 대화재이다. 이때는 박격포도 멈춘 상태였다. 27일 상황을 더 자세하게 기록한 지역의 증언을 보자.

> 27일 밤 또 두 번째의 화재가 일어났다. 밤 8시께 충무동 시민극장 근처에서 갑자기 화광이 치솟더니 순식간에 해안통에 산더미 같이 쌓여 있는 휘발유 드럼에 옮겨 붙었다. …… 아무도 끄는 사람이 없는 채 이 불은 28일 오후까지 뭉게뭉게 탔는데 이불로 중앙동, 교동, 충무동 일대 여수의 도심의 집들이 완전히 잿더미가 돼 버렸다.(김계유 증언)

불난 시간이 밤 8시께라고 한다. 다른 사람들의 증언도 어둑해질 무렵이라고 했다. 27일 여수를 탈환한 진압군은 주요 5곳(서국민학교, 동국민학교, 종산국민학교, 진남관, 공설운동장)에 시민들을 집결시켜 놓고 협력자를 색출했다. 그리고 집집마다 수색을 벌였다. 이런 상황에서 시내에 반군이 남아 있기는 쉽지 않았다. 국군이 주장하는 반란군의 소행으로 보기에는 여러 정황상 맞지 않다. 흥미로운 증언을 보자.

이때 소방서장 오동환이 소방대원들을 동원 불이 시가지로 번지는 것을 막으려 했으나 웬일인지 진압군 측에서 못하게 했고 발을 동동 구르며 항의하는 오동환 서장을 김종원 대위가 총대로 내리쳐서 밖으로 쫓아냈다.(반충남, 「역사는 강자의 문서인가?」, 여수문화원, 1995)

〈사진-19〉 불타는 시내를 쳐다보는 국군들

섬뜩한 기록이고, 놀랍고 충격적이다. 소방서장이 불을 진화하려고 했으나 진압군이 이를 막았고, 이에 항의하는 소방서장을 김종원 대위가 총대로 내리치고 위협해서 쫓아냈다는 것이다.

반충남의 주장을 뒷받침이라도 하듯이 〈사진-19〉는 시사하는 바가 크다. 국군의 표정은 놀라지도 않는다. 호주머니에 손을 넣고 여유 있는 표정이다. 바로 앞에는 소방호수가 보인다. 불이 너무 커서 포기한 것일까. 모두들 쳐다만 보고 있다.

여수 서시장에서 50년을 넘게 장사한 박 노인은 "우리 집이 저기여(서시장 가게를 가리킴). 머리에 하얀 띠를 두른 군인들이 솜방망이에 불어 붙여 가게들에 놓는 거여. 왜 그러냐고 그러니까 총을 들이대면서 빨리 가라고 손짓을 해. 죽지 않으려니 암 말 못하고 집으로 횡 오는데 서시장에 온통 불바다가 되븐거여"라고 당시 상황을 말했다.

정부와 국군은 반군이 도망가면서 불을 질렀다고 했다. 그리고 언론에 발표했고, 문인조사반에게도 그렇게 설명을 했다. 그래서 여수 불바다는 반군의 소행으로 세상에 알려졌다. 하지만, 진실은 숨길 수 없었다. 여수 읍내 사람 8만 명을 전원 사살하지 않고는 진압군의 악행을 기억할 수밖에 없는 사람들이 있기 마련이었다.

정부와 국군이 여수 시내에 불을 지른 것은 지방좌익이나 학생들이 쫓기면서 건물로 숨는 것을 미연에 방지한다는 명목이었다. 불을 질러 소탕전에 나선 것은 여순사건을 시작으로 백운산·지리산 토벌작전 때도 산간마을을 소개하고 집을 불태우는 경우가 허다했다. 제주 4·3사건 진압도, 6·25전쟁 때도 그랬다. 거창양민학살사건도 집단학살하고 이를 은폐하기 위해 불을 태웠다. 일제강점기에 독립 운동가를 소탕하기 위해 간도특설대 등이 사용했던 견벽청야 작전이 여순사건을 비롯한 민간인 학살에 버젓이 자행된 것이다. 일본군의 못된 습성이 어디를 가겠는가.

창백한 얼굴과 가다듬지 못한 머리를 흩뜨린 채 분주한 여인네. 남편과 자식의 시신을 찾아 헤매는 여인네. 재만 남은 폐허 위에서 울부짖는 여인네. 타다 남은 생철 쪼가리와 잔가지로 움집을 만드는 여인네. 찌그러진 냄비 몇 개로 살림을 차리는 여인네.

진압군이 남기고 간 도시는 불바다에 재만 남았다. 시체가 즐비했다. 불바다의 도시에, 죽음의 도시에 살아가는 사람들은 불량 국민으로 낙인되었다.

3. 봉산지서 습격당하다?

여수 불바다의 방화범은 진압군이었다. 대한민국 국군이었다. '반란군' 토벌은 반드시 필요했다. 그렇다고 국민들의 생존과 직결된 집을 모두 태워야 했는가. 국군의 만행으로 볼 수밖에 없다. 이런 끔찍한 일을 자행하고도 국군은 여수시민에게 사과한 적이 없다. 오히려 '반군'이 도망가면서 불을 질렀다고 왜곡하고 있다.

정부와 국군이 주장하는 여순사건 관련 내용 중에는 이렇게 많은 조작과 왜곡이 있다. 어쩔 수 없었던 당시는 많은 세월 속에 과거가 되었다. 돌이켜 보건데 국군의 잘못된 행동이었음을 많은 연구자들이 연구결과물로 내놓았다. 그런데 여전히 국군을 옹호하는 조작된 문건들이 만들어지고 있다. 국민의 군대는 이래서 안 된다.

10월 20일. 제14연대를 장악한 반군이 여수 시내로 진격할 당시 상황을 간단히 소개하고자 한다. 여기에도 정부와 국군의 조작과 왜곡이 있었다.

> 반군 3천여 명은 지 상사의 지휘 하에 모든 차량을 동원하여 여수 시내로 들어오면서 봉산지서 출장소를 습격하여 이곳 경찰관 등을 사살하였다. 이 같은 상황을 여수경찰서 정보계에서 탐지하고 긴급비상소집에 의하여 서원 약 200(본서원 100여명 그밖에 지서원)이 소집되어 경비에 임하였다.(국방부 전사편찬위원회, 『한국전쟁사 제1권』, 1967)

여수경찰서 봉산지서는 제14연대 위병소에서 직선거리로 700여 미터 떨어져 있다. 제14연대 반군이 여수 시내로 진격하면서 가장 먼저 봉산지서를 습격하여 경찰관을 사살했다는 것이다. 봉산지서 습격 소식을 접한 여수경찰서가 비상소집령을 내렸다는 주장이다. 이런 주장의 의도는 반군의 잔악성과 경찰과의 갈등을 드러내고자 한 것이다.

제14연대와 가장 가까운 봉산지서장의 임무는 제14연대와 경찰 간의 창구역할이었으며, 제14연대 동향을 살피는 것이었다. 당시 봉산지서장 서리는 신영길이었다. 신영길은 제14연대 동향을 파악하기 위해 여수소재 순천병원에 몇 차례 들락날락했다. 순천병원은 의무대가 제대로 갖추어지지 않은 제14연대의 지정병원이었다. 그곳에는 당시 제14연대 장교들이 지역사람들과 마작을 즐기기도 했다. 신영길이 김지회·홍순석을 만난 곳도 순천병원이다. 봉산지서장 서리 신영길이 말하는 19일 밤 상황으로 들어가 보자.

19일 밤. 8시정도에 지서 소사가 헐레벌떡 달려와 비상소집이 하달되었다는 통보를 알려왔다. 정모 정복에 카빈총을 메고 1.5킬로미터쯤 되는 지서까지 도보로 걸어갔다. 구봉산에는 '인민군 만세!' 소리가 났고, 시내로 진격하는 군인과 7차례나 조우했다. 아무런 실랑이 없이 무사히 지서에 도착했다. 지서에는 본서에서 이해진 경사 외 7명이 증파되어 있었다. 이해진 경사가 본서의 지시라면서 지서 관내 영외거주 장교를 지서로 인치하여 무장을 해제시키라는 것이었다. 지서에서 5백 미터 떨어진 곳에 거주한 육군 중위 두 사람을 지서로 오게 하여 무장해제시켰다. 다음 날(20일) 11시에 무기를 야채밭에 묻고 모두 피신하였다.

신영길의 말에 따르면 봉산지서는 습격도 받지 않았고, 경찰관 1명도 죽지 않았다. 당시 봉산지서장 서리가 봉산지서는 아무런 탓이 없다는데, 정부와 국군은 아직도 봉산지서가 습격되어 경찰관 모두가 사살되었다고 주장하고 있다. 이런 경우를 두고 어처구니없다는 표현을 쓰는 것일까. 봉산지서장 서리 신영길은 현재도 생존해 있다.

여수와 순천에서 경찰이 많이 학살된 것은 사실이다. 그렇지만 여수에서 200명과 순천에서 400명의 경찰이 학살되었다는 것은 아주 과장된 주장이다. 경찰의 희생자에 대해서 정부와 경찰이 정확하게 밝혀서 이들의 죽음이 헛되지 않게 해야 한다. 무성한 소문으로 경찰의 학살이 많았다고 하는 주장은 이제 그만했으면 한다.

국군은 처음부터 경찰과 군을 갈등으로 몰아갔다. 그리고 반군이 잔인하게 경찰을 사살했다고 주장했다. 전혀 사실이 아님에도 불구하고 통제된 언론은 국군의 발표를 그대로 대서특필했다. 각종 신문과 자료에 잘못된 기록은 마치 사실인양 현재까지 인용되고 있다.

대한민국에서 군대는 의무이다. 대한민국 성인남성은 대부분 군대를 다녀왔다. 대한민국 군대에는 '4'자 들어간 부대가 없다. 좋아하는 숫자를 말할 때 '4'를 좋아하는 사람은 거의 없다. 발음상 숫자 '4四'는 죽을 '사死'와 동음으로 같다보니 생기는 일이다. 이는 건물에서도 많이 볼 수 있는데, 3층에서 갑자기 5층으로 표기되어 나타난다. 4층이 사라져 버린 것이다. 엘리베이터 층수를 표기한 숫자판에도 '4'자를 대신하여 'F'로 표기된 경우가 많다. 한자권에 포함된 동아시아 다른 나라에서는 어떤 모습일까.

일본의 경우도 숫자 4를 의미하는 한자 四의 발음이 '죽을 사死' 발음 '시(し)'와 같기 때문에 별로 좋아하지 않는다. 중국도 숫자 四는 '죽을 死'와 발음이 쓰(sī)로 같아 중국인들도 싫어한다. 한자권의 언어를 쓰는 나라의 공통적인 현상이다.

이러한 유래는 특히 생명을 다루는 병원에서 널리 사용되고 있다. 그렇다면 군대에서는 왜 '4'자가 들어가 부대가 없는 것일까. 국군을 창설할 때 제4연대, 제14연대 등 '4'자 들어간 부대에 아무런 거부감이 없었는데……. 지금 이야기하고 있는 여수 주둔 국군 제14연대 사병의 '반란'이 그 역할을 한 것이다.

여순사건의 시작은 여수 주둔 국군 제14연대이다. 광주에 주둔하고 있던 제4연대는 제14연대의 모부대이다. 가장 먼저 여순사건을 접한 제4연대는 1개 중대를 현지에 파견한다. 그런데 여순사건을 진압하기 위해 출동한 제4연대 일부 병력이 봉기에 합세한다. 군에서 '4'라는 숫자에 '반란'을 연관시켰다. 그래서 군대에서는 '4'자 들어간 부대를 모두 해산하였다. 지금까지 그 전통은 이어지고 있다.

여순사건의 점화는 제14연대 군에서 시작했다. 그리고 진압에 나섰던 광주 제4연대의 일부병력이 반군에 합세했다. 대한민국 국군에서는 인정하고 싶지 않겠지만, 역사적 사실이다. 국군에서 '4'자 들어간 부대를 없앴다고 하여 덮어질 수 없다. 그 사실을 덮기 위해 국군은 역사를 조작하고 왜곡하고 있다. 진실 된 자세로 과거의 잘못된 관행을 고치려는 노력이 필요하다.

〈사진-20〉 벌교 중도방죽

국회의원도 검사도
불량하다!

1. 순천의 상황

지방자치체가 실시되면서 각 시·군마다 생존전략에 몰두하고 있다. 여기에 지역 브랜드를 어떻게 설정하느냐에 많은 노력을 기울인다. 순천지역 농산물에는 '순천미인'이란 브랜드를 사용한다. '순천미인'은 순천시의 특산물을 인증하는 순천시농산물공동브랜드이다.

'순천미인' 브랜드를 듣는 순간 떠오른 말은 '순천에 가서 인물 자랑하지 마라'는 말이다. 꽤 많은 사람이 알고 있는 말이다. 대부분 그 지역명을 듣고 특별하게 연상되는 말이 없는데, 전남 동부 지역의 여수와 순천과 벌교는 연상되는 말이 있다.

여수하면 '돈 자랑하지 마라', 순천하면 '인물 자랑하지 마라', 벌교하면 '주먹 자랑하지 마라'이다. 이런 지역의 특색을 살려 순천농산물브랜드를 '순천미인'으로 정한 것 같다. 그런데 왜 '순천에 가서 인물자랑하지 마라'는 말이 나오게 되었을까. 보통 '미인'이란 말은 여자에게 쓰는 말이다.

어원은 '지불여순천地不如順天'에서 출발했다. 불여(不如)는 '○○만한 것 없다', '○○이 제일이다'란 뜻으로 훌륭하고 뛰어난 것도 많지만 그 가운데서 이것이 최고라고 할 때 '不如○○'이라는 표현을 써왔다. 전라도에 팔불여八不如가 있었는데, 문불여장성(文不如長城)은 문장가는 장성만 한 곳이 없다. 관불여전주(官不如全州)는 지방관은 전주관찰사만 한 곳이 없다. 산불여구례(山不如求禮)는 산은 구례만 한 곳이 없다는 등이다.

순천을 의미하는 '지불여순천(地不如順天)'은 땅이 넓기는 순천만 한 곳이 없다는 뜻이 된다. 여기서 땅은 농사짓는 토지이다. 즉 다시 해석하면 지주가 많기는 순천만한 곳이 없다는 뜻도 된다. 순천은 조선시대에 지금의 여수까지 관할하였다.

여수가 순천으로 편입되게 된 이유는, 1392년 역성혁명으로 이성계가 조선을 건국했기 때문이다. 여수현령이었던 오흔인吳欣仁은 불사이군不事二君을 외치며 이성계의 역성혁명에 불복한다. 이에 1397년 태조는 여수를 반역향으로 지목하고 현을 폐하고, 순천부에 예속시켰다. 순천부사가 관장하는 지역은 광범위했다.

순천은 지주가 많았다. 지주가 많다는 것은 부자가 많다는 것이며, 거기에 따른 사치도 늘어 날 수밖에 없다. 조선후기 양반과 대지주들 사이에 활개 쳤던 사치가 순천도 예외는 아니었을 것이다. 전라도에서 중국 포목상이 처음 들어선 곳이 순천이다. 부잣집 자녀들은 화려한 비단옷을 입고 다니며 자랑을 했다. 여기서 생긴 말이 '순천에서 옷 자랑하지 마라'는 옷 잘 입고 사치한 사람이 많다는 말로 유행했다.

순천의 지주 이야기가 나오니까, 벌교의 '벌교에서 주먹자랑하지 마라'는 말은 일정부분 대조적인 느낌이 든다. 그런데 역으로 생각해보면 지주가 많았다는 것은 그만큼 소작농도 많았다는 것이다. 순천은 1920년대부터 소작쟁의 운동이 활발했다. 지주들과 맞서 소작농의 생존을 위한 몸부림이 처절했다.

사치적 성격을 띤, 또는 부자 냄새가 물씬 풍긴 '순천에서 옷 자랑하지 마라'는 말은 1950년대 전남 동부 지역의 교육 중심지가 되면서 명문대학과 정계·관료 진출이 늘어났다. 이후 '순천에서 인물 자랑하지 마라'로 바뀌었다. 어느덧 지방자치제가 되면서 인물은 '순천미인'으로 바뀌었다.

순천지역 여순사건의 상황을 살펴보자. 여순사건이 발발하기 이전의 순천에 제일 먼저 구성된 자치기구 조직은 건국준비위원회였다. 전남 동부 지역의 대부분 도시가 우익과 좌익이 공존하였으나, 순천은 좌익세력이 배제된 채로 김양수·이종수·박영진 등의 우익인사를 중심으로 결성되면서 갈등의 골이 깊었다.

미 점령군이 순천에 진주하자 건국준비위원회에 참여했던 우익계 인사들은 9월 25일 전국 지방지부로는 처음 한국민주당(이하, 한민당) 순천지부를 결성했다. 미군정의 힘을 등에 업은 우익세력은 좌익세력의 기반이었던 농민조합을 비롯한 인민위원회와 산하 단체들을 탄압했다. 미군정 진출에서부터 1948년 10월까지 줄곧 좌익세력은 지하에서 활동할 수밖에 없었다. 반군이 순천을 점령하여 경찰과 우익에 대한 보복이 심했던 것은, 이 시기 갈등과 탄압에 기인한 것이었다. 정치적 보복이었다.

여순사건이 상급부대인 광주 제5여단에 알려진 것은 20일 새벽 1시경이었다. 제4연대 부연대장 박기병 소령은 서울 육군 총사령부와 미 군사고문단에 보고한 뒤 1개 중대병력을 긴급 출동시켰다. 그러나 이들은 오전 10시경 순천에 도착하여 반군에 합세하고 말았다. 반군과 진압군의 첫 전투는 10월 21일 새벽에, 박기병이 이끈 제4연대 1개 대대 병력과 순천 학구鶴口에서 벌어졌다.

국방부는 반군토벌사령부를 광주에 설치하고 송호성 준장을 토벌사령관에 임명하면서 본격적인 진압작전에 돌입하였다. 국군에서 봉기가 일어난 초유의 사태를 접한 국방부는 서울과 대북 경계를 담당하고 있는 병력과 제주 4·3사건을 진압하기 위해 투입된 병력을 제외한 모든 병력이 진압작전에 동원하였다.

토벌사령부의 첫 번째 목표는 순천 탈환이었다. 이를 위해 세 방면에서 포위공격하기 위한 작전부대를 편성했다. 주공격은 제5여단장 김백일 대령의 지휘 아래 군산에서 출동한 제12연대 2개 대대(제12연대 부연대장 백인엽 소령)와 이미 학구부근에 선발 출동한 제3연대 2대대(대대장 조재미 대위)와 제4연대 1개 대대(이성가 중령)가 합동작전으로, 학구를 장악하기 위한 전투였다.

오후 3시경에 학구를 장악한 진압군은 제4연대 병력을 학구에 잔류시키고, 제12연대와 제3연대는 순천으로 진격하여 오후 3시경에 외곽지역에서 반군과 대치했다. 오후 4시경 남원 방면에서 도착한 제3연대 1개 대대병력(송석하 소령)이 가세했다. 순천에는 2개 대대의 반군이 방어하고 있었다.

저녁 무렵 순천 북방 입구를 점령한 주공격 진압군인 제12연대 3대대와 제4연대는 순천농림중학교 방면을 통하여 순천읍내로 공격을 개시했다. 그리고 제12연대 2대대는 봉화산을 거쳐 동순천역 방면으로 공격을 개시했으며, 제3연대는 봉화산을 거쳐 죽도봉 방면으로 공격하여 순천읍내로 진격했다. 보조공격은 동쪽에서 최남근 중령이 이끄는 제15연대 1대대가 광양을 경유하여 순천을 향했다. 또한 서쪽에서는 제5여단 참모장 오덕준 중령이 이끄는 제4연대 1대대 병력이 보성을 거쳐 순천을 공격했다.

23일 새벽 진압군은 순천 인민군사령부로 되어 있던 동순천역을 일시에 포위하고 박격포사격과 정찰기의 지원을 받으며 장갑차부대를 선두로 총공격을 개시했다. 진압군의 총공격을 예상한 반군은 인원이나 장비로 보아 대항하는 것이 불가능하다고 판단했다. 따라서 김지회 등의 반군 지휘관과 순천의 주요 좌익간부들로 구성된 주력부대는 백운산과 지리산 인근 산악지대로 도피했다. 순천읍에는 총과 죽창으로 무장한 치안대, 민애청원, 학생들만이 일부 맞서고 있었다.

증원된 1개 대대병력과 장갑차로 보강된 진압군은 23일 아침 좌익세력의 미미한 저항을 받았지만 이를 쉽게 격퇴하고, 오전 11시경 순천전역을 탈환했다. 순천을 점령한 진압군은 가담자와 협력자를 찾아내기 위해 가옥을 하나하나 수색했다. 주민들을 국민학교 운동장과 같이 넓은 장소에 집합시켜 몸서리쳐지는 '협력자' 색출을 시작하였다.

2. 국회의원의 구사일생

여순사건이 진압된 10월 30일 평화일보에는 순천에서 국회의원 황두연이 인민재판에 배석판사로 활약했다는 기사가 보도되었다. 그 주인공은 순천에 지역구를 두고 있는 황두연이었다. 윤치영 내무부장관이 체포령을 내렸다는 내용이 덧붙여진 이날 보도로 황두연은 빨갱이로 낙인 되었고, 사람들은 놀라움을 금치 못했다.

황두연은 5·10단독선거에서 순천갑구에 출마하여 당선되었다. 황두연이 인민재판 배석판사로 알려지게 된 것은 이렇다. 10월 27일 평화일보 이지웅 특파원이 이를 취재했고, 28일 중앙청 출입기자인 장기봉으로부터 평화일보 양우정 사장에게 보고되었다. 28일 평화일보 양우정 사장은 사회부장과 편집부장에게 대대적으로 보도할 것을 지시했다.

그러나 28일 오후 3시 국회 출입기자 박상학은 전혀 그렇지 않다는 정보를 가져왔고, 황두연의 자제 황현수가 평화일보에 찾아와 사실이 아님을 해명했다. 또한 합동통신에서는 김웅진 의원이 국회에서 "황의원은 순천 외국인 집에 피신해 있다"는 발언을 보도함으로써 28일 평화일보에서는 게재를 보류했다. 29일 장기봉 기자의 주장과 현지 이지웅 특파원의 취재를 절대 확신한 양우정 사장은 황두연에 관한 기사를 내보내라고 편집국에 지시했다. 30일 평화일보 내용을 옮겨보면,

> 순천에서 본사 특파원 李志雄 27일발: 延着. 현지 검사인 朴贊길이가 소위 순천 인민재판소의 재판장이었다는 것은 別報한 바와 같거니와 국회에서 양국 철퇴를 열렬히 부르짖던 순천 선출 국회의원 황두연이 소위 배석판사였다는 것이 판명되었다 한다. 즉 황은 국회 휴회 중 고향에 내려갔던 것인데 사전에 반란군과 모종의 연락이 있었던 것이라 하며, 양군 철퇴를 부르짖는 자들의 정체는 이렇다는 것을 민중 앞에 여실히 폭로시키고 있다. 한편 이 정보에 접한 내무부에서는 체포령을 내렸다 한다.

박찬길 검사는 인민재판소 재판장이었고 황두연은 배석판사였다는 것이다. 박찬길 검사는 다음에서 확인해보자. 여순사건 당시 황두연은 국회가 휴회 중이어서 순천에 내려왔다. 이 자체가 반란군과 사전에 연락되었다는 주장이다. 황두연이 순천에 내려 온 것은 10월 19일이었다. 조봉암 농림부장관의 부탁으로 정부 미곡매입 강연 차 오석주 의원과 내려왔던 것이다. 오석주는 지역구인 고흥에서, 황두연은 순천에서 여순사건을

겪게 되었다. 오석주와 황두연은 사돈지간이었다.

조봉암은 이승만 정부의 내각에서 유일하게 사회주의 성향을 띠고 있는 장관이었다. 조봉암은 토지개혁에 몰두했고, 황두연의 하곡수집 반대에 대한 국회 발언에 동지적 느낌을 받았을 것이다. 당시 농민이 77%이었던 시절에 토지개혁은 최고의 화두였다. 북한은 1946년 3월에 무상몰수 무상분배라는 토지개혁을 단행했다. 남한에서도 이를 지켜볼 수만 없었다. 그래서 조봉암 같은 사회주의 성향 인물을 농림부장관에 발탁하게 된 것이다.

남한의 토지개혁은 유상몰수·유상분배를 원칙으로 1949년 6월에 착수되었다. 농지 가운데 모든 소작지와 3정보 이상 소유지를 유상으로 몰수하여 당해 농지의 소작농, 경작 능력에 비해 과소한 농지를 경작하는 영세농, 순국선열의 유가족, 피고용 농가에게 유상으로 분배한 것이다. 하지만 도시 토지와 임야 등은 토지개혁 대상에서 제외되었다. 전혀 실효가 없었다고 할 수는 없었으나, 절반의 토지개혁에 그치고 만 것이다. 이마저도 조봉암과 같은 인물이 있었기에 가능했다.

다시 황두연으로 되돌아가보자. 황두연은 순천의 우익 거물이었던 김양수를 누르고 국회의원에 당선되었다. 그의 당선에는 농민들, 즉 소작농의 힘이 컸다. 대지주였던 김양수에 비하여 농민에게 필요한 공약을 황두연은 말했던 것이다.

황두연이 농민을 대변했던 주장은 1948년 6월 3일 제헌의회의 3차 본회의에서 여실히 드러난다. 이 자리에서 황두연은 하곡(보리)수집 철폐를 요구하는 발언을 하게 된다. 그의 발언을 옮겨보겠다.

> 무지한 농민들은 반동분자들의 선동으로 생명까지 버리는 망동을 하고 있다. 갖은 악선전을 물리치고 이번 선거에 농민들이 참가한 것은 제일하기

싫어하는 공출을 면하려는 데에서 투표한 것이다. 벌써 농촌에서 하곡수집을 중지하여 달라는 요청을 많다. 지금 농촌사태는 불안한데 이에 대한 수습책이 필요하다. 또 수집해본다 하드라도 별성과가 없을 것이며 실제에 있어서 도시에서는 하곡(보리)을 배급 타 가지고 암매장에 팔아버리는 자가 대부분이다.(경향신문, 1948년 6월 4일)

농민들의 하곡수집 반대와 관리들의 부정부패가 만연하다는 황두연의 발언은 어디서 많이 들어 본 것 같지 않는가. 앞서 살펴보았던 여순사건이 '대중봉기로 확산한 이유'에서 전남 동부 지역 사람들이 동조·호응했던 여러 이유와 사뭇 같다는 것을 확인할 수 있다. 다시 한 번 미군정의 경제정책. 즉 미곡과 하곡 수집에 대한 백성들의 원성이 얼마나 컸는지 새삼스럽게 다시 떠올려 볼 수 있을 것이다.

황두연의 하곡수집 반대 발언은 국회의원 다수에게 공감이 되었으며, 훗날 대한노농당을 결성하는데 중요한 역할을 했다. 황두연의 이러한 일련의 활동이 이승만과 그 지지 세력에게는 좋게 보일 리가 없었다.

황두연이 인민재판 배석판사로 활동했다는데 확신을 갖고 평화일보에 보도를 지시한 양우정은 누구인가. 양우정의 보도 지침은 정치적 술수가 깔려 있었다. 양우정은 대한독립촉성국민회 선전부장으로 신탁통치 반대에 앞장섰다. 그는 이승만의 비서로 1948년에 「이 박사 독립노선의 승리」, 1949년에 「이 대통령 투쟁사」, 「이 대통령 건국정치이념」 등 이승만의 정치노선을 지지하는 글을 남겼다. 양우정의 이승만에 대한 충성심에 황두연이 걸려 든 것이다.

황두연은 국회 소장파로서 이승만의 정치노선과는 차이가 있었다. 당시 소장파가 주장했던 '양군철퇴'와 '반민특위법'에서 황두연은 양군철퇴에 대해 반대 입장을 취했다. 하지만 평화일보는 황두연이 양군철수를 주장한 것처럼 보도했다. 반민특위법에 대해서는 신중한 찬성 입장이었다. 황두연은 1948년 6월 3일부터 하곡 수집 반대 등을 내세우며 토지개혁을 비롯한 농민들의 대책을 요구했다. 이제 막 집권한 이승만에게 토지개혁은 쉽지 않은 문제였다. 자칫 잘못했다가는 지지세력 이탈로 이어질 수 있는 문제였다. 그런데 황두연은 줄기차게 하곡 수집 반대를 주장하면서 이승만 정부를 괴롭혔다.

국회에서 황두연의 적극적인 해명과 동료 국회의원들의 옹호, 그리고 정부 당국에서도 인민재판 배석판사에 참여한 사실이 없다고 결론지었다. 하지만 이대로 물러설 간단한 문제가 아니었다. 순천지역의 8개 우익단체가 내무부장관 윤치영에게 진상보고서를 올렸다.

사건보고서를 보면 "감언이설(甘言利說)과 교언영색(巧言令色)을 잘하는 기회주의자로 5·10선거에 입후보시 농촌지대에서 좌익분자들의 호감을 사기에 열중하였다"면서 "좌익을 옹호하는 현직검사 박찬길과 의숙질관계를 이용하여 우익단체원이나 경찰의 좌익사건 수사에 방해활동을 하였다"고 주장했다. 그러면서 황두연은 "반란군에 자진하여 식사를 제공하고, 자택에 인공기를 2일간 게양했으며, 자택에 좌익 측 살상분자 10여 명을 은닉하고 안전지대로 도피시켰다"고 주장했다.

이러한 진상보고서는 11월 2일 국민회 순천지부, 대청 순천군단부, 순천의용단, 조민당(한민당의 오기로 보임) 순천지부, 전국학련 순천지부, 민족청년단 순천단부, 대한노총 순천군연맹, 순천사변대책위원회 등 8개 단체가 주도하여 내무장관에게 올린 것을 평화일보가 앞장서서 보도했다.

5·10선거에서 황두연에게 패한 김양수는 절치부심 설욕을 다짐했다. 그러한 일련의 행동에서 황두연은 곤욕을 치렀던 것이다. 대지주에 우익단체의 거두인 김양수는 1950년 제2대 국회의원 선거에서 황두연을 눌렀다. 황두연을 빨갱이 의원으로 몰았던 순천지역 단체들의 결집에는 김

양수의 정치적 야욕이 숨어 있었다. 이승만 정부의 반대세력 제거를 위한 정치적 조작이 있었다.

조작과 왜곡으로 점철된 여순사건처럼, 정치적 탐욕을 채우기 위해서 조작과 모략은 필수적이었다. 이승만 정부의 도덕성과 보수우익의 도덕성을 잘 보여준 또 하나의 사건이 황두연의 '빨갱이 국회의원'사건이다.

3. 검사의 죽음

좌익으로 찍히면 쥐도 새도 모르게 죽을 수 있던 시절. 광주지방검찰청 순천지청의 차석검사가 경찰에 총살되었다. 그 이름은 박찬길이다. 일부에서는 박창길로 기록되어 있다. 박찬길 검사의 죄목은 순천 인민재판에서 재판장을 맡았다는 것이다. 경찰에서는 박찬길을 '적구(赤狗)검사'라 불렀다.

박찬길 검사의 인민재판에 대해서는 윤치영 내무부장관의 국회보고서에서 처음 거론되었다. 그 내용을 옮겨보면,

> 반도는 승천의 여세로 순천 우익요인, 경찰관 가족을 살해 학살하고 순천서·군청·읍사무소·전기회사·은행 등 금융기관을 완전접수한 후 인민공화국 국기 급 간판 등을 게양하고 자칭 계엄령을 발포하여 당지 재판소를 인민재판소로 개칭하여 순천검사국 국장 朴昌吉검사를 재판관으로 하여 학살·약

탈 등의 만행을 감행하였다.(제1회 89차 국회본회의 1948년 10월 27일, 윤치영 내무부장관
의 여순사건 보고)

현직 검사가 인민재판에 재판관으로 활동했다는 보고는 적잖은 파문이었다. 박찬길 검사가 인민재판에 재판관으로 우익인사를 처형시켰던 것은 사실일까. 그는 경찰과 검찰의 갈등에 의한 희생양이었다. 진압군에 의해 순천이 탈환되고, 숨어있던 경찰과 우익청년단은 진압군과 함께 대대적인 협력자 색출에 나섰다. 이때 이미 경찰은 박찬길 검사를 찾기 위해 혈안이 되어 있었다.

그 이유는 여순사건 발생 이전에 경찰은 좌익인사를 쫓다가 산으로 도망가자 총을 쐈다. 다리에 총을 맞고 쓰러진 좌익을 경찰관은 한 방 더 쏴 죽이고 말았다. 그런데 죽은 사람은 좌익이 아니라 산림을 도벌하던 민간인이었다. 박찬길 검사는 이 경찰관에게 징역 10년을 구형했다. 이외에도 경찰의 잘못된 수사에 대해서는 혐의 없음으로 처리한 경우가 있었다. 순천 경찰은 박찬길이 적구 검사라는 보고를 검찰청에 올렸다.

박찬길 검사는 여순사건이 발생하자 집 장작더미에 숨어 지냈다. 23일 순천탈환과 함께 박찬길을 찾기에 혈안이 된 경찰에 의해 자택인 관사에서 잡혔다. 경찰에 의해 반죽음이 된 상태에서 순천시민을 총 집결시킨 북국민학교로 끌려갔다. 박찬길에 대한 처형날짜는 10월 23일, 10월 24일, 10월 25일 제각각이다.

박찬길 검사의 총살에 대한 첫 번째 보도는 자유신문 1948년 10월 29일에 실렸다.

23일 관군이 탈환한 후 곧 시내 주민들을 두열로 지어 북국민학교 교정에 집합시키고 민심을 안정시키는 포고문을 발표한 다음 인민재판장이었던

> 박찬길 검사를 위시하여 치안서장 서준필 부서장 김홍연 등 좌익 폭도 21명을 교정에서 경찰이 총살 집행하였는데 최후까지 인민공화국기를 몸에 지니고 있는 중학생은 인공기로 얼굴을 가리우고 군중들 앞에서 총살되었다고 한다.(자유신문, 1948년 10월 29일)

박찬길을 비롯한 서준필, 김홍연 등 21명이 북국민학교 교정에서 총살되었음을 알 수 있다. 이중에는 중학생도 있다는 것이다. 현직 검사가 경찰에 의해 즉결처분되었지만, 세간에 큰 이목을 끌지 못했다. 검찰 내부에서는 총살에 대한 적법성에 대해서나 박찬길 검사의 좌익 관련 등에 대해 별 관심을 갖지 않았다. 경찰과 언론의 보도에서 '적구검사'라는 불똥이 또 다른 모양으로 튈 것을 우려하여 그냥 넘어갔다. 국회에서는 '황두연 의원 진상 조사 특별대책위원회'를 구성하여 활동을 벌였던 것과 대조적으로 박찬길 검사의 즉결처분은 유야무야 넘어가는 듯했다.

그러나 박찬길 유가족이 억울함을 호소하고 당시 경찰책임자를 처벌해 달라는 탄원서를 법무당국에 올리면서 다시 재조사에 나서게 되었다. 군·경·검 합동수사본부는 법무부검찰과장 선우종원 검사, 대검찰청 정창운 검사, 국방부 정훈감 김종문 중령, 내무부 치안국수사지도과 김남영 총경 등 4명으로 구성하여, 현지 진상조사에 나섰다.

약 2주일 조사 끝에 박찬길 검사의 총살은 부당하며, 이는 당시 경찰책임자였던 전남경찰청 부청장 최천 총경의 모략이었다는 결론을 내렸다. 하지만 경찰은 최천에게 책임을 묻는 것은 여순사건에서 희생당한 경찰에 대한 모욕이고 경찰의 사기를 떨어뜨린다는 이유로 독자적인 경찰보고서를 치안국장에게 올렸다. 경찰의 반발이었다.

경찰과 검찰의 힘겨루기가 나타났다. 당시 권승렬 법무장관은 전남경찰청 부청장 최천이 혼란 상황에서 애국심이 도를 넘어 벌어진 일이라고 경찰에 책임이 있음을 시사했다. 경찰은 즉각 발끈하면서, 당시 총살형은 군의 지휘 아래 이루어졌다고 군에 책임을 전가했다.

광주지방검찰청에서도 박찬길 검사 총살에 대해 별도의 조사를 벌였다. 광주지방검찰청 차장검사 기세훈이 밝힌 내용을 보면 "10월 24일 오전 11시 순천 북국민학교 교정에서 당시 광주지방검찰청 순천지청 박찬길(당시 38) 씨를 인민재판장을 했다는 이유로 총살을 집행하는 동시에 광주지방법원 순천지원 서기 방기환(30) 씨도 총살하였다"고 진상을 밝혔다.

기세훈 검사는 당시 박찬길 검사의 총살 관계자인 순천경찰서 사찰주임 배모 및 사찰계원 최모 씨를 취조했으며, 대구 고등검찰청에서는 당시의 경찰 전투사령관인 최천도 취조 중에 있다고 밝혔다. 기세훈 검사의 진상조사에는 총살집행에 대해 계엄사령관에게는 하등의 연락이 없었으며, 당시 제5여단장 김백일 대령이 만류했음에도 불구하고 집행했다는 사실을 밝혔다. 군에게 책임 전가했던 경찰의 주장을 반박한 것이다.

박찬길은 인민재판과 무관하며, 박찬길 총살을 최천이 주도했음도 밝혀졌다. 협력자 색출에 혈안이 된 혼란기를 이용하여, 경찰은 마음에 들지 않았던 박찬길 검사를 척결했다. 그리고 적구검사로 조작한 것이었다.

최천에게 책임을 묻고자 했던 모든 행위는 중단되었다. 재조사가 진행되는 도중 순천경찰서 사찰과장 등 4명이 검찰에 구금되자, 전남경찰은 총기와 각종 장비를 경찰청 뒷마당에 버려놓고 일체의 훈련과 직무를 중지하는 보이콧을 단행했다. 치안업무가 공백에 빠지고 검·경의 대립이 날카로워지자 이범석 국무총리와 각부 장관이 중재에 나섰다. 4명의 경찰관은 구금된 지 하루 만에 풀려났다. 최천도 대구지검에 이송했으나 경북경찰국이 강력히 항의하는 바람에 검찰의 계획은 좌절되고 말았다.

박찬길 검사가 여순사건 당시 인민재판 재판관을 지냈다는 혐의는 풀

렸지만, 그의 억울한 죽음에 책임자 처벌은 이루어지지 않았다. 가해자에 대한 진실규명도 없이 유야무야되고 말았다.

권승렬 법무부장관은 헌법과 법률적 견지에서는 분명 잘못된 일이지만, 공산주의자를 잡는 진압 경찰의 공을 인정해야 한다는 이중적 태도를 취했다. 또한 국가의 방비를 위해서는 다소간 인권을 유린하는 것은 어쩔 수 없다고 주장했다. 법무부장관마저 국민의 인권은 안중에 없는 나라가 이승만 정부의 모습이었다.

국회에서도 조국현 의원은 동료나 친척을 잃은 군경의 심리가 '백 퍼센트 환장이 되었을 그 판에 옥석을 가릴 여유가 없는 것이 당연하다고 주장했다. 조헌영 의원도 시국 수습의 책임을 맡아 목숨을 걸고 싸운 최천에게 구속영장을 발부한 것은 언어도단이라며 이러한 조치는 평상시에 법치국가만 생각하고 대한민국의 현 사태를 이해하지 못한 것이라고 비난했다. 조한백 의원도 공산당과 투쟁하는 사람을 죽인다면 국가의 치안을 혼란케 할 것이라면서 경찰 측의 논리를 그대로 대변했다. 국회의원들마저 경찰의 논리를 대변했던 것은 당시 경찰 권력의 힘이 얼마나 막강했는지 가늠할 수 있는 부분이다.

박찬길은 처형 당시 38세(1910년생)로 황해도가 고향이다. 숭의실업학교와 재령의 명신중학교를 다녔다. 가정형편이 어려워 장로교에서 주는 장학금으로 일본 중앙대학 법과를 졸업했다. 그는 조만식의 제자로 알려졌다. 해방 후 부인과 3남매가 월남하여 법관시험에 합격했다. 1947년 2월부터 광주지방법원 순천지청에서 근무했다. 그는 원만한 성격에 독실한 기독교 신자였다.

살아남은 그의 유가족은 남편, 아버지의 억울함을 밝히고 싶었다. 진상조사를 통해 책임자 처벌을 요구했다. 하지만 반공주의를 내세운 대한민국에서는 밝힐 수 없는 일이었다. 대한민국의 권력을 쥐고 있는 이승만과 그 지지 세력들 그리고 친일 경찰과 관료들의 대동단결은 확고부동했다. 친일경찰의 놀라운 단결력이 대한민국 경찰로 굳건하게 자리하고 있음을 볼 수 있다.

정부나 국회에 국민의 생명과 인권은 아무런 문제가 되지 않았다. 공산주의자만 잡으면 되는 것이었다. '적구', '미친개', '빨갱이', '불량 국민'이면 아무 곳에서나 즉결처분할 수 있다는 친일경찰의 논리가 그대로 답습되고 있었다. 거기에 국회의원도 마찬가지였다.

경찰의 오만방자한 힘의 논리가 해방정국에서 대한민국 정부수립까지 그대로 이어지고 있는 현장을 보고 있는 것이다. 친일파 척결을 위해 노덕술을 체포하자 반민특위를 쳐들어가 깨부수고 난장판을 쳤던 친일경찰의 모습이 여순사건에서도 그대로 있었다. 경찰의 눈에 한 번 거슬리면 목숨을 내놔야 하는 세상이었다. 경찰의 비위를 건드리면 안 되는 세상. 공산주의자라고 덮어씌우면 사람 목숨도 파리 목숨이 되는 세상.

대한민국 경찰은 친일경찰의 관성을 그대로 이식받았다. 안타깝게도 잘못 이식된 관행으로부터 저지른 행위에 대해 경찰은 단 한 번도 사과한 적이 없다. 정치권력에 의탁하여 정치권력의 입맛을 맞추며 친일경찰은 대한민국의 경찰로 다시 태어났다.

현직 검사마저도 적구로 낙인찍어 죽여 버리는 1948년 10월. 진압군은 10월 27일 여수를 끝으로 모든 지역을 탈환했다. 군인을 필두로 경찰·서북청년단 등이 곳곳을 다니면서 여순사건의 협력자를 색출했다. 그들에게는 인권이 없었다. 그들은 이미 적구였다. 그들은 이미 불량 국민이었다. 어떤 변명도 어떤 이유도 필요하지 않았다. 자비로운 은혜만을 기대할 뿐이다.

"나서면 다친다", "나서면 죽는다", "나서지 마라" 여순사건이 남긴 삶의 지혜이다.

학살, 산수유 동백꽃의 피울음

1. 누가 죽였는가?

제14연대 군인들이 봉기했던 이유는 '동족상잔 반대'였다. 그들의 목적이 정당성을 부여받기 위해서는 동족 살상이 결코 없어야 했다. 하지만 여수를 점령한 반군에 의한 첫 피해는 경찰과 우익인사들이었다. 제14연대 반군이 저질렀다고 단정하기는 어렵지만, 여하튼 지방좌익과 합세되면서 경찰과 민간인에 피해가 발생했다.

여수지역에서는 어느 정도 통제와 절제가 있었다. 하지만 순천을 점령한 반군의 살상은 '죽음의 도시'란 기록을 남기게 만들었다. 무장하지 않은 민간인을 살상했다는 자체만으로도 봉기의 정당성이 상실되고 말았다. 이는 곧 보복으로 이어졌다. 몇 백배 무참한 보복의 피를 부르게 했다.

2013년 현재까지 당시의 좌익에 의한 민간인 피해가 어느 정도인지 밝혀지지 않았다. 경찰관들도 무수히 많은 피해가 있었다고 하는데 그 숫자는 알 수 없다. 여순사건이 진압되고 정부의 사회부, 전라남도 보건후생국, 전라남도 사회과, 중앙청 파견 조사반 등이 조사 실태를 발표했지만 모두 제각각이었다. 정부당국의 발표가 제각각이다보니 민간인 희생자에 대해서는 아직도 논란이 많다.

특히 보수우익에서는 반군 점령기간에 경찰과 우익인사 피해에 대한 표현의 정도가 지나치도록 과장되었다. 또한 피해 숫자도 기하급수적으로 부풀려 있다. 정부와 국군의 문헌에 나타난 피해 관련한 기록과 특별취재단의 내용을 먼저 살펴보겠다.

> 반란군의 손아귀에 들어가 경찰관과 민족진영 각 단체 요인들은 물론 그 외 가족의 대부분이 무지한 그들에게 참살되었고 가재도구도 모조리 약탈되었으며 금융기관을 위시한 각 회사 상점의 피해는 물론 민가의 방화 약탈 부녀자의 강간, 선량한 인민의 학살 등등 형용할 수 없는 민족적으로 커다란 비극을 빚어냈든 것이다.(현윤삼, 「전남반란사건의 전모」, 1948, 대조 12월호)

> 관광서와 은행 등 주요공공기관을 점령한 직후 경찰관과 기관장, 우익단체 요원, 지방유지 할 것 없이 여수경찰서 뒤뜰에서 총살하였다.…… 반란군은 순천의 시가지를 완전 점령하고 반동분자를 색출하여 500명을 인민재판이라는 미명 아래 학살하였다. 특히 경찰관 400여명이 진압작전을 펼치던 중 전사하거나 반란군에 의해 학살되었다.(국방부, 『대비정규전사』, 1988)

여수를 점령하고 순천을 점령한 반군은 경찰관과 우익인사를 색출하여 학살했다. 순천에서만 경찰관이 400여명 학살되었고 민간인 500명이 학살되었다고 국군의 문헌에는 기록되었다. 하지만 이렇게 죽어간 경찰관의 명단을 알 수가 없다. 국방부 주장에는 반군의 잔인성이 과장되어 있다. 당연히 피해자 사실도 과장되어 있다. 그렇지만 한 명이든 열 명이든 그 숫자가 얼마가 될지 모르지만 학살된 것만은 사실이다. 잘못된 총부리였다.

10월 27일 여수가 마지막으로 탈환되었다. 진압군과 경찰과 우익청년단체의 협력자 색출이 있었다. 피의 보복이 시작되었다. 외신에 실린 기사 내용을 옮겨보면,

> 한쪽에서는 그 광경을 여자들과 아이들이 가만히 보고 있었다. 그런데 그 중에서 나에게 가장 무섭고 두려운 징벌의 장면을 말하라고 한다면, 보고 있는 아녀자들의 숨 막힐 것 같은 침묵과 자신들을 잡아온 사람들 앞에 너무나도 조신하게 엎드려 있는 모습과 그들의 얼굴 피부가 옥죄어 비틀어진 것 같은 그 표정, 그리고 총살되기 위해 끌려가면서도 그들은 한마디 항변도 없이 침묵으로 차례를 기다리고 있다는 사실이었다. 한마디의 항변도 없었다. 살려 달라는 울부짖음도 없고 슬프고 애처로운 애원의 소리도 없었다. 신의 구원을 비는 어떤 중얼거림도 다음 생을 바라는 한마디의 호소조차 없었다. 수세기가 그들에게 주어진다 해도 이런 상황에서 그들이 어떻게 울 수조차 있었겠는가.

1948년 12월 6일자 칼·마이던스 기자는 「라이프」지에 '한국에서의 반란' 제목으로 기사를 내보냈다. 학교 운동장에 잡혀있는 사람들의 모습이다. 너무 조신하게 엎드려 있는 모습, 한 마디 항변도 없이 울부짖음도 애원도 없는 침묵의 모습을 담담하게 기자는 썼다.

또 한사람의 증언을 보자. 10월 하순 한국해양대 학생으로 승선 실습을 하고 있던 리영희는 여순사건의 참혹한 현장을 보게 되었다. 그는 부산에서 여수로 출동한 함정에 타게 돼 진압 후 여수여중학교에서 목격한

장면을 이렇게 증언했다.

운동장에는 수를 헤아릴 수 없이 많은 시체가 즐비해 있었고, 반란군과 진압군 쌍방의 희생자들은 대부분이 젊은 민간인들이었다. 운동장 울타리를 둘러싸고 많은 사람들이 먼발치에서 통곡하고 있었다. 나는 동료 학생들을 재촉해서 그 자리를 빨리 떠나버렸다. 멸치를 뿌려놓은 것처럼, 운동장을 덮고 있는 구부러지고 찢어진 시체들을 목격한 후회와 공포감 때문이기도 했지만, 울타리 밖에서 울부짖고 있는 남녀노소의 시선이 두려워서였다.

〈사진-21〉 학살된 민간인들

시체가 멸치를 뿌려놓은 것처럼 운동장을 덮고 있다. 얼마나 많은 사람들이 죽었다는 것인지 도무지 상상할 수 없다. 목격자도 공포감에 그곳을 빨리 떠날 수밖에 없었다. 목격하는 것 자체가 후회스럽다. 먼발치의 통곡소리는 메아리에 불과했던 학교운동장의 모습을 리영희는 이렇게 썼다.

사람의 시신이 멸치로 표현될 만큼이나 많은 민간인이 죽었다. 어떤 항변도 처참한 죽음에 대한 이유가 될 수 없다. 여수지역만의 상황이 아니었다. 전남 동부 지역에 불어 닥친 광풍이었다. 죽은 자는 널브러져 있지만 죽인 자는 없다.

죽은 자뿐만이 아니었다. 억울하게 복역 중인 사람도 다수였다. 당시 국회의원 서민호(고흥출신)는 이들에 대한 재심을 요구하는 긴급 동의안을 국회에 제출하였다. 서민호의 국회발언을 옮겨보면,

> 반란 당시 오직 피동적으로 소위 인민대회에 참가하였다던가 혹은 완장을 착용하였다고 하여 실지 범행이 없었음에도 불구하고 극형 또는 10년, 20년의 중형을 받고 복역 중에 있는 청년동포들에게 대한민국에 충성을 다할 길을 열어주기 위하여 하루 속히 당국이 재심을 단행할 것을 요청한다.

인민대회 참가했다는 이유로, 완장을 찼다는 이유로, 머리를 짧게 깎았다는 이유로, 군용 팬티를 입고 있었다는 이유로 형무소에 수감되거나 총살당했다. 당시 복역된 숫자가 어느 정도였을지 가늠되지 않는다. 이들은 1950년 6·25전쟁이 발발하면서 형무소에서 대부분이 처형되었다.

2. 산수유의 노란빛깔

지리적으로 구례는 반군이 지리산으로 들어가는 입구이자, 곡성·광양·순천·보성·남원 등지와 연결되는 길목이다. 1948년 10월 23일 김지회와 홍순석이 이끄는 제14연대 반군이 구례에 들어왔다. 입산한 반군과 좌익세력은 지리산 일대에 유격 근거지를 구축하고 덕유산과 백운산에 분산하여 은거했다. 반군은 지리산 주변마을을 보급지로 삼았다. 구례 주민들은 반군에게 식량과 물자를 빼앗기거나, 숙식을 제공하거나, 보급품을 산으로 운반하기도 했다. 또한 주민 일부가 반군과 함께 입산하기도 했다. 지리산 일대의 주민들은 밤이면 '인민공화국'이고 낮이면 '대한민국'의 국민으로 살아야 했다. 큰 산 아래 사람들의 숙명이었다.

1948년 11월 1일 계엄령이 전남·북으로 확대되었다. 계엄사령부는 포고문을 통해 "불법무기" 소지자와 반군·폭도·불온분자 은닉 자는 물론 '식사·의류·금품'을 제공한 자에 대하여 '총살 혹은 기타 형'에 처한다"고 발표했다. 구례경찰서와 지서 경찰들은 마을을 사찰하여 관련자를 연행·구금·취조하고 사살했다. 사살을 할 경우 경찰이 직접 맡았고, 사살 이후 시체의 운반이나 매장 등은 한청단원을 비롯한 마을청년들이 동원되었다.

구례에서 피해가 가장 컸던 곳은 남원과 접경을 이루었던 산동면이다. 봄이면 노란 산수유가 산 전체를 뒤덮는 아름다운 마을에 1948년 겨울은 처참했다. 1949년 봄. 산수유 열매는 붉은 피울음을 토해내며 노란 꽃을 피웠다. 산동사람들은 산수유 꽃을 볼 수 없었다. 피울음으로 절규하는 꽃망울 하나하나에 죽음의 사연을 토해내고 있었다. 왜 죽어야 하는

지도 모른 채 산송장이 되어 노란 산수유 꽃망울로 태어났다.

산동면에는 국군 제3연대가 원촌국민학교에 주둔하며 민간인들을 연행 및 구금하고 학살했다. 제3연대 연대장은 함준호 중령이었으며, 1대대장 박승일, 2대대장 조재미, 3대대장 한웅진이었다. 실질적인 현지 지휘관은 경비사관학교 2기생인 2대대 대대장 조재미 대위였다.

제3연대는 좌익의 근거지와 협력자를 색출하기 위해 마을에 군정보원(사복 근무)과 민간 정보망을 두어 정탐했다. 특히 부락 사정을 잘 아는 사람(정보원)을 이용했는데, 이는 사적인 보복으로 이어졌다. 산동면 원달리 이장 김갑수는 일명 '김대장'으로 행세하며 정보원으로 활동을 했다. 둔기리 이재명도 과거의 좌익 활동을 묵인하는 조건으로 좌익가담자 색출에 나섰다. 이는 곧 젊은 사람들의 무고한 학살로 이어졌다.

산동면에 피해가 컸던 것은 앞서 살펴본 제12연대장 백인기 중령이 반군의 기습 작전으로 희생된 것에 대한 보복성이 컸다. 또 산동면에 '좌익명부'가 발견되면서 문서에 이름이 오른 사람들이 좌익 또는 협력자로 희생을 당했다.

국군과 경찰은 좌익명부가 산동면에 좌익이 많다는 증거라고 했지만, 실제적으로 살펴보면 허술하기 짝이 없다. 기재된 내용은 '아무개 댁', '아무개 아제'하는 식이었고, 자신도 모르게 이름이 올라 있는 경우가 허다했다. 당시 조사를 했던 경찰은 "수백 명을 취조하다 보니⋯⋯ 그 중엔 좌익 활동한 이들도 있고, 그냥 가입도장만 찍어 준 이들도 있고, 이도 저도 아닌 이들도 있고⋯⋯ 조사가 전혀 없다고 할 수는 없지만 형식적인 조사만 있었다"고 진술했다. 좌익명부는 백인기 연대장의 피살에 따른 보복성에 활용된 측면이 강하다.

산동면에는 여순사건으로 인한 희생자의 넋을 달래주는 노래 한곡이 있다. 백부전(본명 백순례)이 불렀다는 「산동애가」이다. 백부전이 군인에게 끌려가는 길목에서 불렀다고 전해지고 있다.

그 사연인즉, 백부전은 3명의 오빠가 있었는데 큰오빠는 일제 징용에 끌려가 죽었다. 작은오빠 백남수가 좌익명부에 기재된 이유로 군인에 체포되어 1948년 11월 초에 산동면 시상리 꽃쟁이에서 사살되었다. 그리고 막내오빠(백남극)와 백부전마저 군인에게 체포되어 죽게 되었다. 백부전은 "그래도 우리 집안에 대를 이어갈 아들은 하나 있어야 할 것이 아니냐. 나까지는 죽어도 괜찮으니까 막내오빠만은 하나 살려달고 애원했다"고 한다. 그래서 막내오빠는 살고 백부전은 작은오빠가 총살된 3~4일 뒤에 총살되었는데, 이때 「산동애가」를 불렀다고 한다.

「산동애가」는 산동면의 좌익명부로 희생된 가족의 슬픈 역사를 담고 있다. 큰 산 아래 살았던 산동면 사람들의 애끊는 심정을 이 노래는 담고 있다. 어떤 노래인지 궁금한 독자는 인터넷에 「산동애가」를 검색하여 한번 들어보기 바란다. 1948년 여순사건이 담고 있는 민간인 학살에 대한 처절한 노래에 금세 눈시울이 붉어진다. 열여덟 살 꽃다운 처녀의 삶을 희구하는 간절함에 가슴이 답답해진다.

조재미 대위는 마을에 군정보원과 민간 정보망을 두어 정탐하고, 좌익으로 의심되는 민간인을 잡아들이기 시작했다. 한번 마을 수색작전을 나가면 50~100여 명의 민간인을 원촌리 원촌국민학교와 누에고치 판매소(원촌국민학교 바로 옆 건물)로 끌고 왔다. 취조는 주로 식량제공 여부 등을 물어, 반란군 협력자를 선별하는 방식이었으며, 이 과정에서 구타와 전기고문 등 가혹행위가 이루어졌다.

자기들이 보기에 의심이 나면 잡아서 취조하다가 말을 안 들으면 옷을 벗겨 가지고 한겨울에 바가지에 물을 담아 가슴에다가 확 찌끄리고 찌끄리고 했습니다. 조사를 하다가 뭐가 이상이 있으면 데리고 나와서 산속으로 올라가라고 해서 총 쏘고 했습니다. 수용소에 하루 5~50명씩 가두었다가 죽이고 죽이고 했습니다. …… 취조는 외지에서 온 사복경찰이 했는데, 공산당에 입당했느냐 반란군이 내려와서 밥을 몇 번 해주었냐, 집은 어떻게 지어다 주었냐는 내용이었습니다.(진실화해위원회, 『2008년 상반기 보고서-구례지역 여순사건편』, 2008)

새끼줄로 묶어서 하루에 5~50명씩 사람들이 죽어나갔다. 당시 희생된 민간인의 억울한 사연은 이루 말할 수 없다. 반군이 출몰하는 지역의 가장 큰 특징 중의 하나가 집이 크다는 이유로 국군과 경찰에 잡혀가 학살된 경우가 많다. 반군이 산에서 내려와 마을에서 제일 큰 집에 머물면서 밥을 먹고 잠을 자고 가는 경우가 많았다. 입산하는 길목에 있는 마을도 마찬가지였다. 이런 집은 반드시 경찰과 국군이 들이닥쳐 조사를 했다. 밥을 해준 것과 잠을 재워줬다는 것은 협력자였고, 결국 총살이었다. 이렇게 산동면에서 희생된 숫자가 적지 않다.

그 이외에도 마을이 소각되어 소를 키우지 못하게 되자 소를 팔려고 했다(반출 금지명령을 어겼다)는 이유로, 반군이 소를 끌고 갔다는 이유로, 저녁에 소죽을 쑤기 위해 불을 지폈는데 좌익분자들과 내통하는 신호란 이유로, 반군에게 곡식을 강탈당했다는 이유로, 반군 낙오자에게 밥을 줬다는 이유로, 반군에 끌려 쌀과 부식을 산으로 운반했다는 이유로, 동생이 반군이라고 형을 대신 죽이는 등 학살의 사연도 제각각이었다.

한 가지 사연을 더 소개하고자 한다. 산동면 원달리 달전마을의 피맺힌 사연이다. 반군이 마을에 들어와 밥을 먹고 갔다. 다음날 오후 6시경 군인들이 마을 주민들을 정자나무 밑으로 집결시켰다. 군인들은 반군에게 밥을 해준 집과 해주지 않은 집을 가려냈다. 당시 형편이 어려운 다섯 집은 밥을 해주지 못했다.

군인들은 밥을 해주지 않았다는 다섯 집 가족 전체를 거짓말했다고 마을 정자나무에서 총살했다. 가난하여 밥을 지어주지 않은 것이 죄가 되었다. 진실로 말한 것이 죄가 되었다. 군인들의 보복은 여기서 끝나지 않았다. 그 후 군인들은 18~40세 남자들만 나오라고 하여 마을 앞 논에 세워놓고 총살했다. 마을전체는 소각시켰다.

산동면 민간인 학살의 주체는 국군 제3연대와 구례경찰서 경찰이었다. 그리고 청년단원 및 산동면 시국대책위원회 구성원 등이 보조적인 역할을 맡았다. 지금까지도 이들은 떳떳하게 공산주의자들을 죽였다고 항변하고 있다. 그들이 말한 공산주의자는 어떤 사람들인지 묻지 않을 수 없다.

대한민국의 국군으로서 도저히 해서는 안 되는 일이 1948년 겨울에서 1949년 초까지 구례 산동면에서 자행되었다. 이는 산동면의 상황만이 아니라는 것이 더욱 큰 문제였다. 그렇지만 불량 국민이었다는 말 한마디, 빨갱이였다는 말 한마디면 만사형통이었다.

1948년 겨울부터 시작된 산동면의 피비린내를 자양분으로 삼은 산수유가 봄마다 꽃망울을 터트리고 있다. 왜 죽어야 하는지 영문도 모른 채 죽어간 넋들을 달래기 위해 매년 더 화사한 노란 꽃을 피우고 있다. 소리 없는 통곡이 한참동안 산동마을을 돌고 돌아, 집집마다 노란 산수유는 꽃망울을 터트린다.

지리산을 터전으로 살았던 이들의 삶과 죽음의 갈림길을 현재 우리가 어떻게 이해할 수 있겠는가. 순박하게 땅만 일구고 살았던 이들이 겪었던 피의 절규를 어떻게 알 수 있겠는가. 그러나 우리는 알아야 한다. 제대로 알려고 노력해야 한다. 국가가 국민을 보호의 대상으로 여기지 않고 불량 국민으로 낙인찍어 죽였던 그 역사를 제대로 알아야 한다.

3. 오동도 붉은 동백꽃

전라선 종착역. 전라선은 전라북도 익산에서 전라남도 여수로 이어지는 철길 이름이다. 전라선 종착역은 남해바다가 훤히 보이는 멋진 곳에 위치하고 있다. 전라선의 시초는 일제강점기로 올라간다.

일제강점기인 1930년 12월 25일 전라남도 광주에서 여수까지 여광선 철도가 개통된 것이 시초이다. 여광선의 개통은 일제강점기에 조선인이 당한 그 고통을 고스란히 간직하고 있다. 일제가 조선 좋으라고 철도를 개통한 것이 아니었다. 전라도지역에서 생산된 쌀을 일본으로 실어 나를 목적이었다. 광주-여수 간 철도가 개통된 1930년 12월 25일 여수항에서 일본의 시모노세키(下關)간의 뱃길도 열렸다.

전라선 녹슨 기찻길에는 또 다른 삶과 죽음이 담겨있다. 1948년 10월 27일 국군은 여수를 탈환했다. 곧바로 협력자 색출이 진행되었다. 학교 운동장은 무표정한 사람들이 항변도 없이 침묵하고 있었다. 살려 달라는 울부짖음도 없고, 슬프고 애처로운 애원의 소리도 없이 곳곳에서 총성이 났다. 이미 학교는 배움의 터전이 아니었다.

여수여중 학교에 터를 잡은 제5연대 김종원 부대는 바로 앞에 위치한 종산국민학교에서 온갖 만행을 저질렀다. 종산국민학교 버드나무는 60여 년 전 김종원이 권총으로 쏴 죽이고, 일본도로 목을 쳐서 죽이는 광경을 목격했다. 일제강점기 만주에서 일본군 하사관으로 당시 독립군과 그들을 지지하던 조선인들을 가혹하게 참수했던 잔악성이 대한민국 국군의 이름으로 자행되고 있었다.

종산국민학교에 잡혀 있던 민간인들은 대부분 학살되었다. 이들이 학살된 곳은 오동도와 만성리였다.

　오동도는 조그만 섬이었다. 1933년에 방파제가 만들어지면서 육지와 연결되었다. 1968년 한려해상국립공원으로 지정되었고 여수에서 가장 유명한 관광지가 되었다. 이곳 오동도에는 어부의 아내가 정조를 지키기 위해 벼랑창파에 몸을 던졌다는 오동도 전설을 새겨 놓은 돌비석이 있다. '약무호남 시무국가(若無湖南是無國家)'라는 이순신 장군의 어록도 크게 새겨져 있다.

　남편과 아내의 아름다운 전설의 이야기, 시누대에 얽힌 이야기, 이순신 장군의 나라 사랑 이야기 뒤에는 처절했던 죽음의 역사가 숨겨져 있다. 이곳 오동도에서는 1948년, 왜 죽어야 하는지 이유도 모른 채 수많은 여수 사람들이 총살되어 바다에 던져졌다. 고무신 하나 얻어 신은 것이 죄가 되었다. 머리가 짧다는 것이 죄가 되었다. 손이 기름 때가 묻어 있는 것이 죄가 되었다. 오동도에서 떼죽음 당한 이들은 초라한 묘지 하나 없다. 비석 하나 없다. 이들의 넋을 위로하는 작은 비석 하나 세워두면 안 되는 것일까.

　어릴 적 만성리해수욕장으로 가는 길은 항상 무서웠다. 자가용은 언감생심, 버스도 엄두도 내지 못했던 시절. 걸어서 만성리해수욕장을 가기 위해서는 반드시 2개의 관문을 통과해야 했다. 첫째는 만성리 큰 굴(마래 2터널)이었다. 어두컴컴한 큰 굴은 방금이라도 귀신이 나올 것만 같았다. 무서움을 떨치기 위해 동무들과 함께 목청껏 소리를 질렀다. 큰 굴을 지나 태양이 머리를 내리쬐면 누가 먼저라고 할 것도 없이 돌멩이를 세 개씩 주었다. 두 번째 관문을 통과하기 위한 준비였다. 숨소리는 점점 가빠지면서 발길도 빨라졌다. 옆을 쳐다 볼 겨를도 없이 앞만 보고 줄행랑을 쳤다. 움푹 파인 골짜기가 나타나면 주먹에 쥐고 있던 돌멩이를 던졌다. 왜 그래야하는지 몰랐다. 그렇게 해야 한다고 어른들이 말했다.

만성리해수욕장은 검은 모래로 1980년대까지 전국적으로 유명했다. 비포장 신작로였던 만성리가는 길은 항상 무서웠다. 아무것도 모르고 만성리 골짜기(용골)에 돌멩이를 던졌다. 훗날 알고 보니 거기에서 수많은 사람들이 죽었다.

종산국민학교에서 협력자로 취조를 받던 여수 사람들이 가장 많이 학살된 곳이 마래터널을 지난 만성리 학살지 주변과 형제묘이다. 만성리 용골(현 만흥동 149-1~2번지 일대)지역은 몇 차례에 걸쳐 국군과 경찰에 의해 집단으로 총살된 학살지이다. 그 숫자가 얼마나 되는지 가늠하기가 쉽지 않다. 제14연대 출신으로 대한청년단 단원이 된 증언자는 "당시 여수경찰서에 구금되었다가 재판받지 않고 만성리에서 총살당한 민간인들이 있었다"며 만성리에서 처형이 있었음을 인정했다.

〈사진-22〉 만성리 형제묘

만성리 학살지 용골을 지나 100미터 정도를 걸으면 '형제묘'를 알리는 안내판이 나온다. 형제묘는 1949년 1월 여수경찰서에 체포되어 있던 민간인이 총살된 곳이다. 군과 경찰은 만성리로 끌고 온 이들을 5개조로 나눠 한 조를 사살하고, 그 위에 장작을 깔고, 다시 한조를 사살하는 식으로 125명을 처형했다. 그리고는 시신에 불을 질렀다. 시체 타는 냄새가 3일 동안 진동해, 만성리 사람들은 그곳을 다닐 수가 없었다. 죽어서라도 형제처럼 지내라는 의미로 형제묘라고 유가족들이 철판에 새겨놓았다. 이제 철판은 녹슬어 글자를 알아볼 수 없다.

여수 진압작전에 참가했던 군인들의 증언을 통해 26일과 27일 여수 탈환작전 당시 상황을 살펴보자. 제5연대 3대대 출신 김○○은 "여수에 상륙할 당시 반군은 이미 도주한 상태였고, 수색작전 중에도 반군은 없었고 민간인들만 있었다"고 말했다. 제5연대 3대대 출신 이○○은 "반군을 목격하거나 이들과 교전하지 않았으며, 반군으로부터 총격을 받은 적도 없었다. 수색작전 중 소대별 또는 분대별(11~12명)로 여수 시내와 변두리 모든 집을 수색했다. 머리를 빡빡 깎은 사람이나 군용 속옷을 착용한 사람 등을 반군으로 간주해 밧줄로 묶어서 주둔지 학교로 연행했다"고 증언했다.

정부와 국군에서 발표한 여수탈환작전에서 반군들의 저항이 거셌다는 주장을 찾아 볼 수 없다. 이미 24일과 25일을 기하여 반군은 여수를 빠져나가고 없었다. 몇몇의 지방좌익과 학생들만이 여수 시내에 남아있었다. 이들도 별 저항이 없었다는 것을 진압군으로 참가한 군인들이 증명하고 있다.

그러나 협력자 색출작업은 상상을 초월했다. 또 한 번 증언을 들어보자. 제2연대 3대대 상○○은 "당시 철모에 흰 띠가 없으면 무조건 적으로 간주하여 총격을 가해 밖으로 나왔다가 이유 없이 억울하게 죽은 민간인이 많았다. 반군이나 이들과 교전은 거의 없었고, 민간인 색출은 특별한 기준에 따라 진행되기보다 민간인이 무조건 보이면 죄가 없어도 주둔지로 끌고 와 운동장이나 교실에 구금했다"고 말했다. 제5연대 2대대 유○○은 "진압군이 너무 많은 사람들을 죽여 시내에 시체가 즐비했다. 시체로 인산인해를 이룬 대학살이었다"고 고개를 저었다.

리영희가 학교운동장에 시신을 멸치로 표현했던 것과 유사하게 증언하고 있다. 제5연대 1대대 양○○은 "주둔지에서 대기하다가 지시가 있으면 여수 시내로 진출해 반군 가담자나 혐의자를 색출해 국민학교로 연행하여 총살했는데, 당시 대대장은 여수시민들 모두가 반군 및 좌익이니까 의심스러우면 모두 주둔지로 연행하라 했다"고 증언했다.

여수 시내는 시체가 인산인해를 이루었다. 진압군마저 고개를 절로 흔드는 이 상황을 어떻게 설명해야 할까? 여수시민 모두를 반군 및 좌익으로 설정하고 벌어진 이 엄청난 학살에 대해 누군가는 사죄하고 용서를 빌어야 하지 않는가. 여수에서만 저질러진 학살이 아니다. 순천·광양·보성·구례·고흥 곳곳에서 자행된 학살이었다.

전남 동부 지역 사람은 이미 대한민국 국민이 아니었다. 손가락질만 당하면 반군이고 좌익이었다. 사적감정이 난무한 학교운동장은 손가락 총이 난사되었다. 손가락 총은 죽음이었다. 항변도, 변명도, 애원도 아무런 소용이 없었다. 손가락 총에 대한 증언을 옮겨보면,

> 진압군은 서국민학교에서 반군에게 피해를 본 사람들이나 유가족들을 양쪽에 세워 놓고 그 사이로 주민들을 몇 명씩 지나가게 한 다음, 손가락으로 지적을 하면 그 지적된 사람을 어디론가 끌고 갔다고 합니다. 이런 식으로 색출된 이들은 서국민학교 후정에서 진압군에 의해 즉결 총살당했다.

민간인 학살의 주체는 국군이었다. 진압 목적으로 계엄령하의 즉결처분으로 곳곳에서 학살이 자행되었다. 여기에 경찰도 단단히 한몫했다. 보복이고 앙갚음이었다. 서북청년단과 대동청년단 전국학생총연맹 등 각 청년단체는 '구국연맹'을 결성해 잔인한 보복성 살상에 동조했다.

세찬 겨울바람을 이기고 동백꽃은 오동도에 피어났다. 그 빛깔 붉다 못하여 사뭇 핏빛이다. 누구의 핏빛이었을까. 1948년 10월에 광풍을 이기지 못하고 아무 말 없이 그냥 총칼에 쓰러진 넋들의 울음이었다. 통곡조차 죄가 된 세상에 남쪽 바다내음을 머금은 남녘에 2월이면 어김없이 오동도 동백꽃은 꽃망울을 터트린다. 갈기갈기 무너진 누구의 울음을 대신하여 오동도 동백꽃은 서럽게 통곡하고 있다.

4. 얼마나 죽었던 것일까?

1948년 10월은 좌·우익에 의한 핏빛 도시였다. 반군에 의해 국군에 의해 처절히 뿜었던 눈 먼 총소리로 즐비한 죽음의 도시였다. 잿더미 불바다 위에 찌그러진 냄비를 찾아 헤맨 폐허의 도시였다.

2005년부터 2010년까지 진실화해위원회가 활동했지만, 여순사건으로 인한 민간인 피해가 어느 정도인지 파악하지 못하고 종결되었다. 당시 피해를 당했던 사람들이 얼마나 되고, 왜 그렇게 많은 사람들이 죽었는지 밝혀주기를 바랐지만 기대가 너무 컸다.

그래서 여순사건과 관련하여 얼마나 많은 사람이 희생되었는지를 묻는다면 누구도 답을 할 수 없다. 어림잡아 얼마정도 희생되었다는 이야기들이 회자될 뿐이다. 여순사건이 진압되고 정부기구와 전라남도가 희생자를 밝혔지만 이마저도 가해자가 누구인지, 피해자가 누구인지 알 수 없는 발표였다.

전남 동부 지역을 다니면서 각 마을별 조사를 해보았다. 시골 어르신들은 한결같이 많이 죽었다고 한다. 징그러운 세상이었다고 한다. 몸서리가 절로 나는 세상이었다고 한다. 이야기의 처음은 항상 반군들에 대한 징그러운 세상 이야기로 시작된다. 한 어르신의 증언을 옮겨보면,

> 징그럽고 몸서리나는 세상이었지. 밤마다 내려와 밥해주라 그러지, 먹을 것 가져가지. 그래도 사람들한테는 해꼬지는 안해지. 군인과 경찰이 들어오면 모두가 몸을 벌벌 떨었지. 뭘 했다고 그래도 안 되고, 안 했다고 그래도 안 되고.…… 우리 동네서 죽은 사람은 전부 군인한테 끌려가고 경찰한테 맞아 죽었지. 산사람들한테는 안 죽었어.

정부와 국군에서 발표한 것과 다르게 각 마을에 벌어지는 학살의 주범은 군인과 경찰이었다. 좌익에 희생된 숫자와 군경이나 우익에 의해 희생된 숫자 비율은 어느 정도일까. 2007년 진실화해위원회의 용역으로 동아대학교 석당학술원에서는 구례지역 여순사건 피해자 전수조사를 실시했다.

이 조사에서 신원이 확인된 희생자 수는 1,318명이었다. 1,318명은 이름과 가족관계가 확인된 희생자이다. 60여년이 지난 조사였기에 상당수는 누락되었을 것으로 짐작된다. 전 가족이 몰살되거나, 유가족이 이사하여

마을을 떠나버리거나, 누구집이라고는 했지만 이름을 기억하지 못하는 등 당시 희생자 숫자를 파악한다는 것은 거의 불가능하다고 할 수 있다. 그런 점에서 구례지역 희생자 1,318명은 상당히 의미가 있는 숫자이다.

지금까지 여러 자료에서 구례지역 희생자를 800명 정도라고 추정했다. 추정치를 훨씬 뛰어 넘는 숫자가 실제 조사에서 나온 것이다. 그렇다면 이들의 가해자는 누구였을까. 1,318명 중 가해자가 밝혀진 희생자는 1,158명이었다. 반군과 좌익에 의한 희생자는 249명이었고, 군경과 우익에 의한 희생자는 909명이었다. 전체적으로 구례지역에서는 78.5%가 군경과 우익에 의해 희생되었다.

광양의 경우도 진실화해위원회의 용역으로 전남대학교 사회과학연구소가 2009년에 피해자 전수조사를 실시했다. 이 조사결과 희생자 숫자는 563명으로 밝혀졌다. 이들 중 가해자가 밝혀진 숫자는 518명이었다. 반군과 좌익에 의한 희생자는 95명이었고, 군경과 우익에 의한 희생자는 423명이었다. 광양지역에서는 81.6%가 군경과 우익에 의해 희생되었다.

구례의 희생자 1,318명과 광양의 희생자 563명은 전체 희생자에서 어느 정도 조사된 인원일까. 60여년이 지난 조사라는 것을 고려한다면 대략 50%~60%정도 수준에 불과하다는 것이 대체적인 의견이다.

고흥군의 경우도 한번 짚어보자. 전라남도 보건후생국은 1948년 11월 1일 여순사건 피해조사를 발표했다. 고흥지역 피해현황은 사망자 26명, 중상자 42명, 행방불명 8명이라고 했다. 그런데 고흥군의 경우 당시 '고흥군 비상대책위원회'를 결성하여 피해 현황을 조사하여 정부에 보고했다. 1949년 1월 22일 보고된 피해현황은 사망자 581명, 부상자 1,401명이었다. 사망자 중 좌익에 의한 희생자는 71명이며, 나머지 500여명은 군경에 의한 희생자이다. 고흥군의 경우 무려 90%가 군경에 의해 희생된 것이다.

전남 보건후생국의 피해조사와는 상당한 차이를 보이고 있다.

2004년에 간행된 『고흥군사』의 '여순사건과 6·25전쟁으로 인한 고흥의 피해상황'에는 인명 피해를 132명으로 추산했다. 그렇다면 진실화해위원회가 조사한 고흥의 피해 현황은 얼마나 될까. 민간인 피해, 여순사건, 적대적사건을 각각 2008년·2009년·2010년에 조사하였는데, 고흥지역 희생자는 총 69명이라고 했다. 진실화해위원회의 조사결과는 2004년 『고흥군사』에 조사된 수치의 절반 수준이며, 1949년 비상대책위원회가 조사한 숫자의 12%정도에 불과하다.

진실화해위원회는 2009년 '보성·고흥 여순사건 조사보고서'에서 1949년 '고흥군 비상대책위원회'가 조사한 피해상황은 복구비용을 염두에 두고 작성한 통계라는 다른 조사를 인용했다. 진실화해위원회는 다른 조사를 인용할 것이 아니라, 스스로 결정한 직권조사를 제대로 하여 피해 실태를 정확히 밝혀내야 했다. 스스로 결정한 것을 부정하면서 다른 조사를 인용하고 있다. 안타깝지 않을 수 없다.

보성군 웅치면의 작은 면단위 사례를 보자. 진실화해위원회는 고흥군과 마찬가지로 보성군의 민간인피해사건, 여순사건, 적대적사건을 2008년·2009년·2010년에 각각 조사했다. 조사결과 웅치면에서는 여순사건으로만 총 12명이 희생되었다고 보고서를 작성했다.

보성군 웅치면에서는 2000년에 『웅치면지』를 발간했는데, 여기에는 100명 가까운 희생자와 70여 채의 가옥이 소실燒失됐으며, 소개마을만도 8개 마을에 주민 1천여 명이 다른 마을에서 2년여 동안 살았다고 기록되어 있다. 『웅치면지』에는 「麗·順사건 희생자 명단」이란 제목으로 마을별로 희생자 이름과 인원이 파악되어 있다. 총 희생자는 90명이며, 개별적 가해자가 누구인지는 표기되어 있지 않다. 대략 10명 이내는 좌익에 의해 희생되었으며, 80여명은 경찰에 의해 희생되었다고 적고 있다.

대략 90%는 경찰에 희생되었는데, 당시 웅치지서 주임 양한승과 차석 조용만이 주도했다고 기록되어 있다. 이들은 지금까지도 주민들의 원성을 듣고 있다. 면단위에서 자체적으로 조사한 기록에만도 90명이 희생되었고 하는데, 진실화해위원회 피해 조사보고서는 기껏 12명이다. 이를 어떻게 이해해야 할까. 진실화해위원회의 조사시점에 「웅치면지」는 이미 발간되어 있었다. 진실화해위원회의 책임의식이 안타깝다.

얼마나 많은 사람들이 죽었는지 알 수 없다. 짐작할 수도 없다. 정부에서는 진실화해위원회라도 만들어 조사를 했다. 도저히 만족할 수 없는 결과를 내놓아 실망이 크지만 여하튼 시도라도 했다. 그런데 지방정부인 전라남도에서는 강 건너 불구경하듯이 쳐다만 보고 있다. 제주도 4·3사건의 피해조사 결과는 제주도가 앞장선 결과이다. 여순사건의 피해는 전남 동부 지역을 뛰어넘어, 전남·전북·경남까지 영향을 미쳤다. 지방정부가 피해자를 조사하고 사건의 진실을 규명하는 작업에 앞장서야 한다. 기초자치단체도 마찬가지이다. 지방정부와 기초자치단체의 몰염치한 역사인식이 지금 여순사건의 왜곡을 만들었다고 해도 과언이 아닐 것이다.

희생자의 가해주체를 보면 군경과 우익에 의한 희생이 75~90% 정도이다. 즉 열 명 중 일곱 명에서 여덟·아홉 명은 군경이 학살했다는 것이다. 좌익에 의해서도 분명 희생자가 발생했지만, 그 숫자는 군경과 우익에 의한 희생비율에 비해 상대적으로 적다는 것을 알 수 있다. 그럼에도 불구하고 여전히 좌익에 의한 학살의 잔악성만 알려져 있다.

누가 얼마나 죽였는지를 따지는 자체가 모순이다. 그렇지만 정부와 국군 특히 보수우익에서 주장하는 근거가 매우 희박함을 알 수 있다. 속살을 그대로 드러내고 본다면 그동안 얼마나 사팔뜨기 눈으로 여순사건을 보았는지 알 수 있다. 참으로 마주하기 고통스럽고 부끄러운 군과 경찰의 잔인성이 좌익의 잔악성으로 포장되었다. 역사의 왜곡으로 불량 국민을 양산했고, 국민들을 현혹시켰다.

　좌익에 희생된 사람들도, 우익에 희생된 사람들도 세상을 잘못 타고 난 것이 죄였다. 남쪽 바닷바람을 타고 오동도 동백꽃이 꽃망울을 피울 때면, 큰 산 아래 구례 산동 산수유도 꽃망울을 피운다. 붉은 동백꽃잎에 새겨진 불량 국민의 낙인은 꽃봉오리 채 뚝뚝 떨어진다. 산수유 노란 꽃잎에 숨겨진 불량 국민의 저주는 수난의 역사였고 죽음의 역사였다.

제4부

국가폭력과 사람들

이승만에 의해 시작된 국가폭력은 박정희·전두환 군사독재정권까지 계승·발전했다. 개인의 권력에 대한 탐욕은 국가권력을 변질시켰다. 국가권력이 국가폭력으로 정당화된 습성에는 이승만이 있었다.

．
．
．

1948년 10월 마지막 날. 김구가 외신기자와 인터뷰에서 "통일을 위해 인내와 관용과 용기를 가지고 부단히 노력해야 한다"는 말이 한반도의 평화의 길이며 통일의 길이라는 것을 새삼 다시 크게 느껴진다.

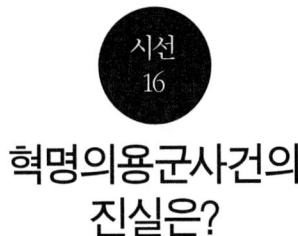

혁명의용군사건의 진실은?

1. 국가폭력의 시발

대한민국에서 민주주의 정치체제의 실현 과정은 '공권력'이라는 국가권력의 폭력(violence)과 이에 대한 저항의 상호작용 속에서 정착되었다. 국가폭력을 통한 통치수단은 해방정국에서부터 대한민국 정부수립 과정, 이승만 독재정권, 박정희·전두환의 군사독재정권이 유용하게 활용했다. 현재도 국가권력은 상당한 영향을 미치고 있다. 여순사건도 이 범주에서 생각할 수 있는 사건이다.

대한민국 현대 정치사에서 국가폭력 논의는 대부분 박정희 군사독재시절에 집중되었다. 5·16쿠데타로 집권한 박정희는 인간의 기본권마저 '근대화'라는 국가주도의 경제개발을 명분으로 철저하게 무시했다. 그렇지만 이러한 기저에는 이승만 집권기에 '반공이데올로기'를 통한 공포·테러·고문·정치조작·학살의 국가폭력이 계승되었다고 할 수 있다.

여순사건 발발 20일 전에 발각된 혁명의용군사건은 대한민국 정부수립 이후 최초의 국가폭력 사건이다. 혁명의용군사건은 이승만 정권이 정치적 위기상황을 타파하고 정적을 제거하는데 활용되었으며, 여순사건에도 상당한 영향을 미쳤다.

이승만에게 가장 거추장스러운 인물은 백범 김구였다. 그렇다고 국민들로부터 신망이 두터운 김구를 마음대로 할 수 없었다. 한편, 친일파를 옹호하며 지지 세력을 넓혀가던 이승만에게 반기를 들고 나타난 또 다른 인물이 있었다. 미군정에서 수사국장을 역임했던 최능진이다.

미군정은 민족반역자를 그대로 등용했다. 경무부장 조병옥과 수도경찰청장 장택상은 궤변으로 친일경찰 등용에 동조했다. 대한민국 경찰의 원조는 친일경찰이었다는 것을 앞서 살펴보았다. 미군정과 이승만의 지지를 받는 조병옥과 장택상에게 최능진은 친일경찰 등용을 반대하며 고군분투했지만 경찰에서 파면되고 말았다.

5·10선거에서 최능진은 이승만에 도전했다. 최능진이 이승만과 대적했던 이유는 무엇일까. 최능진의 사무장이었던 강원식은 "이 박사가 돼서는 안 된다. 그는 독재를 좋아하는 인간이라고…… 독재하고 자기 욕심을 채우는…… 도저히 민주주의가 안 될 거다. 그 거를 간파하고선 우리라도 이건 막아야 한다"며 출마동기를 증언하고 있다.

최능진은 선거를 이틀 앞둔 5월 8일 국회선거관리위원회로부터 등록말소 되었다는 통보를 받았다. 최능진의 입후보 등록말소는 이승만의 무투표당선으로 이어졌다. 이승만을 막고자 했던 최능진의 꿈은 깨졌다. 그렇다고 그냥 포기할 최능진이 아니었다. 7월 20일 대통령 선거(국회에서 선출)를 앞두고 '서재필 박사 대통령 추대위원회'를 조직하여 실질적 책임자로 활동하며 이승만의 저지에 나섰다. 최능진의 일련 활동은 이승만과 그 지지 세력에게 좋게 보일 리가 만무했다.

1948년 10월 1일 이범석 국무총리 겸 국방장관이 기자회견을 했다. 혁명의용군사건의 당시 보도된 내용을 옮겨보면,

전 수사국장이며 5·10 선거 당시 동대문 갑구 입후보로서 이 대통령의 낙선을 꾀한 것으로 이름 있는 崔能鎭(51) 씨는 종로구 누상동 166-14 徐世忠(61), 후암동 105-65 김진섭(36) 양씨와 더불어 내란음모의 혐의로 지난 1일 오후 3시경 태평로 民友社 사무실에서 수도청 형사대에 검거되어 종로서에 구금당하고 있다.…… 육군경비대 오동기 소령 등 국군소속의 젊은 장교 다수와 공모하여 국방경비대로 하여금 혁명의용군을 조직하고 기회가 도래하면 대한민국 정부를 전복시킴으로서 정부를 차지하려는 일종의 쿠데타를 음모했다는 것이다.(조선일보 1948년 10월 5일)

정부수립이 얼마 되지 않은 혼란 속에서 정부를 전복시키려는 음모는 상당히 놀랄만한 사건이었다. 발표에 의하면 민간인 최능진·서세충·김진섭과 국방경비대의 오동기 소령 등 국군소속 젊은 장교가 혁명의용군을 조직하고 대한민국의 정부를 전복할 기회를 엿보고 있었다는 것이다. 이범석 총리 발표의 핵심은 국군과 민간인 합작으로 정부 전복의 쿠데타였다.

혁명의용군사건은 정부수립 한 달 보름 만에 '정부 전복'이라는 엄청난 사건이었지만, 세간의 주목을 크게 받지 못했다. 20일 후, 10월 19일 여순사건이 발발하면서 혁명의용군사건과 여순사건은 하나의 고리로 연결되어 대대적인 보도와 세간의 이목이 집중되었다.

정부는 혁명의용군사건이 여순사건의 직접적인 배경이라고 주장했다. 혁명의용군사건의 국방경비대 책임자가 여수주둔 제14연대 연대장 오동기였다. 오동기가 9월 28일 체포되자 오동기에게 포섭되었던 사병들이 언제 체포될지 모를 공포심에 행동을 개시했는데, 이것이 여순사건이라는 것이다.

혁명의용군사건과 여순사건은 오동기라는 인물을 통해 하나의 연결고리가 되었다. 혁명의용군을 통한 1차 '정부 전복 쿠데타는 실패했다. 그리고 2차로 발발한 것이 여순사건이라고 보수우익에서는 지금까지도 주장하고 있다. 이는 사실이 아니라는 것을 이미 살폈으며, 혁명의용군사건은 조작된 사건이라고 설명했다.

조작된 사건을 만드는데 앞장 선 것은 국가권력이었다. 충성스러운 이승만의 지지 세력들이 장악하고 있는 국군과 경찰에 의해 혁명의용군사건은 대한민국 최초의 국가폭력으로 이름을 남겼다. 정부와 국군에서도 혁명의용군사건은 실체가 없는 사건으로 인정했다. 앞서 살펴본 국방부의 『한국전쟁사 1권』이 이를 입증했지 않는가.

최능진과 오동기는 독립 운동가이다. 그들은 가족과 자신의 일신영달을 모두 버리고 빼앗긴 나라를 되찾기 위해 헌신했다. 해방을 맞이했다. 친일 군인과 경찰이 친미파로 돌아서 그 권세를 그대로 이어가고 있었다. 독립운동가에게 설 자리는 그렇게 많지 않았다. 그렇다고 좌절할 수만 없는 것이 한반도가 처한 운명이었다. 통일된 국가를 세우기 위해 온 몸을 헌신했다. 결과는 '정부 전복 쿠데타'를 음모한 용공분자, 공산주의자로 낙인 되었다.

이들의 운명은 국가폭력에 의해 조작되었다는 것을 많은 연구자들이 밝혔다. 하지만 아직까지도 대한민국 정부는 이들의 독립운동을 인정하지 않고 있다. 서글픈 대한민국의 행정을 우리는 보고 있다. 민족반역자가 더욱 대접받고 잘 살고 있다. 대한민국의 자화상은 여전히 왜곡된 역사에 머물러 있다.

2. 혁명의용군사건의 실체

혁명의용군사건으로 이름이 밝혀진 민간인으로는 최능진·서세충·김진섭 등 3명이다. 군인으로는 오동기·안종옥·최병규·박규일·김봉수·김용간·오필주·이기복 등 8명이다. 이들 중 최병규와 이기복은 무죄로 판결되었다. 왜 두 명은 무죄로 판명되었을까? 혁명의용군사건은 최병규와 이기복에 의해 시작되었고 조작으로 매듭 되었다.

1949년 1월 21일 제1회 공판에서 사건의 인물과 각자의 역할이 드러났다. 이 사건의 최고책임자는 서세충이며, 재정책임자는 최능진, 국방경비대 최고책임자 오동기, 경비대 외곽은 김진섭, 강원도 원주부대 동원책임자는 안종옥 외 3명, 춘천부대 동원책임자는 박규일 외 2명이었다.

정부는 오동기가 제14연대 연대장으로 취임하여 훈련을 구실로 사병들을 포섭했다고 발표했다. 그런데 군인으로 확인된 안종옥과 박규일 등은 제14연대와 무관한 제8연대의 원주부대와 춘천부대 동원책임자로 역할을 수행했다. 즉 오동기가 연대장으로 있었던 제14연대와 전혀 관련 없는 인물이 체포된 것이다. 그렇다고 하여 오동기가 제8연대에서 근무했거나 관련성이 있는 것도 아니다.

혁명의용군으로 조직된 인원에 대해서도 정부발표는 오락가락했다. 즉 오동기와 젊은 장교 다수 공모, 군인 1천 2백 명 규합, 안종옥과 박규일이 원주부대와 춘천부대에서 2백 명으로 혁명의용군을 조직했다는 등으로 발표했다. 이러한 발표는 재판이 진행되면서 허구임이 밝혀졌다.

정부는 첫 발표에서 "오동기 소령 등 국군소속의 젊은 장교 다수와 공모하여 혁명의용군을 조직했다"고 했지만, 원주부대와 춘천부대의 동원책임자인 안종옥과 박규일은 이등병, 일등병 등 병사 계급에 불과했다. 이등병과 일등병 계급으로 책임자가 되어 몇 백 명에서부터 몇 천 명까지 동원했다는 정부의 발표에 실소를 금치 않을 수 없다.

군인 중에서 오동기 이외에 장교가 수사를 받거나 재판에 회부된 경우는 단 한명도 없다. 특히 주목할 점은 이 사건으로 연루된 군인들 중에 여수 주둔 제14연대 소속 장교와 병사는 단 한 명도 없을 뿐만 아니라 소환되거나 체포된 군인도 한 명이 없다. 정부와 국군이 처음 발표했던 혁명의용군사건은 조작되었다는 것을 쉽게 간파할 수 있다. 그런데도 여순사건과 혁명의용군사건이 하나로 연결되어 있다.

오동기 소령을 비롯한 군인들은 1949년 1월 29일 군사재판 고등군법회의에서, 오동기 육군소령 10년, 안종옥 이등병 5년, 박규일 일등병 3년, 김봉수 일등병 3년, 김용간 일등병 2년, 오필주 일등병 1년 등으로 징역형이 선고되었다.

정부를 전복시키고자 혁명의용군을 조직한 군인 신분을 감안한다면 상대적으로 형량은 그다지 높지 않았다. 동서를 불문하고 '반역'을 가장 큰 범죄로 취급했던 것은 역사적 사실이다. 이는 처형으로 곧바로 이어졌다. 또한 여순사건 진압 이후 협력자 색출과정에서 혐의 의심만으로 즉석에서 처형을 했던 사례와 비교해도 상당히 낮은 수준의 형량이었다.

1949년 2월 8일에 2회 공판에서 최능진은 김구와 김규식의 남북협상을 지지했지만, '혁명'이란 혐의사실에 대해서는 부인했다. 특히 여수·순천반란사건과 관련하여 "내가 강조하고 싶은 것은 동족상잔을 나는 절대로 원치 않는 사람이다. 그런데 여·순천반란사건의 동기를 나에게 전가하는 것은 천만부당이다"고 관련성을 강력하게 부인했다. 이날 재판에서 주목된 최능진의 심문답변을 옮겨보면,

경찰에서는 고문으로 허위 자백했고 검찰청에서는 속히 공판에 회부시키려고 그랬고. 공판에서는 자유로운 분위기니까 사실대로 말했다. 그때 검찰청에서 저기 계신 姜검사한테 솔직히 고백한즉, 검사께서도 "네가 통일민족운동을 했는데 무슨 죄가 있느냐" 하시면서 기소할 필요가 없다고까지 말씀했다. 그때 나는 강 검사의 인격을 훌륭하다고 생각했다. 그러던 것이 돌연 장관 명령으로 기소하라니 무조건 기소했다고 강 검사 영감도 말하지 않았소.(「연합신문」, 1949년 2월 9일)

담당검사 강석복은 "네가 통일민족운동을 했는데 무슨 죄가 있느냐" 하면서 기소할 필요가 없음을 인정했다. 그런데 돌연히 장관 명령으로 기소되었다. 이러한 최능진의 주장에 담당검사도 아무런 이견이나 반론을 하지 않았다. 장관이 이 사건에 깊이 개입했으며, 어떻게든 최능진을 제거하려고 무척 애쓰고 있다는 것을 알 수 있다. 당시 법무부장관은 이인李仁이다. 그는 반민특위에 대해 "새로운 출발의 시기에 또 다른 민족분열을 조장할 우려가 있다"고 이승만과 같은 주장을 하면서 이승만에게 충성했다.

1949년 5월 31일 1심 결심공판에서 법령 제15호 4조 나항 및 형법 60조(정부계획방해기도죄)를 인용하여 최능진에게 징역 3년, 김진섭에게 징역 3년 6개월, 서세충에게 무죄를 각각 선고했다. 검찰청의 송치기록과 재판과정에서 혁명의용군사건의 최고책임자는 서세충이었다. 그런데 정작 최고책임자인 서세충은 연로하다는 이유로 무죄 판결을 받았다. 정부를 전복하고자 했던 중대한 사건에 나이가 많다는 이유로 무죄가 선고된 것을 어떻게 해석해야 할까. 또한 최고책임자는 무죄인데 그를 따랐던 사람들은 유죄를 선고 받았다.

1심에 불복하여 최능진·김진섭은 항소했다. 1949년 11월 2일에 공판이 열렸는데, 이들에게 내란음모죄가 추가되었다. 내란음모죄와 정부계획방해기도죄를 각각 적용하여 최능진에게 징역 5년, 김진섭에게 징역 6년을 선고했다. 2심에서 내란음모죄가 추가된 것은 무슨 연유와 어떤 증거가 있었던 것일까.

정부와 이승만 지지 세력이 재판에 깊이 개입했다. 검사가 송치하지 않을 것을 염려하여 장관이 개입하여 기소했다는 것을 앞서 살펴보았다. 이들은 1심의 형량에 대해 불만을 갖고 있었다. 또 다시 사건을 조작하고 나섰다.

내란음모죄에 대한 증거는 형무소에서 나왔다. 이영개는 "최능진이 5월 27일 형무소 면회대합실에서 여순사건의 주모자 이재복이 사형 집행을 당했으니 추도식을 하라"고 몇몇 청년죄수에게 지시했다고 증언한 것이다. 당시 이영개는 범죄 혐의로 형무소에 수감 중이었다. 한편, 이영개는 최능진이 경무부 수사국장이었던 시절에 미군정 당시 법령 33조 위반혐의로 체포되어 경찰서에 구금당한 과거가 있었다. 최능진과 변호사는 허위이며 증인될 자격이 없다고 재판부에 각하를 요청했다.

그러나 재판부는 이를 사적 감정이 아닌 증거로 인정하고 내란음모죄를 추가한 것이다. 한편으로 서울형무소 간수장 정연과 간수 강중화·김재선은 그러한 지시에 대해 전혀 모르겠다고 증언했다.

이영개 증언은 조작되었을 가능성이 아주 높다. 이유인즉, 이영개는 법정 증언에서 최능진에 대해서만 언급했다. 그런데 재판부는 최능진 뿐만 아니라 김진섭까지 내란음모죄를 적용하여 형량을 선고했다. 2심에서도 여전히 김진섭이 가장 무거운 형량을 받았다. 최능진·김진섭은 2심 선고에 불복하고 상고했다. 재판은 1950년 6·25전쟁으로 인하여 중단되었다.

이승만 집권기에 형무소에 수감된 범죄자를 이용하여 범죄사실을 입증하는 행태가 몇 차례 있었다. 그 중에 첫 번째가 혁명의용군사건의 이영개 증언이다. 그리고 1949년 국회프락치사건에서도 사기혐의자로 수감 중인 김경호를 내세웠다. 범죄사실을 입증할 증거자료가 부족한 상황에서 김경호의 증언에 의존하여 국회프락치사건을 만들어 갔다. 1958년 조봉암사건에서도 서대문 형무소의 이동현, 임신환의 증언은 조봉암에게 간첩죄라는 혐의를 적용하는데 결정적 증거가 되었다.

여하튼 정부를 전복시키려고 했던 중대한 사건에 대해 이승만과 그 지지 세력은 형량이 낮다고 판단했다. 이 기회에 최능진을 제거할 수 있다고 생각하고 있었는데, 재판부의 형량은 그들을 만족시키지 못했던 것이다.

이승만 정부의 도덕성을 한 눈에 볼 수 있는 사건이 혁명의용군사건이다. 이렇게 조작된 사건을 여순사건이 발발하자 하나의 연결고리로 묶었다. 공산주의자와 오랜 사전 계획과 지령에 의해 여순사건이 발발했다는 것을 국민들에게 알리고자 했던 이승만 정부의 의도였다. 그 의도의 핵심은 반공이데올로기를 통해 국민을 통제·속박하여, 권력을 유지하기 위함이었다. 정적을 제거하고자 함이었다.

3. 인물의 역학관계와 진실

이 사건의 발표 이후 초점은 오동기와 최능진에 맞춰졌다. 하지만 민간인 중에서 형량이 가장 높은 사람은 김진섭이다. 그런데 김진섭에 대해서는 알려진 바가 거의 없다. 『한국전쟁사 1권』에 의하면 오동기는 고향친구 하은하 소개로 김진섭을 알게 되었다는 것이다.

오동기는 김진섭의 부탁으로 4명을 경비사관학교에 추천하면서 신원보증을 섰다. 그 중에 두 명이 최병규와 이기복이다. 앞서 살펴본 무죄를 선고받은 두 사람이다. 최병규와 이기복은 5·10선거에서 군복을 입고 최능진 선거운동을 하다가 체포되었다. 혁명의용군사건이 일어나기 5개월 전에 이들은 이미 체포된 것이다.

무려 5개월 동안 아무런 조치가 없던 정부와 국군에서는 신원보증을 섰다는 이유로 오동기를 소환했다. 그리고 최능진과 연결 지었으며, 국방경비대 책임자로 내세웠다. 최병규와 이기복이 이 사건을 밀고한 것으로 알려졌다. 하지만 이들도 고문에 의한 사건 조작에 가담으로 봐야 할 것이다. 오동기는 당시 제8연대와 전혀 무관하며, 김진섭과도 관계를 갖고 있지 않았다. 하지만 신원보증을 섰다는 이유로 혁명의용군사건의 국방경비대 책임자가 되었으며, 정부 전복 쿠데타를 음모한 동지가 되었다.

민간인으로 유죄판결을 받은 최능진과 김진섭은 어떤 관계일까. 최능진은 남한만의 단독선거를 반대했다. 이승만과 미군정에 의해 남한만의 단독선거가 강행되었다. 최능진은 1948년 2월부터 논의가 시작된 남북협상에 대해 관심을 갖고, 김구와 김규식의 남북협상을 지지하면서 '민족통일' 방안에 고심하고 있을 때 김진섭이 찾아와 알게 되었다.

김진섭은 국방경비대에 동지가 많으니 이들을 통해 청년을 포섭하자는 제안을 했고 최능진이 수용했다. 최능진은 김진섭에게 50만 원의 공작비를 주면서 좌우익을 막론한 청년들을 포섭하며 민족주의 정신통일에 중점을 두라고 했다. 최능진은 "유엔에서 남북통일 총선거를 주장할 때 분열을 조장하여 통일을 방해한 세력이 있으며 이들에게 무력을 행사하기 위해 동지를 규합했다"고 재판장에서 진술했다.

정부에서는 혁명의용군이 대한민국 정부를 전복하는 것처럼 발표했지만, 혁명의용군 조직은 5·10선거 이전의 상황이다. 5·10선거는 남한만의 단독선거로 결정되었고, 최능진도 이승만의 당선을 막기 위해 단독선거에 입후보했다. 남북협상이 논의된 1948년 초에 최능진과 김진섭은 통일정부 수립에 대한 의지를 가졌다. 그러나 그들의 힘으로 할 수 있는 것은 아무것도 없었으며, 아무런 행동도 없었다.

혁명의용군사건의 핵심적 인물이라고 하는 최능진과 오동기는 어떤 관계였을까. 최능진은 재판과정에서 혁명의용군사건과도 무관하며, 여순사건과도 전혀 관련 없음을 강력하게 주장했다. 오동기는 정보국에 구금되어 이 사건의 주모자로서 음모내용과 배후를 고백하라는 강요와 함께 형용할 수 없는 고문을 당했다. 최능진과의 관계에서도 "최능진과는 한 번도 만나본 사실이 없기 때문에 모른다"고 했다.

최능진과 오동기는 일면식도 없었다. 그들은 1949년 1월 21일 제1회 공판에서 나란히 마주했다. 가혹한 고문으로 최능진과의 관계를 추궁 받던 6척의 오동기에게 최능진은 낯선 인물이었다. 그렇지만 오동기가 신원보증 한 군인이 최능진의 선거 운동을 했다는 사실만으로 두 사람은 오랫동안 반란을 계획한 동지가 되어 있었다. 여순사건이 발생하면서 남로당을 비롯한 좌익세력과도 밀접한 연계를 갖고 있는 것처럼 공고화되어, 용공분자로, 이적분자로 낙인 되었다.

혁명의용군사건은 6·25전쟁으로 재판이 중단되었다. 인민군이 서울을 점령하면서 오동기는 서대문 형무소에서 출옥하여, 고향인 이천에 숨어 지내다가 자수했다. 자수한 것이 참작되어 10년형에서 5년형으로 감형되었다. 그는 이후 혁신계 등의 활동을 하면서 꾸준하게 혁명의용군사건과 여순사건에 무관함을 주장하다가 1977년에 생을 마감했다. 혁명의용군으로 민간인 중에서 가장 무거운 형량을 선고 받은 김진섭에 대해서는 신상이나 행적이 알려진 바가 없다.

한편, 최능진도 6·25전쟁으로 서대문 형무소에서 출옥했다. 그는 출옥 즉시 조속한 전쟁 중단을 촉구하는 정전·평화협정운동을 전개했다. 그의 활동은 1950년 9월 28일 서울이 수복된 이후 내란혐의로 체포되어 육군 중앙고등군법회의에서 국방경비법 제32조 '이적죄'로 사형을 선고 받았다. 그리고 1951년 2월 11일에 경북 달성군 파동의 산골짜기에서 총살되었다. 최능진은 총살당하기 전 그의 가족들과 군법회의에 유서를 남겼다.

가아(家兒) 필립·봉립·만립·화선·자립과, 애처요 친우인 이풍옥에게 끝으로 부탁과 사과의 말씀을 남긴다. 부(父)의 금일의 운명은 정치적 모략에서 됨인데, 너희들은 조금도 누구에게 반감을 갖지도 말고 또한 부의 원수를 갚을 생각도 말고, 오직 너희 5남매는 부가 있을 때보다 더 서로 사랑하며 외로운 모(母)를 잘 봉양하여라. 우리 국가가 이 모양으로 간다면 너희들의 생명도 안전치는 못할 것이다. 그러나 필립·봉립·만립 너희 3인은 UN군과 끝까지 행동을 같이 하여라. 처 풍옥에게는 사과함뿐이오. 아이들 잘 길러주시오.
생각할 점 몇 가지1. 정치사상은 혈족인 민족을 초월해 있을 수 없다.2. 정치·경제·기타 문화는 인격을 조성치는 못하는 바이고, 오직 내부 즉, 양심적 변화가 있어야 하는데, 그것은 종교이다. 기독교를 신봉하기 바란다.3. 친동생들끼리 상부(相扶)하고 국가·민족에 충성하여라.
4284년 2월 11일 대구형무소에서 부 능진 서(書)

군법회의 귀중(貴中)근 육십 평생을 오직 우리 민족의 독립을 위하여 해내·해외로 투쟁해오던 몸으로, 이제 독립한 대한민국의 반역자와 또한 사상적으로 될 수 없는 공산주의자인 좌익이라는 죄명으로 아무 증거 없는 일부 군인들의 감정으로 된 재판의 결과로 최능진 1인의 생명이 끊어지는 것쯤은 별 큰 문제가 아니 되지마는, 군인이 정치에 직접 간섭하는 것은 역사를 통해서 민주국가 운영의 불길(不吉)을 말함이 됨으로, 본인은 오직 우리 국가 민족을 위하여 군인이 정치사상의 재판관이 아니 되어 주시기를 바라며, 국가의 운명은 끊어졌다가도 몇 번이고 갱생할 수 있으나 민족이 죽으면 민족도 국가도 재건할 수 없사오니, 하루빨리 우리 국가 내에서 민족상잔전을 정지하는 것만이 장래 자존을 위한 애국운동이오니 명찰(明察)해 주시기 바랍니다. 물론 모든 것을 참작해 가지고 최능진을 최고형에 처한 줄 아오나, 대한민국의 반역자도 아닌 것만은 잘 인증해 주시기를 바랍니다. 4284년 2월 11일 최능진

2009년 9월 6일, 진실화해위원회는 "최능진은 이승만에게 맞선 것을 계기로 헌법에 설치근거도 없고 법관의 자격도 없으며 재판 관할권도 없는 군법회의에서 사실관계가 오인된 판결로 총살되었다"고 밝혔다. '정전·평화협정운동과 관련된 이적죄에 문제가 있다는 것이었다. 하지만 안타깝게도 유가족이 혁명의용군사건과 관련해서는 진실규명을 신청하지 않아 여전히 미궁으로 남아있다.

최능진의 유서를 읽어본 보수우익은 어떤 생각이 들까. 그들이 추앙하는 이승만에 의해 저질러진 인간에 대한 범죄에 대해 뭐라고 말 좀 해봤으면 좋겠다. 큰일을 하다보면 그럴 수 있다고 변명하고 싶은 것인가. 개인의 권력에 대한 탐욕이 민족보다 우선했던 이승만. 그보다는 죽을 때까지도 정치사상은 혈족인 민족을 초월할 수 없다는 최능진.

국군은 국가의 안전보장과 국토방위의 신성한 의무가 있다. 그런 군인이 이승만의 앞잡이가 되었다. 당시 민주국가가 출범한지 2년 정도에 불

과했지만, 군인이 정치에 간섭하는 것은 민주국가에 있어 불행을 자초한다는 최능진의 탁월한 식견에 절로 존경심 표해진다. 이러한 탁월한 지도자를 정적으로 몰아 총살시킨 이승만에 대해 지금이라도 단죄하는 것이 역사의 진실이 아닐까 한다. 국군도 이제라도 당시 잘못된 재판에 대해 국민에게 사실 그대로 알리고 속죄해야 한다.

혁명의용군은 5·10선거 이전에 최능진과 김진섭에 의해 논의된 조직이었다. '통일정부'를 위한 그들의 결심은 그 어떤 행동도 없었다. 그리고 정부는 5개월 동안 아무런 조치를 취하지 않았다. 그런데 느닷없이 1948년 9월 28일 오동기를 소환했고, 10월 1일 최능진을 체포하면서 혁명의용군사건을 발표했다. 무슨 이유 때문이었을까?

이승만은 대통령에 취임하고 권력을 장악했지만 정국政局은 혼미하게 빠져들었다. 정국 혼란에 대한 특단의 대책으로 민간인과 군인이 결탁하여 정부를 전복시키고 정권을 찬탈한다는 정치 조작사건을 만든 것이다. 그러나 정부의 발표 이후 상당한 모순을 노출했다. 국가폭력을 앞세운 정치적 조작의 한계를 드러낸 것이다.

또한 당시 정치적 정적이었던 김구와도 연관이 있었다. 김진섭·최능진·서세충은 직접적으로 김구와 관련은 없지만, 김구의 정치노선과 크게 다르지 않았다. 이들을 이용하여 최능진도 제거하고, 김구에게도 타격을 주고자 했다. 정부가 수립되었지만 김구는 여전히 남북협상과 통일정부를 주장하고 있었다. 이러한 김구의 행동은 국민들에게 상당한 호응으로 나타났고, 가만히 두고 볼 수만 없었다. 그래서 혁명의용군사건을 극우 정객이 결탁되었다고 하면서 김구를 견제하기 위한 모략으로 사건을 조작한 것이었다.

정부는 여순사건이 발발하자, 기다렸다는 듯이 혁명의용군사건과 하나로 엮어 나갔다. 국가폭력에 의한 정치적 조작의 혁명의용군사건은 또 다른 국가폭력으로 전이되었다. 민간인 학살이다. 국가권력에 의해 임의적으로 국민을 '양민'과 '불량 국민'이라는 이분법적 잣대로 나누었다.

불량 국민들은 죽여도 되었다. 며느리와 시아버지를 세워 놓고 서로 번갈아가면서 뺨을 때리게 하는 극악무도한 인권 유린도 아무렇지 않았다. 동생이 반군이었다는 이유로 형을 대신 죽여도 누구도 말할 수 없었다. 불량 국민을 만들어낸 국가폭력은 여순사건으로부터 시작되었다. 전국 곳곳에서 6·25전쟁 전후로 백만 명의 민간인이 학살되었다는 끔찍한 시작에 여순사건이 있었다. 국가폭력이 있었다.

이승만을 건국의 아버지로 찬양하는 세력이 있다. 혹여 불량 국민으로 내몰려 며느리에게 뺨을 맞아보았는가. 동생이나 형을 대신하여 죽음의 사선死線에 서 보았는가. 조작된 공산주의자로 몰려 물고문·전기고문을 당해 보았는가. 가족들이 흰 고무신 신었다는 이유만으로 끌려가 총살 당해 보았는가. 말 한마디 해명할 수 없는 상황에서 눈만 마주쳐도 손가락 총에 의해 죽임을 당해야 했던 아픈 역사.

국가폭력은 정적 제거에서부터 권력을 유지하기 가장 효과적인 통치수단이었다. 이승만이 그렇게 만들었다. 국가폭력은 국민을 압제하고 인권을 유린하는 도구로서 역할을 충실히 수행했다. 이승만이 철저하게 이용했다. 국가폭력은 반공이데올로기를 내세운 국가안보에 충실한 명분을 만들었다. 이승만이 정권 연장을 위해 항상 활용했다.

이렇게 이승만에 의해 시작된 국가폭력은 박정희·전두환 군사독재정권까지 계승·발전했다. 개인의 권력에 대한 탐욕은 국가권력을 변질시켰다. 국가권력이 국가폭력으로 정당화된 습성에는 이승만이 있었다.

4. 극우 정객 김구의 변명

여순사건과 혁명의용군사건에 흥미로운 공통점은 '극우 정객'이 관련되어 있다는 것이다. 극우 정객 개념부터가 모호한 상황에서 극우 정객이 누구인지 모두 관심이었다. 여순사건과 관련하여 이범석 국무총리의 첫 발표에서 정부는 극우 정객을 어떻게 바라보고 있는지 먼저 살펴보자.

> 군정이양 수개월에 공산주의자가 극우의 일부 정객들과 결탁하여 반국가적 반란을 일으키려는 음모가 있었다는 것을 나는 미리 알고 있었다. …… 공노할 공산주의 도당의 죄상은 말 할 것도 없거니와 여기에 극우 진영의 시대시기를 모르는 자기 사욕만 채우려는 흉계에는 또한 분함을 느끼지 않을 수 없다.(동아일보, 1948년 10월 22일)

이범석은 반란 음모를 미리 알고 있었다고 한다. 10월 23일 이승만은 경고문에서 "공산분자들이 난을 일으켜 남북을 공산화시켜 타국에 예속하려는 계획을 오래전부터 알고 있었다"는 주장과 똑같다. 국가 최고 지도자들이 반란 음모를 알고 있음에도 불구하고 아무런 조치를 하지 않았다. 반란을 방기했다는 것에 더욱 놀라지 않을 수 없다. 극우 정객이 공산주의자와 결탁했다고 비난하기 전에, 국가 최고 지도자로서 반란을 방기한 것에 대한 비난부터 받아야 할 것이다.

이범석은 극우 정객이 결탁했다고 했지만 그가 누구인지 밝히지 않았다. 극우 진영에서 시대상황을 모르고 자기 사욕만 채우는데 분함이 느껴지고 있다고 했지만 그들이 누구인지 밝히지 않고 있다.

1948년 단독정부를 수립한 이승만과 그 지지 세력이 말하는 극우 정객, 극우 진영은 무엇을 주장하는 사람들이었을까. 지금과 개념이 다르다. 당시 극우는 이승만 정책에 반대하는 우익세력을 칭한다. 즉 당시 극우 진영은 '미군과 소련군의 양군 철퇴와 남북통일'을 주장하는 사람들이다. 일반인들은 좌익이나 공산주의자로 몰려 쥐도 새도 모르게 제거할 수 있는 주장들이었다. 그렇지만 극우 진영을 그렇게 하기에는 부메랑을 걱정해야 했다. 그만큼 국민적 신뢰와 존경을 받고 있는 인물임을 의미한다.

여순사건이 발발하면서 이승만 정부는 극우 정객이란 표현을 써 가면서 대치한 사람이 있었다. 또한 그로 인하여 마음고생이 심했던 사람이 있었다. 바로 백범 김구다. 여순사건의 진압과정을 지켜보고 있었지만, 그대로 앉아 있다가는 정말 여순사건의 결탁세력으로 낙인 될 우려가 점점 커지고 있었다. 김구는 1948년 10월 30일 여순사건에 대하여 담화를 발표한다. 내용을 옮겨보면,

> 우리는 일찍부터 폭력으로써 살인·방화·약탈 등 테러를 행하는 것을 배격하자고 주장했다. 금번 여수·순천 등지의 반란은 대규모적 집단테러 행동인 바, 부녀 유아까지 참살했다는 보도를 들을 때에 그 야만적 소행에 몸서리 처지지 아니할 수 없다.…… 남과 남의 부모처자를 살해하면, 남도 나의 부모처자를 살해하기 쉬우니 그 결과는 첫째, 우리 동족이 수없이 죽을 것이오. 둘째, 외군에게 계속 주둔하는 구실을 줄 뿐이다. 이것은 우리의 자주독립을 좀먹는 행동이니 이로써 우리는 망국노의 치욕을 면하는 날이 없을 것이니, 반란을 일으킨 군인과 군중은 이때에 있어서…… 현명한 동포들도 마땅히 객관적 입장에서 그 반란을 냉정히 비판하면서 이것의 만연을 공동방지 할지언정 허무한 유언에 유혹되거나 혹은 이에 부화뇌동하지 아니

하여야 할 것이다.

여러분의 기대와 託付와 애국의 만분의 일도 보답하지 못하는 나로서 무슨 면목으로 여러분께 왈가왈부를 말하랴마는 금번 반란이 너무도 중대하므로 인하여 국가 민족에 미치는 손해가 또한 중대한 까닭에 그대로 함구만 할 수 없어서 피눈물로써 이와 같이 하소연하는 바이다. 동지 동포는 우리의 고충을 깊이 양해하고 동족상잔에서 동족상애의 길로 공동매진하기를 간절히 바란다.(서울신문 1948년 10월 31일)

김구는 여순사건으로 동족 살상을 우려했다. 그리고 외국군이 계속 주둔하는 구실이 되어 자주독립을 이루지 못하고 망국적 치욕이 계속될 것을 한탄했다. 김구는 통일정부 수립에 여순사건이 중대한 영향을 미칠 것에 심히 걱정했던 것이다. 그러면서 자신에 쏟아지는 극우 정객에 대한 해명도 덧붙였다.

김구는 이 시점에 미국 UP통신과 시국대담을 했다. 시국대담은 자유신문에 1948년 11월 1일 보도되었다. 첫째, 미국의 남한 정책은 실패했다고 단언했다. 그 이유로 소련은 민중들이 증오하는 친일파를 척결했는데 미국은 단행하지 않았으며, 공산주의자들에 대한 정책이 애매하여 관공서를 비롯한 사회 곳곳에 좌익분자들이 침투했다는 것이다. 둘째, 5·10선거는 민주주의적 요소가 구비되지 못한 채 실시되었으며, 절대 자유분위기가 보장되지 못했다는 것이다. 그래서 현 정부는 남한에서의 사실상 행정기관이라고 주장했다.

셋째, 유엔은 남북총선거 실시를 위해 침착과 인내와 열의를 가지고 미소 양국의 타협을 적극 촉진시켜야 하며, 이것이 제3차 대전의 참화를 방지하고 세계평화를 유지하는 유엔의 임무라고 주장했다. 넷째, 미소 양군이 철수하면 외부에 의해 분할된 한국이 단일민족으로 자연 회복될 것이며, 조국의 통일을 위하여 애국적 민주주의적 지도자들은 통일정부 수립의 역사적 과업을 실천할 수 있다고 했다.

다섯째, 공산주의자가 무시하지 못할 만한 실질적 역량을 가져야 될 것이며, 정치적 방식과 민주주의를 통해 통일을 실현할 수 있도록 인내와 관용과 용기를 가지고 부단히 노력할 필요가 있다고 했다. 여섯째, 군대의 폭동은 민족적으로 애통할 일이며, 우익이 관여했다는 유언비어에 대해 남한에서는 좌익이니 우익이니 하는 문자는 '딕셔너리'에 따라서 임의로 규정하는 폐단이라고 주장했다.

일곱째, 유엔은 중립적 기구로 세계평화를 확보해야 하며, 미국의 인민과 소련의 인민들이 전쟁을 반대하고 평화를 위하여 분투노력한다면 전 세계 인류는 제3차 대전의 참화를 면할 수 있다고 주장했다.

한반도는 분단되었다. 민족의 분단이었다. 그리고 여순사건, 6·25전쟁 등 이루 말할 수 없는 고통을 감내해야 하는 일들이 벌어졌다. 김구가 그토록 통일조국을 원했던 이유가 무엇인지 알 수 있다. 그렇지만 김구 또한 이승만을 넘어서지 못했다. 1949년 6월 26일 일요일, 경교장에 울려 퍼진 45구경 권총소리에 생을 마감했다. 최능진이 주장한 정치에 간섭하는 군인의 잘못된 과오였다.

극우 정객으로 이승만의 표적이 되었던 김구는 젊은 군인의 손에 암살되었다. 하지만 아직까지도 그 진실의 속살이 드러나지 않고 있다. 해방정국에서 숱한 지도자들이 암살되거나 학살되었다. 개인의 정치적 탐욕에서 비롯되었다.

김구는 통일을 위해 인내와 관용과 용기를 가지고 부단히 노력해야 한다고 했다. 김구의 이 말은 1948년에 국한된 말이라고 볼 수 없다. 지금 한반도가 처한 상황에서도 몇 번이고 곱씹어 생각해봐야 할 말이다. 그렇지만 대한민국의 땅에서는 통일은 용공분자이고 빨갱이로 덧칠되고 있다.

민족의 갈등과 대립은 또 다른 여순사건과 6·25전쟁을 좌초할지도 모른다. 6·25전쟁에 버금가는 일은 아니었지만, 연평도 포격사건이 그랬고 천안함 사건이 그렇다. 세상에 어떤 전쟁도 착한 전쟁은 없다. 전쟁은 결코 착할 수가 없다. 한반도가 살 길은 평화이다.

1948년 10월 마지막 날. 김구가 외신기자와 인터뷰에서 "통일을 위해 인내와 관용과 용기를 가지고 부단히 노력해야 한다"는 말이 한반도의 평화의 길이며 통일의 길이라는 것을 새삼 다시 크게 느껴진다.

손양원, '사랑의 원자탄'의 비밀?

1. 사랑의 원자탄

여순사건이 발발한 후 유명해진 것 중의 하나가 『사랑의 원자탄』이다. 손양원 목사의 일대기를 다룬 책이다. 손양원孫良源은 1902년 7월 7일 경상남도 함안에서 출생했으며, 호는 산돌이다. 1938년 평양 장로회신학교를 졸업하고, 1939년 7월부터 남장로교 선교사가 운영하는 여수 애양원교회에 전도사로 부임했다. 애양원은 나병환자 수용소로 구호사업과 전도활동을 함께 한 곳이었다.

손양원은 일제강점기 신사참배 거부로 1940년 9월 25일부터 1945년 8월 17일까지 옥고를 치렀다. 같은 해 8월 30일 애양원교회로 다시 돌아와 활동을 하다가 1946년 2월부터 부산초량교회에서 전도사 생활을 했다. 1946년에 경남노회에서 목사 안수를 받고, 다시 애양원교회에서 시무를 했다. 애양원교회로 돌아온 시기가 언제인지 정확하지 않다. 지금껏 알려진 손양원의 이력과 다소 차이가 있는데, 이는 1946년 2월에 손양원이 직접 작성한 이력서를 중심으로 기록했기 때문이다.

손양원은 신사참배 거부로 5년간 옥고를 치렀다. 이를 두고 일부 기독교인들은 민족주의, 항일운동 등으로 찬양한다. 신사참배 거부에 대해서 폄하할 생각은 없지만, 손양원의 신사참배 거부는 기독교의 '우상 숭배'에 반대한 계명을 따랐다는 것을 손양원도 밝혔다. 즉 항일운동 차원이 아니라는 것이다. 이와 비슷한 사례가 국기에 대한 경례이다. 해방 후 국기에 대한 경례는 머리를 숙였다. 손양원이 이승만 대통령을 만나 "십계명의 1계명을 어기는 것이다"고 설득하여 가슴에 손을 얹는 경례로 바꾸었다고 한다.

일제가 황민화정책의 하나로 우리나라 사람의 성을 일본식으로 고치게 했던 창씨개명에 대해 손양원은 반대하지 않았다. 손양원은 대촌양원大村良源으로 개명했으며, 그의 아버지 손종일은 대촌종일, 아들 손동인은 대촌동인, 딸 손동희는 대촌동희로 창씨개명했다. 손양원은 하나님의 계명을 중시했지, 독립운동이나 항일운동 측면에서 신사참배를 거부한 것이 아니었다. 손양원은 1995년 8월 15일 건국훈장 애족장이 추서되었다.

손양원 목사의 유명세에는 『사랑의 원자탄』이란 책이 있었다. 손의원孫議源과 안용준의 공저로 1949년에 12월 24일 기독교 신문사에서 첫 발행되었다. 손의원은 손양원의 둘째 동생이며, 안용준은 동료 목사(여순사건 당시 미국에 체류)로 알려져 있다. 공저라고 하지만 안용준이 썼다고 보는 것이 옳다. 1949년 전편은 두 아들의 순교에 대한 이야기이며, 1952년에 속편은 손양원 목사의 순교까지를 포함하여 안용준이 발간하여 지금까지 전해지고 있다.

주목할 것은 1949년 『사랑의 원자탄』 전편 이전에, 기독교 연극인들의 '예술무대'에서는 1949년 6월 21일부터 5일간으로 중앙극장에서 「향(香)」을 상연했다. 「향」은 주암산(본명 주태익) 작품에 이보라가 연출했으며, 여

순사건을 취재한 순교극으로 문교부가 인정했으며, 육군 보도과의 검열을 받았다. 당시 기사를 옮겨보면,

「향」은 주암산 작으로 아직 피비린내가 우리의 코를 스미는 민족최대의 비극 여수순천반란사건의 한 순정스럽고 거룩한 '사랑의 사건'을 취재한 것인데 곧 손양원 목사의 기독교 정신을 테마로 한 것이다.(경향신문, 1949년 6월 26일)

기독교 연극인이 만든 「향」은 문교부가 인정했다. 문교부는 여순사건 진압 이후 문인조사반을 현지에 파견하여 좌익의 잔악성을 알리는데 앞장섰다. 여기에 문교부가 또 나선 것이다. 손양원은 이 연극을 보고 출연자들과 함께 기념사진을 촬영했다. 기념사진의 손양원 옆에 있는 인물이 안용준으로 짐작되나 확실하지 않다. 『사랑의 원자탄』에서 저자는 연극 「향」을 상연시킬 때 육군 보도과 검열과정을 설명하고 있다. 이는 안용준도 연극 「향」을 보았거나, 대본을 봤다는 것을 의미할 것이다. 즉 연극이 상당한 영향을 미쳤음을 짐작할 수 있다.

이 연극에서 거룩한 '사랑의 사건'이란 멘트를 안용준이 『사랑의 원자탄』으로 표현하지 않았을까 한다. 한편, 1952년 『사랑의 원자탄』 속편이 출간되고, 고려복음서관에서는 1천5백만 원 시나리오 현상모집을 했다.

『사랑의 원자탄』은 두 아들을 죽인 살인자를 양아들로 삼았다는 파격적인 내용을 담았다. 이러한 결정으로 손양원 목사는 세상을 감복시킨 사랑의 사도로 칭송되었다. 그리고 좌익의 극악무도한 잔악성에 사람들은 분노했다.

『사랑의 원자탄』의 주제가 되었던 여순사건이 발생한 1948년으로 돌아가 보자. 여수와 순천에는 각 신문사에서 파견한 특파원들의 취재 열기가 대단했다. 문인조사반이 현지에 파견되었고, 종교시찰단도 활동했다. 정부와 국군도 좌익의 잔악성을 즉각 발표했으며, 진압군에 참여했던 군인들의 무용담도 훗날 많이 회고록 등으로 증언되었다.

이런 당시 상황에 주목하면 손양원과 관련된 보도나 글이 전혀 없었다. 두 아들을 죽인 살인자를 양자로 삼았다는 미담 자체도 알려지지 않았다. 훗날 증언과 지역사회에서 소문으로도 전해지지 않았다. 상당히 의문이 드는 부분이다.

문인들은 뛰어난 문장력으로 공산주의자의 만행을 폭로했다. 그렇다면 손양원의 이야기는 글쓰기에 더 없는 좋은 소재였다. 그런데 왜 아무도 쓰지 않았을까? 문인의 뛰어난 묘사력으로 '환상의 여학생 부대'를 만들었던 월탄 박종화는 이 좋은 소재를 왜 외면했을까. 군이 왜곡하거나 가공하지 않아도 되는 거룩한 아름다운 미담을 문인들은 왜 기록하지 않았던 것일까 한다.

손동희(동인·동신 여동생)는 그의 저서 『나의 아버지 손양원 목사』에서 "큰 오빠가 죽기 직전에 불렀던 찬송 「하늘가는 밝은 길」은 순천 시내를 은혜로 술렁이게 만들었다. 비단 기독교인들만이 아니라 믿지 않는 이들도 오빠들의 이야기에서 깊은 감명을 받고 가슴을 떨었다"고 기록했다. 손동희는 두 오빠의 죽음에 대해 "두 오빠의 친구들이 총살당한 것을 목격했으며, 목격담을 훗날 나에게 전해 주었다"고 출처를 밝히고 있다. 그런데 손동희에게 전달된 목격담은 지역에서 전혀 이야기로 전해지지 않았다. 어떻게 된 영문일까.

여순사건은 좌·우익을 구별할 것 없이 무고한 많은 사람들이 죽었다. 그 죽음과 관련하여 전해진 노래가 많다는 것이 제주 4·3사건, 6·25전쟁의 보도연맹사건 등의 다른 학살과 대조된다. 여수에서 대한노총 여수지부 부지부장 김창업이 총살 직전에 불렀다는 「봉선화」, 오빠를 대신하여 죽음을 당한 열여덟 살 백순례가 불렀다는 「산동애가」, 총살형을 선고받은 손동인의 스승 오경심이 불렀다는 「봉선화」, 폐허된 도시를 보면서 불렀다는 「여수블루스」 등 지역 사람들의 입에서 입으로 전해졌다. 하지만 동인이 총살 직전에 불렀다는 「하늘가는 밝은 길이」의 찬송가에 대해서는 지역에서 전해지지 않았다. 또한 어떤 문헌에도 기록되어 있지 않다. 손양원의 두 아들 동인·동신이 총살되었던 시간으로 들어가 보자.

2. 두 아들의 죽음과 순교

해방 이후 순천지역은 전남 동부 지역으로 좌·우익의 갈등이 심했다는 것을 앞서 보았다. 우익은 경찰과 미군정의 지원 아래 인민위원회 등 좌익들에 대한 탄압과 테러도 계속했다. 소작률 3·7제를 주장하는 농민조합 대표를 체포하고, 한민당과 연결된 이정열은 순천청년연맹을 습격하여 정보부장 김일백을 살해하고 광복군 다수를 체포했다. 경찰도 인민위원회와 조선공산당의 간판을 철거하고 간부들을 대거 검거했다. 순천지역은 우익진영이 강했던 만큼 학생조직도 전남 동부 지역에서 우익학생 단체인 전국학생연맹(학련)의 중심지였다.

좌·우익 갈등의 소지가 다분하게 내재된 속에서 1948년 10월 맞이했다. 10월 20일 순천 동천을 경계로 반군과 경찰이 대치하고 총격전이 발생했다. 순천에서 경찰이 많이 희생된 이유에 대해서 경찰에 대한 민중의 적개심도 있었지만, 순천 경찰이 적극적으로 반군을 진압하러 나선 것에 대한 응징이란 주장도 있다.

순천을 점령한 반군은 경찰, 우익인사, 서북청년단, 전학련 소속 학생들을 학살했다. 10월 21일 두 형제가 잡혔다. 당시 손동인 24살(1925년생)로 순천사범학교 6학년이었으며, 동생 동신은 순천중학교 3학년으로 19살(1930년생)이었다. 동인과 동신은 다른 학생들에 비하여 나이가 훨씬 많았다.

큰 아들 동인이 기독교인 또는 기독학생회 회장이어서 체포된 것으로 알려져 있다. 전혀 아니라고 할 수는 없지만, 꼭 그렇지만은 않다. 동인과 동신은 우익단체인 학련의 간부로 활동 중이었다. 순천지역 좌·우익 학생들의 갈등과 대립의 한 중앙에 서 있었다. 손동희(여동생)의 증언을 살펴보면,

> 당시 좌익과 우익, 서로간의 알력이 극에 달했어요. 같은 반 친구들끼리 칼을 품고 으르렁 거렸습니다. 이런 상황이 이어지던 가운데 여수반란사건이 터지자 좌익 학생들은 때를 만난 거죠.(손동희의 증언, 『참평안』 2010년 9월호)

손동희 증언은 당시 순천지역의 좌·우익 학생들 간의 갈등을 가장 잘 나타내고 있다고 할 수 있다. 동인과 동신은 우익단체인 학련의 간부 활동을 했다. 미군정과 경찰과 우익단체의 지원을 받았던 우익학생단체 학련은 여순사건 이전까지 기세등등했다. 여순사건은 기죽어 살았던 좌익 학생들에게 새 세상이 되었다. 우익 학생들에 대한 보복성 학살이 자행되었다. 좌익 학생들이 동인과 동신을 학살했던 이유는 기독교인이어서가

아니라, 그동안 정치적 갈등에 의한 정치적 보복이었다.

그런데 두 형제가 마치 기독교인이어서 총살된 것으로 주장한 이유는 무엇일까. 동인과 동신이 순교했다는 것을 강조하기 위함이다. 동인과 동신의 주검을 기록하는 훗날 기록물에는 "예수 믿은 사상. 예수 믿은 정신이 무엇이 나쁘냐? 내 목은 뽑을 수 있을는지 모르나 내 신앙은 내게서 뽑지 못하리라", "나의 신앙도 우리 형님과 꼭 같다. 우리 주 예수님께서 십자가에 매달리신 것처럼 나도 십자가 모양으로 너희들의 총을 받을 테니 쏘라! 어서 쏘라!"는 등이다. 그런데 두 형제가 함께 순교했다는 증언도 14~15세 정도의 '윤순응' 혼자의 증언에 불과하다.

동인은 미국 유학을 준비 중이었다. 두 아들의 장례식 날 손양원 목사는 10가지 감사 기도를 했다고 알려져 있다. 그 중에 "미국 가려고 준비하던 내 아들 미국보다 더 좋은 천국에 가니 감사합니다"는 기도에서 동인이 미국 유학을 준비했음을 알 수 있다. 손동희는 회고록에서 "오빠(동인)는 순천 사범학교의 오경심 음악 선생님에게 무료로 사사를 받고 있었는데, 그 음악 선생은 오빠에게 성악가가 되기를 권했다"고 동인의 음악적 재능을 기록했다.

동인의 음악적 재능을 알아보고 무료로 사사한 사람은 순천사범학교 오경심 음악선생님이었다. 오경심은 동인에게 음악적으로 도움을 주면서 미국 유학을 권유했다. 그런데 오경심의 남편 박만고는 순천지역에서 알아주는 공산주의자였다. 박만고는 여순사건 당시 순천을 반군이 점령한 동안 '3일 군수'라고 불릴 정도의 인물이다. 오경심 또한 1946년 2월에 결성된 통일전선 민주주의민족단체(이하 민전)의 순천지역 민주여성동맹 위원장을 맡았다. 여순사건이 진압된 이후 오경심과 박만고는 좌익혐의로 경찰에 체포되어 사형을 선고 받았다.

공산주의자들이 기독교인을 적대적으로 대했다고 주장하지만, 꼭 그렇지만도 않았다는 것을 볼 수 있다. 보수우익이나 기독교인들이 주장하는 공산주의자들이 기독교인만 보면 학살했다는 것도 전혀 타당성이 없는 말이다. 당시에 기독교인이 아님에도 불구하고 공산주의자에 의해 많은 학생들이 희생되었다. 여순사건 당시 사회부가 파견한 종교단체 대표단의 보고서에 의하면 "신자와 교회의 피해가 적었다"고 기술했다.

오경심은 당대 알아주는 성악가였다. 동인의 음악적 재능을 알아보고 이념과 무관하게 가르쳤다. 기독교인이네, 친미파네, 공산주의자네 구분 짓지 않았다. 그럼에도 불구하고 너무 편파적, 편향적 시각으로 기독교인을 무참히 죽인 것으로 이야기하고 있다. 순교를 너무 앞세운 기독교적 주장이라고 할 수밖에 없다.

최근에 공연한 「오페라 손양원」에서도 기독교인을 탄압하는 형태로 설정한 것은 당시나 지금이나 똑같다. 「오페라 손양원」에서 동신과 동희의 대화에는 "공산주의자들이 기독교인들을 한없이 미워하여 폭력을 휘둘러 소란을 피운다"고 하였으며, 정양순(손양원 부인)은 "일제보다 더 사나운 공산주의자이오니 그 손에서 애양원을 보호해야 하리다"란 대화가 나온다.

정양순의 대화에는 비유법이 있었겠지만 공산주의자를 일제보다 더 사납다고 하고 있다. 40년 나라 잃은 설움의 세월이었던 일제강점기가 해방된 조국보다 좋다고 한 것은 너무 과장되었다. 최능진의 말이 생각난다. 정치사상은 민족을 초월할 수 없다고 했다. 종교적 사상과 믿음에 대해 왈가왈부할 생각은 없다. 그렇다고 동족을 사상적으로 다르다고 적대적으로 설정해서 꼭 오페라를 만들어야 했던 것일까 하는 의문이 든다. 당시 공산주의를 지금의 교조주의적 북한의 공산주의에 대입한 결과가 아닌가 한다.

공산주의자 오경심이 기독교인 동인을 아무런 대가도 바라지 않고 음악을 가르쳤던 것에 대해서는 어떻게 해석을 해야 할까. '순교'를 포장하기 위해 기독교인이 탄압의 대상이 되었다는 설정은 왜곡과 조작이다.

두 형제는 10월 21일 순천경찰서 뒤뜰에서 총살되었다. 두 형제가 우익 학생단체인 학련에서 활동했다고 하여 무고하게 죽일 이유는 없다. 분명 그 죄상은 알려져야 한다. 하지만 그 죽음을 둘러싸고 있는 허상 또한 밝혀져야 한다. 그 당시 반군이 기독교를 탄압했다는 내용은 그 어디에도 없다. 여순사건이 발발하여 여수 인민위원회가 내세운 6개항의 강령에도 종교 문제에 대한 거론은 일체 없었다. 특별하게 종교인을 살상하는 구호도 없었다. 두 형제는 이데올로기에 희생당한 정치적 죽음이었지 결코 순교가 아니었다는 뜻이다.

「오페라 손양원」은 손양원 목사의 거룩한 사랑을 표현한 예술작품이다. 예술작품에 대해서 이러쿵저러쿵 하는 것도 그렇게 좋은 모습은 아닐 수 있다. 그러나 「오페라 손양원」과 『사랑의 원자탄』은 그냥 작품으로만 볼 수 없다. 전남 동부 지역의 아픈 역사를 고스란히 담고 있다. 아픈 역사는 아직도 진실규명이 되지 않은 채 구천에서 떠돌고 있다. 여전히 왜곡되고 조작된 채 사람들 입에서 입으로 전해지고 있다.

오로지 역사를 승자의 관점에서 보고 있다. 역사는 강자의 문서로만 존재하고 있다. 지역에서도 여전히 강자의 폭력이 난무하고 있다. 손양원 목사 두 아들의 순교 또한 사실을 왜곡하여 선교의 수단으로 삼고자 하는 몰염치이다.

3. 양자의 삶

10월 26일 저녁때쯤 두 아들의 시신이 애양원으로 돌아왔다. 27일 합동 장례식이 열렸다. 두 아들은 남해바다가 내려다보이는 애양원 뒷동산에 묻혔다.

10월 23일 순천이 탈환되었다. 오전부터 순천 북국민학교에는 읍민들이 집결했다. 당시 기록으로 5만 명이 모였다고 하는데 다소 과장된 것으로 보인다. 당시 순천 북국민학교의 상황을 옮겨보면,

> 남녀노소 가리지 않고 대부분 한데 모여 있는데, 그렇지 않은 집단도 있다. 주로 청년들만 모아놓은 곳이 있는가 하면 남녀학생들만 모인 곳, 또 팬츠만 입고 벌벌 떨고 있는 벌거숭이 집단도 있다. 경찰대가 구분해 놓은 것이다. …… 심사 중인 그룹 앞에는 경찰관들에게 끌려나온 사람이 충혈된 눈으로 이 얼굴 저 얼굴을 번갈아 훑어보면서 누군가를 찾고 있고 웅크리고 앉아서 떨고 있는 사람들은 고개를 숙인 채 그 시선을 피하려고 무진 애를 쓰고 있다. 얼굴을 들었다가 그와 시선이 마주쳐서 '저 놈이다' 손가락이 가리키기만 하면 끝장이 나는 것이다.(유건호, 「여순반란사건」, 『전환기의 내막』, 조선일보사, 1982)

군인의 비호 아래 경찰·서북청년단·학련 등은 먼저 40세 이하의 남자 중 군용팬티를 입은 자, 머리가 짧은 자를 반군 및 협력자로 적발했으며, 그 다음 지방유지, 우익인사가 협력자를 찾아냈다. 협력자는 제1급(인민재판에 적극 참여자), 제2급(소극적 참여자), 제3급(애매한 자)로 분류되어 처벌 혹

은 재심사를 받았다. 하지만 꼭 분류 규정이 지켜진 것은 아니다. 적개심을 갖고 보복과 모략의 손가락 총이 있었다. 손가락 총은 죽음이었다.

좌·우익 세력들 간에 보복적인 인명살상으로 순천을 '죽음의 도시'로 만들었다. 동인·동신의 장례를 치루고 일주일쯤 두 형제를 죽인 안재선이 잡혔다. 안재선은 순천 사범학교 3학년생이었다. 안재선은 학련 학생들에게 무참히 얻어맞아 피투성이가 되었다. 그러면서도 두 형제를 죽인 것에 대해서 극구 부인했다.

『사랑의 원자탄』중 가장 감동적인 장면은 두 아들을 죽인 원수를 구명하여 양아들로 삼았다는 것이다. 그 시간 속으로 들어가 보자.

안용준의 『사랑의 원자탄』에는 안재선의 어머니는 어머니대로 비판 없이 애걸을 하고, 아버지는 아버지대로 변명을 하고 있다고 표현했다. 안재선의 구명운동에 나선 사람은 순천 승주교회 나덕환 목사였다. 나덕환은 손양원과 친구사이였다. 손양원의 간곡한 부탁을 받고 나선 것이다. 내용을 옮겨보면,

> 목사님. 아버지께서 부탁하신 말씀이 있어서 왔어요. 오빠를 죽인 자를 잡았다 하니 그에게 매를 한 대도 때리지 말고 죽이지도 말고 구해내 달라고 하셨어요. 아버지께서는 그를 아들로 삼겠다고 하셨어요. 목사님이 수고 좀 해 주십사 하고 부탁하셨어요.(손동희, 『나의 아버지 손양원 목사』, 아가페, 1994)

당시 손양원은 부흥집회 때문에 나덕환을 만날 수 없었다. 해방 이후 손양원은 전국적으로 2천회가 넘는 부흥집회에 참여했다고 한다. 손동희 저서에는 "아버지는 황급히 부흥집회를 하러 떠나셨다"고 했다. 부흥집회가 애양교회인지 타 지역인지 정확하게 알 수 없다. 다만 분위기로 보아

타 지역의 부흥집회로 이해된다. 애양원은 여수 율촌면 소재지에 있지만 생활권은 순천이다. 당시도 그랬고 지금도 마찬가지이다.

손양원이 타지로 떠나기 위해서는 순천에서 열차 또는 버스를 타야 한다. 그렇다면 나덕환을 직접 만날 시간은 충분히 있었다고 본다. 그런데 굳이 딸을 시킨 것은 무엇이었을까. 또한 애양원에서도 부흥집회를 했다고 하여도, 당시에도 2시간이면 오고갈 수 있는 거리였다. 손양원은 스스로 중요한 결정과 결심을 했고 중차대한 문제를 딸을 통해 전달했다는 것도 쉽게 납득할 수 없다.

『사랑의 원자탄』을 보면 팔왕카페에 안재선은 잡혀 있었다. 나덕환은 학련 책임자와 군인에게 몇 차례에 거쳐 자초지정을 설명했지만 얼토당토 않는 소리라고 거절당했다. 사형수들의 처형이 결정되었고, 트럭을 기다리고 있었다. 그런데 사형수들을 태우고 갈 트럭이 펑크가 나서 30분 늦게 오게 되었다. 나덕환은 아들 제민을 시켜 동희를 데려 오게 했다. 군인은 동희에게 '이름, 나이, 순천에 언제 왔느냐, 왜 왔느냐' 등을 물었다. 그리고 국군은 "나 목사님께 일임합니다. 상관에게도 말씀드리겠습니다"고 하고 다른 사형수를 데리고 트럭을 타고 사형장으로 가버렸다고 기록되어 있다.

얼마나 급박했고 극적인 장면인가. 트럭이 펑크가 나지 않았다면 안재선은 죽었다. 그런데 마치 트럭이 펑크가 나서 30분이라는 시간이 지체되었다. 나덕환은 재치를 발휘하여 동희를 불러왔다. 그리고 동희가 울면서 사연을 말한다. 영화나 드라마에서나 나올 수 있는 드라마틱한 장면이다. 앞서 살펴보았지만, 『사랑의 원자탄』이전에 연극「향(香)」이 상연되었다. 연극의 시나리오가 실제적인 상황으로 재연되었다는 느낌이 든다. 그 많은 사형수 중에서 유일하게 안재선의 어머니와 아버지만이 등장하여 애걸하는 모습 또한 그렇다.

한 가지 더 중요한 것을 확인할 필요가 있다. 안재선은 두 형제를 죽인 것을 극구 부인했다. 그는 죽은 동신을 확인 사살하는 총을 쐈다고 했다. 그렇다면 두 형제의 총살은 어떻게 이루어진 것일까. 두 형제는 10월 22일 순천경찰서 뒤뜰에서 총살되었다. 『사랑의 원자탄』에는 "사격을 했는데 다섯 명이 쏘았기 때문에 내 총이 맞았는지 안 맞았는지 몰라도 쓰러진 동신에게는 다시 두 번을 더 쏘아 보았습니다"고 안재선이 말한 내용이 있다.

다섯 명이 사격을 했다. 그럼 두 형제만 세워놓고 총을 쐈을까. 당시 순천경찰서에는 두 형제를 비롯하여 많은 사람들이 잡혀와 있었다. 두 형제만 세워놓고 총살했을 것이라는 상황도 연극적 요소로 보인다. 만약 두 형제만 세워놓고 총을 쐈다고 해도 안재선의 말대로 누구 총에 맞아 죽었는지 아무도 모른다.

특히 확실한 것은 두 형제 모두가 안재선의 총에 맞아 죽었을 확률은 거의 없다. 혼자서 쐈다면 모르지만, 다섯 명이 총을 쐈다. 안재선은 군인이 아닌 열일곱 살의 학생이었다. 안재선이 두 형제를 모두 죽였다면 한 사람을 쏘고, 재빨리 다른 한 사람에게 총을 겨눠야 한다. 열일곱 살 학생이 가능했을까? 절대 가능하지 않았다.

그렇다면 "두 아들을 죽인 자들을 구하라"는 손양원의 말은 지켜지지 않다. 나덕환은 안재선을 혼자 구원해야 하는 것이 아니라 사선에 섰던 다섯 명을 모두 구원해야 했다. 정 그렇지 못했다면 동인을 사살한 학생을 찾아내야 했고, 동신을 사살한 학생을 찾아내야 했다. 그런데 나덕환은 전혀 그런 노력이 없이 오로지 안재선 한 사람만을 살인자로 설정하여 구한 것이다. 이 부분도 시나리오의 연출로 연극상연에서나 나올 법하다. 여하튼 안재선만이 살아남았다. 극구 부인했음에도 불구하고······.

『사랑의 원자탄』을 읽다가 든 생각을 정리하면, 나덕환은 손양원의 부탁으로 두 형제를 죽인 사람을 찾아 나선다. 팔왕카페에 잡혀와 죽도록 맞고 있던 안재선이 가만히 들어보니 죽였든 안 죽였든 그것이 중요한 것이 아니었다. 죽였다고 하면 살 수 있는 것이었다. 살 수 있는 방법은 죽였다고 하면 되는 것이었다.

안재선은 살았다. 손양원의 양자가 되었다. 손양원은 '사랑의 사도'로 사람들을 감복시켰다. 1950년 9월 28일 손양원이 인민군에게 총살되었다. 안재선은 손양원의 장례식에 상복을 입고 맏상제 역할을 했다. 손양원 목사가 마흔여덟의 나이로 세상을 떠났듯이, 안재선 또한 1979년 마흔여덟의 나이로 후두암으로 세상을 떠났다.

안재선의 삶은 어떠했을까. 지금 목회활동을 하고 있는 안재선의 아들 안경선 말을 옮겨보면,

> 저는 할아버지와 아버지의 관계를 고3 겨울에 아버지가 돌아가신 뒤 알게 되었습니다. 손 목사님의 유복자인 손동길 목사님께서 저를 찾아와 '내가 너의 작은아버지다'고 말씀하시면서 '사랑의 원자탄'이라는 책을 주셨습니다. 그 책을 읽고서야 아버지가 어떤 분인지 알았습니다. 안 목사가 기억하는 아버지는 크리스천이 아니었다. 교회를 가라고 권하지도 않았다. 아버지가 돌아가시고 난 뒤에야 손 목사님의 가족과 아버지가 계속 왕래하고 지냈다는 것을 알았습니다. 또 할아버지의 도움으로 신학을 전공하고 목회자가 되려고 하셨다는 것도 들었습니다. 그러나 주위의 눈총 때문에 이룰 수 없었고 결국 세상 사람의 눈을 피해 숨어 사셨던 것입니다.(국민일보, 2004년 6월 27일)

안재선은 2남 2녀를 두었다. 자식들에게 손양원 목사와의 관계에 대해

침묵했다. 안재선이 죽고 나서야 안경선은 손양원과 관계를 알았다. 안재선은 손 목사의 도움으로 신학 공부를 했지만 포기했다. 그리고 자식들에게 교회를 가라고도 하지 않았으며, 그 또한 크리스천의 길을 포기했다. 그의 목숨을 살려준 하나님의 길을 왜 포기했을까.

안재선은 주위 눈총 때문에 세상 사람의 눈을 피해 살았다. 그래서 여수 외딴섬에 숨어 살기도 했다. 살아 있다는 것이 곤욕이었을 것이다. 왜 그렇게 되었을까.

손양원은 안재선을 양아들로 삼아 부흥집회에 데리고 다녔다. 친아들처럼 여기고 신앙을 키워주기 위해서라고 하지만 10대 후반기에 겪어야 심적 고통이 얼마나 컸을지 가늠하기가 쉽지 않았다. 부흥집회가 끝나면 동물원 원숭이 구경하듯이 몰려와서 힐끔거렸다. 여수 애양원 손양원 목사 순교기념관에는 당시 '서울 남대문교회 부흥사경회'가 끝나고 찍은 사진이 전시되어 있다. 어림잡아 100여명의 신도들과 손양원, 안재선이 나란히 사진을 찍었다. 〈사진-23〉에서 A가 안재선이다. 표정이 무덤덤하다. B가 손양원이다.

〈사진-23〉 서울 남대문교회 부흥사경회 후 기념사진

안재선은 1948년 10월 손에 총을 잡았다. 그리고 동인·동신 두 형제의 죽음에 직간접적으로 관련이 있다. 해방 조국은 양대 강국에 점령되었고 민족의 갈등을 유발했다. 좌·우익 정치적 이데올로기가 격화되었고 한반도의 민초들은 갈팡질팡했다. 기우뚱거리는 정국 속에서 동인·동신과 함께 안재선도 정치적 피해자이며 가해자였다.

그들의 이야기는 많은 의문부호를 던지고 있다. 모순의 연속이다. 그 이유는 무엇일까. 연극 「향(香)」은 삼엄한 당시 시국에서 정부의 승인을 받고 상연되었다. 정부의 의도를 벗어난 것은 상연될 수 없었던 시대였다. 국가권력이 연극 등 문화도 지배했던 시절이었다. 문인조사반을 종교시찰단을 현지에 보냈던 이유는 공산주의자의 잔악성을 알리는 것이었다. 연극 「향(香)」은 여기에 자유로울 수 없었을 것이다. 그리고 『사랑의 원자탄』이 발간되었다.

4. 손양원 목사의 순교

1950년 6월 25일, 전쟁이 터졌다. 남한 전체를 초토화시켰다. 낙동강 전선을 최후 보루로 남겨두고 인민군이 모두 점령했다. 전남 동부 지역의 경우도 7월 25일~27일경부터 인민군이 점령했다. 9월 15일 유엔군의 인천상륙작전 성공으로 유엔군과 국군의 반격이 시작되었다. 전남 동부 지역을 점령하고 있던 인민군도 후퇴를 준비했다.

손양원은 1950년 9월 13일 애양원에서 주변 동료와 신도들의 피난 권유를 거절하고, 행동이 부자유한 나환자들과 교회를 지키다가 인민군에게 체포되었다. 여수경찰서에 수감되어 있던 손양원은 후퇴하는 인민군에 의해 9월 28일 여수 미평과수원에서 총살되었다. 9월 27~28일 상황을 살펴보면,

    인민군 퇴각이 시작되었다. 1950년 9월 27일 내무서원, 인민위원장 등이 수감자 처치문제에 대해 회의한 후 "전원 총살시키기로 결의"했다. 다음날 여수경찰서에 수감자 197명 중 일부는 석방하고 나머지 150여명은 순천에서 재심할 것이라며 안심시켰다. 이들은 2명씩 팔목이 포박된 상태로 걸어서 미평지서에 도달했다. 칠흑 같은 밤이었다. 인민군들은 전원을 노상에 앉혀놓고 20명씩 데리고 약 8백 미터 떨어진 미평과수원에서 대부분 학살했다. 일부 경찰 및 군인이었거나 거물급 우익인사는 연와공장(벽돌공장, 현 전남대 여수캠퍼스 후문 인근)으로 끌고 가 학살했다. 이때 학살된 인원은 130~150명가량으로 손양원 목사와 여수중학교 교장 최천열 등이 포함되었다. 참으로 많은 사람들을 학살했다. 무고한 죽음이었다.

    종교에서 '순교', 순교자가 어느 정도 거룩한 죽음인지 가늠할 수 없다. '순교'하면 신라 법흥왕 때 이차돈을 떠올린다. 불교를 장려하기 위해 참형당한 우리 역사상 최초 순교자라는 것쯤으로 알고 있다. 이차돈의 순교를 상징하는 육면석당六面石幢이 경주박물관에 보존되어 있다. 19세기 초 서구열강의 조선 진출과 맞물려 천주교가 이 땅에 들어왔다. 1846년 김대건 신부가 천주교를 포교하다가 체포되어 순교했다는 것이 천주교의 최초로 알려졌다. 이후 병인박해와 신유박해로 인하여 가톨릭 신도들의 학살이 있었다. 이것이 역사책에서 배운 순교였다.

    손양원은 행동이 부자유한 나환자들과 교회를 지키다가 체포 총살되었다. 이를 거룩한 순교라고 한다. 한 종교집단에서 칭하는 순교에 대해 왈가왈부할 것은 아니지만, 9월 28일 왜 죽어야 하는지도 모르고 죽은

130명~150명의 사람들에 대해서는 어떻게 불러야 할까. 그들도 모두 체포된 이유가 있었고, 억울한 죽음을 맞았다.

당시 미평과수원(현재 둔덕동)에는 손양원 목사 순교지가 공원화되어 있다. 그리고 애양원에는 몇 백억 원을 들여 공원이 조성되었다. 기독교에서 보면 손양원의 죽음은 거룩했다고 한다. 그런데 거룩한 죽음을 앞세운 우상화 작업은 아닌지 염려스럽다.

〈사진-24〉의 왼쪽은 손양원 목사 순교지(여수시 둔덕동)에 세워진 기념탑이다. 오른쪽은 손양원 목사 순교기념관(여수시 율촌면 신풍리 애양원)에 세워진 기념탑이다.

〈사진-24〉 손양원 기념탑

여순사건과 6·25전쟁을 겪으면서 전남 동부 지역에서는 최소한 1만 명 이상의 민간인이 학살되었다. 여수지역에서만 해도 상상할 수 없는 사람들이 무고하게 학살되었다. 조그만 위령비석하나 세우는데도, 이런저런 이유로 어려움을 겪었다. 하지만 손양원에 관련된 공원은 두 곳이나 있다. 몇 백억 원이 들어갔는지 모른다. 역사는 강자의 논리에 의해, 승리자의 논리에 의해 점령당했고 왜곡되고 있다.

9월 28일 미평과수원(손양원 목사 순교지)에서는 최소한 130명이 억울하게 인민군에게 죽임을 당했다. 그런데 한 사람은 교회를 지켰다는 이유로 거대한 위령탑이 한 군데도 아닌 두 군데에 버젓이 세워졌다. 나머지 사람들은 조그만 비석이나 박석하나가 없다. 그러한 사건이 발생했는지 조차도 모른다. 한 사람을 영웅화·우상화하는 것이 하나님이 바라는 것이었을까. 타인의 죽음에 대해 그렇게도 모멸차고 냉혈한 것이 기독교의 사랑 정신일까 하는 의문이 든다.

국가권력에 의한 폭력이 난무했던 시기에, 지역에서도 강자의 논리를 앞세워 역사는 조작되고 왜곡되었다. 집단적 힘을 이용하여 권력을 남용하고 있다. 이것이 폭력이 아니고 무엇이겠는가. 자기들이 설정한 공간에서 타인에 대한 배려는 전혀 존재하지 않고, 오로지 자기들만의 주장이 옳다고 한다. 그 옳음을 실행하기 위해 집단적 힘이 동원되고, 타인은 불량 국민으로 취급한다. 국가 권력만큼이나 지역사회에서도 강자의 권력에 의해 폭력이 난무하고 있다.

함께 극복하고 치유하려는 노력보다는 집단적인 힘의 논리가 지역사회를 지배하고 있다. 힘없는 사람들은 예나 지금이나 황량한 눈빛으로 먼 하늘만 쳐다봐야 한다. 그것이 현재 대한민국에서 벌어지고 있는 일이다. 지역에서도……

시선
18

여순사건과 박정희

1. 박정희와 여순사건 공박

한국현대사를 논하는데 박정희 대통령이 빠질 수 없다. 여순사건에 관련된 사람들은 '빨갱이'라는 덧칠을 뒤집어썼다. 불량 국민으로 살았다. 여순사건의 논란 중에서 박정희도 자유롭지 못하다. 박정희가 정말 남로당에 가입했는지? 여순사건과는 어떤 연관이나 역할이 있었는지 등 설왕설래하고 있다.

여순사건은 곧바로 숙군으로 이어졌다. 백선엽은 회고록에서 "여순사건이 없었고 숙군이 없었더라면 6·25전쟁과 같은 상황에서 국군이 자멸의 길을 걷지 않았으리라 장담할 사람은 아무도 없을 것이다"고 말했다. 여순사건은 숙군에 결정적인 역할을 했으며, 숙군의 결과는 6·25전쟁에까지 영향을 미쳤다는 것이다.

박정희가 정말 남로당에 가입했느냐는 질문을 많이 받는다. 결론부터 말하면 박정희는 남로당에 가입했고 그로 인하여 숙군되어 군복을 벗었다. 6·25전쟁이 발발하면서 다시 군복을 입었다. 하지만 1961년 5·16군사쿠데타로 정권을 장악한 박정희에게 남로당 가입문제와 숙군문제를 거론할 사람은 아무도 없었다. 탱크와 총칼의 무소불위 권력에 대해 누구보다 군인들 스스로가 잘 알고 있었다. 어떻게 처신해야 살아남는지 잘 알고 있었다. 그렇기에 박정희의 남로당 체포 등에 관여했던 사람들 누구도 차마 입을 열 수가 없었다.

박정희가 남로당에 가입되었다는 것이 폭로된 것은 1963년 제5대 대통령선거에서 야당후보였던 민정당 윤보선의 주장에서 비롯되었다. 5·16군사쿠데타로 정권을 장악한 박정희는 정권 민정이양을 약속했지만, 군복을 벗고 민주공화당을 창당하여 대통령 후보로 나섰다. 제5대 대통령 선거일은 10월 15일 화요일이었다.

윤보선은 1963년 9월 24일 전주유세에 앞서 기자회견에서 "여수순천반란사건의 관련자가 지금 정부 안에 있는 듯하다"고 말하면서 사상논쟁을 점화시켰다. 윤보선의 발언은 즉각 공박으로 이어졌다. 윤보선의 발언 출처는 전날(9월 23일) 여수유세에서 윤제술 국회의원의 찬조연설에서 비롯되었다. 야당인 민정당에서는 박정희를 공격할 수 있는 중요한 의제를 선점한 것이다.

9월 28일 김준연(자민당 대표 최고위원)은 1961년 5월 26일자 'TIME'지를 인용하여 "박 소장은 전에는 공인된 공산주의자였다. 그는 여순반란사건 때 군반란을 조직하는데 협력하였다. 그래서 그는 이승만 씨의 장교들에 의하여 사형선고를 받고, 그러나 그분은 전향을 했어. 또 정보를 제공했어. 사형을 면제받았다. 그분은 지금은 분명하게 또 강력한 반공주의자다"고 소개하면서 박정희가 공산주의자였으며, 사형선고까지 받았다고 폭로했다. 이승만 정권에 초대 교육부장관을 역임했던 안호상(국민의당 최고위원)은 "북한에는 공산당이 있고 남한에는 공화당이 있다. 북한에는 소군이던 김일성이라는 놈이 있고, 남한에는 일본 군대였던 박정희장군이 있다"고 주장했다. 사상논쟁과 민족주의에 대한 백병전은 더 한층 가열되었다.

야당에서는 박정희에게 여순사건과 관련해 떳떳이 밝힐 것을 요구했다. 공화당은 윤보선 후보를 고발하고, 또한 타임지 보도가 전부 사실이 아니라고 주장했다. 이에 맞선 야당에서는 여순사건 당시 군 수뇌부에 있었던 원용덕 장군과 송요찬 장군이 이를 증명할 것이라고 맞받아 쳤다.

당시 대통령선거에서 송요찬은 자유민주당 후보로 출마를 했다. 그러나 1963년 8월 8일 박정희의 대통령 출마를 반대하는 이른바 '최고회의 박정희의장에게 보내는 공개장'을 동아일보에 발표한 것이 문제가 되어 8월 11일 구속되었다. 송요찬은 대통령선거에 옥중 출마한 것이다. 이렇게 전 방위적으로 박정희를 공격하고 나섰다.

박정희는 마냥 얻어맞고만 있을 수 없었다. 반격이 시작되었다. 첫 번째 등단한 인물은 의외로 원용덕이었다. 야당에서는 원용덕이 박정희가 여순반란사건에 관련되었음을 증명할 것이라고 했다. 그런데 역습을 당한 것이다. 1963년 10월 4일 원용덕의 발언을 정리하면,

> 박 의장이 여순반란사건에 관련되었다고 비난하는 민정당계의 발언은 터무니없는 소리다. 박정희 씨가 남로당군 책임자였었다고 퍼뜨린 송요찬 씨와 자민당계의 공격도 사실무근이다. 박정희 장군에 관해서는 나보다 아는 바가 적을 것이다.
>
> 1948년 반란사건이 일어나자 대전 제2여단장으로 있던 나는 호남방면사령관으로 임명되어 현지로 내려갔으며 육본에서는 미고문관과 함께 백선엽(당시 중령)씨를 참모장에 박정희(당시 소령)씨를 작전참모에, 김점곤(당시 소령)씨를 정보참모에 임명, 그들은 즉각 부임하여 토벌작전을 시작했다.
>
> 박정희 씨는 여순사건이 일어날 때 육사교관으로 근무하다가 토벌군에 파견되었으며 10월 하순부터 1개월여 걸친 주요 작전계획 수립을 맡아 왔다.

그 중에서도 기억에 남은 것은 지리산 문주리에서 김지회가 지휘하는 반도를 섬멸한 것 등이다. 그해 11월 주요작전을 끝내고 박 씨는 다시 육사로 복귀했다. 그 얼마 뒤 박 씨는 좌익혐의로 군재에 회부되었는데 그 죄목은 국방경비법 몇 조인지는 불명하나 위반이 어떤 것으로 생각된다. 박 씨는 15년 구형을 받았으나 그 무실함이 밝혀져 석방되었다.

여순반란사건 당시 호남방면군사령관으로 진압작전을 총지휘했던 원용덕 예비역 중장이라고 본인을 소개했다. 원용덕의 여순사건 당시 반군토벌사령부 설치에 대한 발언은 사실이다. 다만 작전참모는 육군 총사령부 정보과장이었던 김점곤이 맡았다. 이때 박정희는 김점곤을 보좌하는 임무를 수행했다.

하지만 박정희가 지리산 문주리에 김지회를 섬멸했다는 것은 사실과 다르다. 김지회는 1949년 4월에 지리산 반선골에서 섬멸되었다. 이때는 이미 박정희가 남로당 군사부장으로 체포되어 재판을 받고 있었다. 또한 "박 씨는 좌익혐의 위반으로 15년 구형을 받았으나 그 무실함이 밝혀져 석방되었다"는 발언도 사실과 다르다. 사형이 구형되었으나, 백선엽, 정일권 등 만주군 출신의 구명운동으로 무기징역과 파면·급료몰수형을 선고받았다. 죄목은 국방경비법 제16조 위반(반란기도)이다. 고등군법회의 명령 제18호 (1949년 4월 18일자)에는 '병력제공죄'라고 구체적으로 명시되어 있다.

원용덕은 박정희를 두둔하고 나섰다. 그러나 당시로는 이를 입증할 만한 확실한 근거와 뒷받침할 만한 증언자를 야당에서도 내놓지 못했다. 야당에서는 원용덕이 박정희의 실체를 밝힐 것이라고 장담했는데, 원용덕은 왜 이렇게 박정희를 두둔하고 변론하는 것이었을까? 그것은 원용덕의 신병과 관련이 있었다.

원용덕이 이승만 자유당정권과 본격적으로 같은 길을 가게 된 것은 영남지구 계엄사령관으로 임명된 후부터이다. 1952년 임시 수도 부산에서 정치파동으로 10여 명의 국회의원을 구속함으로써 공포분위기를 조성했다. 이승만의 재선과 독재정권의 기반을 굳히기 위한 발췌개헌안을 불법적으로 통과시키는 데 앞장섰다.

1953년 6월에는 국가보안법과 살인예비 등 혐의로 군법회의에 회부된 김성주(유엔군 평안남도지사 대리)가 7년형이 구형되었다. 원용덕은 1954년 5월 초순경 김성주를 직접 총살했다. 1956년에는 장면 부통령 암살 계획을 수립했다. 이승만의 영구집권을 위해 야당의원들의 집에 불온문서를 조작하는 등 이승만의 충성스러운 투사였다.

1960년 3·15부정선거와 1960년 4·19혁명 당시 원용덕은 헌병총사령관이었다. 이승만이 하야한 뒤 김성주 살해 사건으로 구속되어 1961년 9월 30일 육군중앙고등군법회의에서 살인죄·허위공문서행사죄·국회에서의 위증죄 등으로 징역 15년형을 선고받았다. 그리고 군에서 파면되었다. 원용덕은 복역 중 병보석으로 풀려났다가, 형집행정지로 사면되었다. 병보석으로 풀려난 시기는 1962년 5월 24일 이전이며, 사면은 1963년 5월 29일 이전이다. 군사쿠데타 세력에 의해 사면된 것이다.

원용덕과 박정희는 어떤 관계일까. 원용덕은 만주군 군의관 출신으로 박정희 선배이다. 박정희는 만주군 생도시절부터 원용덕을 따랐던 것으로 알려져 있다. 박정희가 경비사관학교 제2기생으로 임관하여 춘천 제8연대에 처음 배속되었는데, 연대장이 원용덕이었다. 이런 인연은 박정희의 군 생활에 적지 않은 도움이 되었을 것이다. 1958년 10월 3일, 박정희의 큰 딸 재옥在玉이 결혼했다. 재옥은 박정희의 첫 부인 김호남과 사이의 유일한 혈육이다.

상대는 박정희의 직속 부관 한병기韓丙基 대위였다. 이날 결혼식 주례는 헌병총사령관이었던 원용덕이었다. 박정희가 가슴에 묻고 살았던 큰 딸의 결혼식 주례를 원용덕이 섰다. 아마 박정희의 요청이 있었을 것으로 예측된다.

김성주 살인사건은 군 수뇌부 원용덕이 우월적 지위를 이용하여 민간인을 살해한 사건이다. 즉 정치적 중립성을 훼손하고 정치적 정적을 제거하는데 앞장서서 살해한 것이다. 원용덕의 죄질은 아주 나빴다. 군법재판에서 징역 15년형을 선고받았지만, 실제 복역은 6개월 정도에 불과했다. 그리고 5·16쿠데타 세력들에 의해 사면되었다.

김성주 유가족은 암담했다. 원용덕 개인은 믿지 못하지만 국가와 국군은 믿었다. 그렇지만 쿠데타세력의 상관이었던 원용덕은 소리 소문 없이 풀려났다. 일신의 영달을 위해 만주군이 되었고, 개인의 사욕을 위해 살인을 마다하지 않은 정치군인의 길을 걸었던 원용덕의 모습은 박정희에게 그대로 투영되어 있다.

김성주 유가족은 분개하고 억울했다. 유가족들은 원용덕을 상대로 6백만 원을 요구하는 위자료 청구 소송을 제기했다. 김성주가 살해당할 당시 나이는 36세였다. 당시 김성주에게는 부인과 아들 그리고 두 딸이 있었다. 재판결과는 부인과 아들에게는 각각 30만 원씩, 두 딸에게는 20만 원을 지불하라는 판결을 내렸다. 김성주 유가족이 받고자 했던 것은 돈 몇 푼이 아니었다. 국가와 국군의 진정어린 사과였다.

국가재건 최고회의는 박정희를 비롯한 5·16쿠데타 세력의 정치적 반대세력을 용인하지 않고 정치권력 연장을 위해 '정치활동정화법'을 만들었다. 국가재건 최고회의에서 정치활동의 적격자를 심판하는 민주주의 국가에서 있을 수 없는 행위가 벌어지고 있었다. 국가재건 최고회의는 1962년 4월 15일에 추가대상자 307명을 공고했는데, 여기에 원용덕도 포함되어 있었다.

여러모로 원용덕은 신병에 어려움을 겪고 있었다. 김성주 유족이 소송을 제기했으며, 사면되었다고 하지만 군부의 상황이 어떻게 변할지 모른 상태였다. 이러한 상황에서 원용덕이 야당후보 윤보선을 위해 기자회견을 한다는 것은 처음부터 어려운 일이었다. 그런데 야당에서는 국물부터 마셨던 것이다.

다시 1963년 대통령 선거로 돌아가 보자. 원용덕의 증언은 박정희와 민주공화당에게 반격의 기회를 마련했다. 박정희는 1963년 10월 8일 스스로 기자회견을 자청하여 "여순반란사건에 자기가 관련된 것처럼 발설된 데 대해 당시 여순지구에 주둔 국군은 제14연대이고 자기는 육사생도대장으로 복무 중이었으므로 동반란과는 아무런 관련이 없다"고 직접 나선 것이다. 원용덕의 기자회견 덕이었다.

그렇다고 야당이 가만 지켜만 보고 당할 수는 없다. 윤보선이 직접 나서 기자회견을 가졌다. 윤보선은 『한국관계 해외 논조 연감총회』(공보부 발행)에 1961년 5월 16일부터 1962년 5월 16일까지 1년 동안 기재된 내용 중에서 박정희 프로필을 공개했다. 내용을 살펴보면,

> 박정희 씨가 제1군참모 당시 남로당의 군사부장으로 복무했으며, 1948년 북조선정부 지지한 여순반란사건으로 인해 사형을 선고받았으나 우인장교들에 의한 감형운동의 도움을 받아 군에 다시 복무케 되었다.

윤보선이 밝힌 내용은 현재 박정희의 남로당 관련 연구결과와 많은 부분 일치한다. 민주공화당은 박정희의 기자회견으로 일단락되었으며 잠잠할 것으로 예측했다. 그런데 야당에서는 더 확실한 근거를 들고 나온 것이다. 박정희의 사상논쟁은 제5대 대통령선거의 핵심쟁점으로 상호간에 죽고 살기로 매달릴 수밖에 없는 형국이었다.

민주공화당도 다음 카드를 내놨다. 숙군과정에 수사 지휘를 맡았던 빈

빈철현 기자회견 -1963-10-11 동아일보

철현 대위였다. 빈철현은 박정희와 같이 경비사관학교 제2기 동기생이었다. 여순사건이 발발하고 3일 후 (10월 24일) 육군본부는 SIS(CIC전신)에 빈철현 대위를 파견대장으로 광주로 내려 보냈다. 빈철현은 기자회견에서 "광주에 내려가 약 1개월간 1천명의 부대 내 사건 관련자와 170명의 부대외 사건 관련자의 명단을 작성, 당시 정보국장 백선엽 씨를 통해 육군본부에 제출했다. 박정희 씨의 이름은 이 명단에 절대 없었다는 사실을 확언한다"고 증언을 했다. 그러면서 "여순사건 진압 후에 박정희 씨가 다른 혐의로 숙군 대상에 올랐는지는 잘 모르겠다"고 말했다.

빈철현의 증언 또한 전혀 거짓말이 아니다. 빈철현이 조사한 것은 숙군 대상자를 조사하기보다는 여순사건 관련 제14연대 사병과 그 외 민간인들을 조사했다. 빈철현이 마지막에 밝혔듯이 박정희는 여순사건 진압 이후 숙군대상에 포함되었던 것이다. 그렇다고 숙군대상에 올랐는지 모르겠다는 것은 사실이 아니다. 이후에도 빈철현은 숙군에 관여했기 때문이다. 박정희가 남로당과 관련 없다는 옹호 기자회견은 장호진(예비역 준장) 등 군인들이 앞장섰다.

일진일퇴의 공박이었다. 야당인 민정당과 윤보선이 발을 뺄 수 없을 만큼 상황은 복잡해졌다. 서로가 돌아올 수 없는 다리를 건넌 것이었다. 한 사람이 죽어야 다른 한 사람이 살 수 있는 사생결단이었다. 선거를 이틀 앞두고 야당인 민정당은 마지막 승부수를 던졌다.

10월 13일 동아일보는 호외까지 발행하면서 민정당이 공개한 자료를 배포했다. 민정당이 공개한 자료는 '박정희가 김학림, 조병건, 배명종 등과 같이 무기징역 언도를 받았다'는 1949년 2월 17일 경향신문의 기사와 2월 18일자 서울신문 기사였다. '박정희' 이름이 선명하게 찍힌 신문을 통해 남로당과 관련되었다는 최종 일격을 가했다. 박정희와 공화당에서는 선거를 이틀 앞두고 시간여유도 주지 않는 인신공격이며 조작전술이라고 반박했다.

박정희는 민정당의 여순사건 관련 집요한 공격에도 불구하고 제5대 대통령으로 당선되었다. 박정희는 470만 2640표(득표율 46.6%)를 얻어 454만 6614표(득표율 45.1%)를 얻은 윤보선을 156,026표의 근소한 차의 승리였다.

10월 17일 경향신문의 공화당 승리 요인을 분석한 기사에는 "윤보선의 아성인 호남에서 예상외로 압도적으로 박정희에게 졌는데, 그 이유는 '빨갱이'로 몰아친데 기인한다고 했다. 과거 수많은 사람이 아무런 이유 없이 '빨갱이'로 몰려 희생당했던 기억이 생생하게 살아난 것으로 보인다"고 평가했다.

여순사건은 호남사람들에게 너무 큰 상처였다. 큰 상처를 한 번도 보듬어 주고 위로한 적이 없는 것은 야당인 민정당과 윤보선도 마찬가지였다. 그런데 일방적으로 빨갱이로 매도하고 있다고 호남사람들은 느낀 것이다. 그래서 반감을 가질 수밖에 없었고, 박정희에게 표가 몰렸다. 일면에는 빨갱이인 박정희가 빨갱이로 몰린 호남사람을 구제하여 주기를 바라는 심정도 다분히 있었을 것이다. 하지만 그것은 호남사람들의 착각에 불과했다.

빨갱이로 몰렸던 박정희가 '빨갱이'로 손가락질 당했던 사람들에 의해 살아났다. 그렇지만 박정희 정권 18년은 '새로운 빨갱이의 시대'를 열었다. 호남사람들은 또 다시 숨죽이며 살아야 했다. 정치권력에 눈이 어두운 조작과 왜곡의 역사에서 호남사람으로 살아간다는 것은 쉽지 않은 여정이었다. 전라도는 빨갱이였다. 그것은 현재도 여전히 유효한 보수우익과 박정희 찬양 세력의 주장이다.

윤보선은 선거 패배 이후(11월 11일) 여수에 직접 내려와 기자회견을 자청하여 박정희에게 다시 한 번 여순사건과 관련한 재판 기록을 공개하여 사실을 밝히라고 주장하면서 국민을 기만했으면 사퇴하라는 요구를 했다. 박정희는 한 잡지(63년 11월 19일, 12월호)와 인터뷰에서 "나의 형이(박상희 지칭) 횡사한 사건을 좋은 구실로 삼아 나를 그럴듯한 연극(숙군)에 강제로 출연시켰다"고 말했다. 그리고 일체 반응을 보이지 않았다.

숙군과정에서 유일하게 살아남은 박정희는 15년 만에 대통령선거에 출마하여 '여순반란사건'의 혹독한 검열을 받았다. 이후 박정희의 남로당 연루설이나 여순사건 연루설은 입 밖으로 낼 수 없었다. 남로당의 군사부장은 대한민국의 대통령이 되었다. 새로운 빨갱이의 시대가 도래되었다. 총과 칼을 쥔 국가폭력의 제2막이 열린 것이다.

2. 박정희 남로당에 가입했는가?

박정희는 남로당과 관련되어서는 묵묵부답과 국가권력으로 잠재웠다. 그렇지만 치열한 공박이 오고갔던 1963년 10월 15일 제5대 대통령선거를 통해 박정희가 남로당과 관련되었다는 것을 확인했다. 그렇다면 박정희는 남로당에 언제 가입했을까. 박정희가 1963년 잡지 『여원』에 밝힌 내용을 소개하면서 시작하겠다.

> 여순반란사건 때 관제 빨갱이로 몰렸으나 공판은 한 번도 받지 않고 마지막 언도만 받았다. 나의 형이 대구10·1폭동 때 상황판단을 잘못한 경찰의 무차별한 사격 유탄에 맞고 작고했으며 그의 장례식에는 관민이 다 참석하여 애석해 했다. 나의 형이 횡사한 사건을 좋은 구실로 삼아 나를 그럴듯한 연극(숙군)에 강제로 출연시켰다.

박정희가 관제 빨갱이로 몰린 것은 그의 형과 관련이 있었다. 박상희는 1946년 대구 10·1사건 때 상황판단을 잘못한 경찰의 사격 유탄에 맞아 사망했다. 박상희의 죽음과 박정희를 연관시켜 '관제 빨갱이'로 몰았다는 것이 박정희의 주장이다.

박정희가 '관제 빨갱이'로 몰린 것이란 주장은 사실일까? 박상희는 중도좌파라고 하는 여운형과 같은 노선이었다. 남로당에 가입했다는 증거도 없으며, 당연히 공산주의자도 아니었다. 박정희의 남로당 가입이 형 박상희로부터 영향을 받았다는 것은 조작에 불과하며, 박정희의 일방적 주장일 뿐이다.

박정희가 사회주의에 처음 관심을 보였던 시기에 대해서는 조갑제가 글을 남겼다.

> 박정희를 비롯한 대구사범학교 4기생(1932~1937)은 조선학생 90명, 일본학생 10명이 입학했다. 5학년 과정을 마친 졸업생은 조선학생 62명, 일본학생 8명이었다. 조선학생 탈락자 28명은 대부분이 사회주의 서적을 읽었

다는 이유로 퇴학당했다. 박정희가 위인·영웅·역사·조선어에 관심이 있었다고 하지만 조선의 지식인 사회를 주도하고 있던 사회주의 경향으로부터 완전히 벗어나 있을 수는 없었다. 그의 형 상희도 그 쪽으로 기울고 있는 상황에서 소작농 출신으로서 마르크스와 레닌을 강 건너 불 보듯 하고 있을 수는 없었다.

온존한 졸업생이라고 하여 사회주의에 심취하지 않았다고 할 수 없다. 이 시기는 사회주의의 열풍이 불었던 시기이며, 지식인이라면 한 번쯤은 사회주의 서적을 뒤적일 수밖에 없었다. 이를 두고 당시 사회분위기상 박정희도 사회주의에 관심 있었던 것처럼 말한 조갑제의 주장은 어불성설이란 비판도 많다. 필자도 비판에 동의한다.

박정희는 박상희의 죽음을 매우 애석하게 생각했다고 한다. 이 또한 박정희의 일방적 주장이고, 박상희와 박정희는 걸어 온 길이 달랐고, 행동과 실천도 서로 상극이었다.

박정희보다 11살 많았던 박상희는 구미보통학교를 졸업하고, 민족주의자와 사회주의자들이 결집해 결성한 신간회에서 항일활동을 했다. 1931년 신간회가 해소되자, '조선중앙일보'에 입사하여 대구지국장을 맡고 1935년 동아일보의 구미지국장 겸 주재기자로 활동했다.

1944년에는 황태성과 같이 건국동맹의 일원으로 가담해 활동하다가 경찰에 체포된 상태에서 해방을 맞았다. 해방 이후 박상희는 건국준비위원회의 구미지부를 창설했고, 인민위원회의 내정부장을 역임했다. 1945년 11월 전국인민위원회 대표자회의에 선산대표로 참가했다. 1946년 10월 대구사건이 발생하자 박상희는 10월 3일 구미경찰서를 공격했으며, 사건의 중재에 나섰다가 이를 진압하기 위해 출동한 우익청년단체와 경찰이 발포한 총을 맞고 사망했다.

박상희가 총격을 받고 사망할 당시 박정희는 경비사관학교 제2기생 (1946. 9. 24.~12. 14.)으로 교육을 받고 있었다. 그의 장례는 5일장으로 치러졌다. 박정희의 말처럼 '그토록 존경하는 형'이었지만 장례식에 참석하지 않았다. 박정희는 소위로 임관하여 춘천 제8연대에 배속되었다. 이때 박상희의 친구 이재복에게 포섭되었다는 것이 정설이다.

박정희가 경비사관학교를 임관하여 고향에 내려가 보니 이재복이 박상희의 유족을 도와주고 있었다는 것이다. 이는 박정희가 체포된 이후 자술서에 기록한 내용을 당시 특무과장이었던 김안일이 증언한 것이다. 그런데 박상희의 유족은 이재복의 지원설을 부인하고 있다.

누가 거짓말을 한 것일까. 박정희의 입장에서 생각하면 남로당에서 가입한 것은 가족 때문이었으며, 이는 골수 남로당이 아니며 남로당 활동도 거의 한 것이 없이 가입정도라는 자기변명을 위해서 그랬을 것으로 보인다. 유가족은 왜 부정하는 것일까. 박상희가 공산주의자가 아니라는 것에서 비롯되었다고 할 수 있다. 박상희 큰 딸 영옥榮玉의 남편이 김종필이다. 김종필은 골수 반공주의자를 자처하고 살아왔다. 그래서 공산주의자 이재복의 도움을 더욱 부정하고 있다. 그렇지만 이재복과 박상희가 알고 지낸 것은 사실이며, 도움도 받았다는 것이 일반적인 정설이다.

박정희의 남로당 가입에 관련해서는 풀리지 않는 부분이 많다. 하지만 박상희의 영향 또는 가족 때문에 남로당에 가입했다는 주장은 변명이며, 박정희를 구원하기 위한 조작에 불과하다.

박정희를 포섭한 이재복은 남로당 군사 책임자였다. 박정희와 이재복이 만났다는 증언은 여러 곳에서 나온다. 이재복은 박정희가 근무한 제8연대에 직접 나타나 삼촌(외숙질)이라면서 김점곤과 연대장 원용덕과 함께 술을 마셨다고 한다. 이기건도 박정희·강창선·조병건과 함께 이재복을 만났다고 한다. 그렇지만 박정희가 공산주의에 관심을 보이고 포섭된 시기를 더 일찍 보는 견해도 있다. 하지만 지금까지는 주장에 불과하고 있다.

박정희가 체포되어 수감된 곳은 헌병대 영창이었다. 지금 신라호텔 부근이다. 박정희를 맞이한 사람은 김창룡 제1연대 정보주임이었다. 박정희는 마치 체포될 것을 미리 예견이라도 했듯이 자신이 알고 있는 군내 남로당 조직원을 술술 적어 나갔다.

박정희가 폭로한 남로당 군인의 숫자가 상당하다는 것이 현재까지 정설이다. 이것이 무엇을 의미하는 것일까. 박정희는 남로당 입당과 관련하여 가족(형 박상희)때문에 단순 가입한 정도였다고 주장한다. 단순 가입한 사람에게 남로당 당원명부와 같은 기밀정보를 알려줄 조직이나 지도자가 얼마나 있을까. 상식적으로 생각해보면 도저히 납득할 수 없다. 이는 박정희가 단순하게 남로당에 가입한 것이 아님을 반증하고 있다. 이 부분에서도 아직까지 숨겨진 자료가 어느 골방에서 잠자고 있을 것이라고 짐작된다.

박정희를 포섭한 것으로 알려진 이재복은 1949년 1월 18일 체포되었다. 박정희를 심문한 김창룡의 끈질긴 수사 결과 덕분이었다고 한다. 혹시 이재복의 체포에도 박정희 진술이 어느 정도 영향을 미치지 않았을까 한다. 남로당 세포조직을 술술 불었는데, 이재복을 숨길 이유는 없었다는 것이다. 이재복은 체포 당시 46세였다. 이재복은 국방경비법 제9조 18조 19조 위반죄로 최남근 중령과 함께 1949년 5월 26일 오후 2시 수색산록에서 총살되었다.

박정희와 이재복의 체포가 갖는 의미는 실로 크다. 백선엽이 밝혔듯이 남로당 숙청으로 인하여 6·25전쟁에 대응할 수 있었다. 군대 내의 10%에 해당하는 장교가 남로당 숙군의 대상이 되었다. 박정희가 체포되면서 자술한 내용은 결정적 근거였다. 박정희는 그 대가로 살았다. 변신과 변신의 귀재다운 모습을 다시 한 번 보여준 박정희의 모습에 놀라움을 금치 않을 수 없다. 그리고 그로부터 12년 후 군사쿠데타로 대한민국을 18년 동안 통치했다.

3. 두 장의 사진과 박정희

〈사진-25〉는 박정희가 여순사건과 관련되었다고 널리 알려진 사진이다. 마지막 줄의 가운데에 있는 인물이 박정희이다. 그런데 〈사진-25〉는 여순사건과 무관한 사진이다. 박정희는 6·25전쟁으로 육군 소령으로 복귀하여 대령으로 진급하였다. 〈사진-25〉는 1952년 광주 상무대에서 제1기 포병사령관 교육 수료식 사진이다. 이 사진으로 박정희와 여순사건을 연결짓는 일은 앞으로 없었으면 한다.

〈사진-25〉 포병학교 교육사진

〈사진-26〉 반군토벌사령부

박정희와 여순사건의 직접적인 사진은 이미 앞서 살펴보았다. 〈사진-26〉는 광주 반군토벌사령부에서 미군 고문단들이 지켜보는 가운데 송호성 사령관과 작전지도를 보고 숙의하는 사진이다. 당시 광주 반군토벌사령부에서 활동했던 박정희 기사도 있다. 1948년 11월 5일에 발표된 내용을 옮겨보면,

> 금번 반란사건에 대하여서는 순전히 국군의 독자적 작전이다. 항간에는 배후 지휘를 미군이 하고 있다고 유포되고 있으나 이것은 허설이다. 그리고 호남지구작전은 이로 일단락되었으며 현재는 구례동북지구 지리산록에 약 150명 가량의 무장폭도가 잔재하고 있을 뿐이다. 앞으로 호남방면군의 방침은 좌기 2항에 중점을 둔다.
> 1. 무장폭도의 조속 숙청
> 2. 작전 중요지구 치안행정과 교육 생산 등의 각 기관 복구지도
> 평화일보 1948년 11월 10일

평화일보는 "호남지구 작전참모 박정희 소령은 담화"란 제목으로 11월 10일 보도했다. 박정희는 국군의 작전이 독자적으로 이루어지고 있으며, 미군이 배후에서 지휘하고 있다는 것은 허위라고 발표했다. 하지만 〈사진-26〉와 같이 버젓이 미군 군사고문관이 지켜보고 있다. 당시 작전에서부터 병기 및 군수 물품을 모두 지원했던 것이 미군이라는 것은 주지한 사실이다. 평화일보는 박정희의 직책을 호남지구 작전참모라고 밝히고 있다. 평화일보의 기사는 박정희가 체포되기 하루 전에 보도된 것이다.

여순사건만 따지고 보면 박정희는 반군토벌사령관의 호남지구 작전참모 또는 작전참모의 보좌역할을 수행했다. 반군을 진압하는 국군의 임무를 충실히 수행하고 있다. 그런데 이때 박정희는 남로당에 이미 포섭되어 있었다. 박정희의 남로당 직책이 육군 총책 또는 육군 군사부장이라고 한다. 박정희는 체포되자 그가 알고 있었던 군부 내의 남로당 관련자를 순순히 써내려갔다. 박정희의 자술은 군부 내 남로당을 척결하는데 많은 역할을 했다. 작전지휘에 참여한 박정희는 어떤 심정과 태도로 임했을까.

이승만이 주로 경찰을 이용하여 개인의 정치적 탐욕을 채웠다면, 박정희는 군을 적극 활용하여 정치적 야욕을 채워 나갔다. 국가공권이 개인의 정치적 운명을 결정하는데 지렛대 역할을 하고 있다.

여순사건은 남로당과 관련 없이 제14연대 군인들이 제주도 파병, 즉 '동족상잔 반대'를 주장하며 봉기했다. 박정희 또한 남로당에 포섭되었지만, 여순사건의 봉기와는 관련이 없다. 그는 여순사건을 진압하는 반군토벌사령부의 일원으로 여순사건과 인연이 있다. 그렇지만 이 시점에 남로당 당원이었던 것도 사실이다.

박정희의 남로당 가입은 더욱 철저한 반공주의자가 되는 계기가 되었다. 불량 국민으로 낙인 되지 않기 위하여 전남 동부 지역 사람들이 더 충성스러운 반공주의자가 되었던 것처럼.

박정희 스스로 남로당, 즉 공산주의자였던 것을 부정하기 위한 일들을 꾸미지 않을 수 없었다. 그것은 빨갱이를 더 단죄하는 것이었다. 국민을 더욱 반공주의자로 만드는 것이었다. 국가의 안정을 꾀하기 위해서는 자유와 인권은 중요한 것이 아니었다. 민주주의 가치는 사치에 불과했다. 그 핵심에는 공산주의자를 부정하는 박정희의 과거에서 시작되었다.

박정희 정권 18년은 빨갱이를 단죄하는 역사였다. 그의 어두운 과거를 철저하게 숨기는 역사였다. 거기에 필요한 것이 국가폭력이었다. 공산주의자는 양민이 아니었다. 박정희의 반대세력은 양민이 아니었다. 불량 국민으로서 단죄의 대상이었으며, 제거의 대상이었다. 국가권력은 누구의 감시와 견제를 받지 않고 한 개인의 정치적 야욕과 탐욕을 채우는데 활용되었다.

박정희에 대한 공과功過에 대해 논란이 많다. 개인이 갖고 있는 관점에 대해서는 존중되어야 한다. 대한민국은 민주공화국이기 때문이다. 민주주의는 개인적 이해관계, 그 갈등과 타협이 불가피한 사회이다. 한 가지의 시선으로 강요하고 국민의 승복을 요구하는 것은 전체주의 국가이지, 민주국가가 아니다. 그래서 민주공화국에서 다양한 가치는 존중되어야 한다. 그런데 그렇지 못한 것이 대한민국의 현실이다. 공功과 과過에 대한 개인적 의견이나 반응을 적대적 감정으로 표출한다.

사람이 살면서 공과는 당연히 존재할 수밖에 없다. 박정희는 18년간 국가를 통치했는데, 거기에 공과에 대한 논란이 없을 수 없다. 공과는 개인의 취향과 관점에 따라 보는 시각이 다르다. 어떤 이는 박정희가 '조국 근대화를 통해 먹고 사는 나라를 만들었다'는 공(功)을 우위로 보고 이야기한다. 또 어떤 이는 '인간에 대한 기본권마저 짓밟은 독재자였다'는 과(過)가 크다고 주장하는 이야기도 한다. 무엇이 맞고 틀리냐는 이분법적으로만 볼 필요가 없다.

하지만 지금껏 박정희에 대한 이야기는 금기시 된 시간이 너무 길었다.

일방적 찬양으로 국민들에게 전달된 시간이 너무 길었다. 편파적이고 편향된 이야기가 모두 진실인 듯이 통용되어 대한민국의 저변에 깔려 있다는 것도 인정해야 한다. 아직 비밀창고에는 박정희와 관련된 기록물들이 육중한 자물쇠로 잠겨 있다.

한 국가를 18년이나 통치했던 사람이 박정희다. 그런 과정에서 헌법을 제멋대로 유린한 것도 사실이며, 국민의 인권을 짓밟은 것도 사실이다. 민주주의를 퇴보시킨 것도 사실이다. 국가폭력으로 정적을 제거하거나 옭아 맨 것도 사실이다.

무엇보다는 박정희는 일왕에게 혈서로 맹세하며 군인을 지원했다. '한 번 죽음으로써 충성함 박정희(一死以テ御奉公)' 내용에는 "조국(일본)을 위해 어떠한 일신의 영달을 바라지 않겠습니다. 멸사봉공(滅私奉公), 견마(犬馬)의 충성을 다할 결심입니다"고 썼다. 그가 불행하게 생을 마감하여 자신의 잘못에 대해 뉘우치거나 반성하지 못했다면, 살아있는 유족들이라고 진정어린 뉘우침과 반성이 필요한 것이 아닌가 한다.

박정희를 찬양하는 곳에서 가장 많이 볼 수 있는 어록이 '내 일생 조국과 민족을 위하여'란 말이다. 그의 조국은 어디이고, 그의 민족은 어디인지 지금도 헷갈린다. 왜 그럴까. 그가 혈서로 맹세했던 '일사봉공(一死奉公)'·멸사봉공(滅私奉公), 견마(犬馬)의 충성'에 대해 그 어떤 해명도 반성도 없었기에 발생하는 문제이다. 40년의 일제강점기의 치욕적인 역사를 우리는 청산하지 못했다. 청산되지 못한 역사는 이후 계속적으로 왜곡과 조작으로 대한민국의 현대사에 등장했다.

잘못된 역사를 청산하고 단죄할 수 있는 단초가 마련되었을 때, 대한민국은 갈등과 대립에서 벗어날 수 있다. 그 단초를 제공할 사람은 박정희이다. 그렇지만 그는 세상에 없다. 어떤 해명이나 반성을 할 수 없다. 이제 그의 유족들이 풀어야 할 숙제이다.

시선 19

1948년, 여순사건은?

지역에서는 여순사건 이후 가장 많이 듣는 말 중 하나가 인재가 없다는 것이다. "여순사건 때 쓸 만한 인재들의 씨가 다 말랐기 때문이다"고 어르신들은 이야기한다. 빨갱이라는 이름 아래, 빨갱이 가족이라는 족쇄를 차고 수많은 사람들이 숨어서 살아야 했으며, 억압과 차별을 받아야 했다. 죄인 아닌 죄인이 되어 수많은 눈총과 손가락질을 받으며 불이익을 당하고 위협을 받아야 했다. 좌·우익으로 나뉘어 수많은 사람이 죽었다. 좌익도 우익도 아닌데 수많은 사람들이 죽고 고통을 당했다. 1948년 여순사건은 그랬다.

"대한민국은 민주공화국이다"를 표방한 이 땅에서는 서로의 다름을 인정하지 않았다. 다양성의 사회를 부정했다. 반공이데올로기는 개인의 정치적 탐욕을 채우는 거름이 되었다. 국군과 경찰은 거름을 주는 사람들이었다. 국가권력은 부당하게 인권을 유린했으며, 몽둥이로 변질되었다. 칼과 총이 되어 사람의 목숨을 파리 목숨으로 만들었다. 공포와 두려움에 떠는 짐승과 같은 존재로 살아가도록 강요했다. 국가권력은 국가폭력이었다. 1948년 여순사건은 그랬다.

1. 국가에 충성했던 청년

한 청년이 있었다. 그는 대한민국에 충성을 맹세했다. 그래서 월남 파병에도 자원했다. 그러나 월남에 가지 못했다. 그가 대한민국에 충성하고 월남 파병을 자원했던 것은 대한민국을 떠나기 위해서였다. 너무나 역설적이지 않은가. 그는 대한민국에 충성하면 그 어깨에 달린 빨갱이 자식이라는 견장이 떨어져 마음껏 날개를 펼칠 수 있을 것이라 생각했다. 그렇지만 뜻대로 되지 않았다.

청년의 무게를 짓누르고 있는 빨갱이는 이 땅을 떠날 수도 없게 했다. 얼굴도 모르는 삼촌 때문에 그는 평생을 그렇게 살았다. 어려서부터 동네 사람들의 눈총이 따가웠다. 왜 그런지 몰랐다. 중학교 어느 날, 아마도 토요일이었을 것이다. 도회지에서 학교를 다니면서 집에 왔다. 마을 어귀에서 동네 어르신을 마주쳤다. 인사를 하고 나니 동네 어르신이 그런다. "야 이놈아 니같은 놈이 공부해서 뭐 할 거여. 빨갯하지 말고 할아버지 도우면서 농사나 지어" 그러면서 눈총을 흘기면서 갔다.

너무 분했다. 어려서부터 당했던 무시와 멸시에 울분이 났다. 달음질쳐서 집으로 가 할아버지에게 따졌다. 우리 집에 무슨 일이 있었기에 동네사람들이 수군거리는지 물었다. 할아버지는 평소와 같이 전혀 못 들은 척하고 헛기침을 하며 집을 나가버렸다. 할아버지는 하나뿐인 손자가 아무런 탈 없이 잘 커주기를 바랐다. 오직 그것만이 낙이었다.

청년은 너무 화가 났다. 할아버지는 없는 살림에 손자가 원하는 것은 뭐든지 다해줬다. 손자가 저지른 모든 일을 뒤처리했다. 그리고 항상 굽실거렸다. 아버지는 어디 갔고, 어머니는 어디 갔기에 할아버지가 자기를 키우고 있는지도 궁금했다. 그러나 할아버지는 또 말씀 없이 집을 나가셨다. 아마도 방죽위에서 곰방대를 물고 먼 하늘을 보면서 또 울고 계실 것이다. 그렇게 할아버지는 사셨다. 오로지 손자 하나 바라고 모든 수치와 굴욕을 감내하면서 살았다. 그리고 방죽을 찾아 세상을 원망했다. 세상에 통곡했다.

그날 청년은 학생 신분을 망각하고 고주망태가 되었다. 더 이상 물러설 수 없었다. 집안에 둘러싸인 비밀의 통로를 찾고 싶었다. 왜 공부하는 것이 뻘짓인지 알고 싶었다. 왜 할아버지는 항상 굽실거리며 "예, 예"를 연신 해야 하는지 알고 싶었다. 할아버지는 한 번도 꾸지람을 하지 않는지 궁금했다.

밤이 늦었다. 손자가 들어오지 않았다. 갈만한 곳은 다 찾아봤지만 손자는 없었다. 할아버지는 동구 밖을 서성거리며 손자를 기다렸다. 혹 무슨 소리를 들은 것은 아닌지 걱정이 앞섰다. 한참이 지나 고래고래 소리가 멀리서 들렸다. 집집마다 개 짖는 소리가 요란하다. 몸을 가누지도 못한 그림자가 비틀비틀 거리며 동네를 막 들어서고 있었다. 멀리서 봐도 자신의 손자라는 것을 알아 볼 수 있었다.

얼마나 논두렁에 쳐 박혔는지 손자의 옷은 뻘 범벅이었다. 곳곳이 까지고 피멍이었다. 그는 웃으면서 얼굴의 흉터자국을 보여준다. 47년 전쯤에 생긴 멋진 훈장이라며 이마를 가리킨다.

뻘 범벅에 이마에서 피까지 흘리는 손자를 할아버지는 아무 말 없이 그냥 부추겼다. 손자는 그런 할아버지가 미웠다. 그래서 할아버지에게 대들었다. 도대체 우리 집에 무슨 일이 있었냐고 대들었다. 할아버지는 아무 말도 하지 않았다. 그냥 손자를 부추겨 걸음을 옮길 뿐이었다. 할아버지는 손자를 씻긴다. 손자가 안쓰러웠다. 할아버지는 입술을 깨물며 "니만이라도 잘 키우겠다"는 다짐을 되뇐다.

일요일 아침. 손자는 짐을 챙겼다. 손자는 "할아버지가 알고 있는 모든 것을 이야기해주지 않으면 더 이상 집에 오지 않겠다"며 할아버지에게 으름장을 놓았다. 그날 이후 손자는 한 달째 집에 오지 않았다. 자취집에 찾아가도 손자를 볼 수가 없었다. 학교도 결석하는 날이 많아진다.

할아버지는 앞이 캄캄했다. 손가락질 받지 않게 키우겠다고 다짐했는데, 뭔가 잘못 되도 크게 잘못되는 느낌이다. 할아버지는 자취방 툇마루에서 마냥 기다렸다. 사흘 만에 자취방에 나타난 손자는 깜짝 놀랐다. 툇마루에 할아버지가 고개를 떨어뜨리고 앉아 계신 것이다. 입은 바싹 타 있었다. 며칠은 굶으신 것이 틀림없었다.

할아버지는 그날로 병저 누웠다. 언제까지 지켜 줄 것 같은 할아버지였다. 며칠이 지났다. 할아버지가 부르셨다. 할아버지 옆에는 누루끼리한 한지로 싸진 봉투가 놓여 있었다. 할아버지는 한참동안 말없이 손자만을 쳐다보았다. 긴 침묵을 뚫고 할아버지가 말씀을 하신다. "지금부터 이 할애비가 하는 말은 니가 평생 가슴에 묻고 살아야할 얘기다. 니한테는 절대로 말하지 않으려고 했는데, 더 이상 숨길 수 없을 것 같아 말하니께, 누구도 원망 말고 누구도 탓해서는 안 된다"고 묵직한 음성으로 말씀하셨다.

할아버지는 한지를 풀었다. 종이에는 빛바랜 사진 한 장이 있었다. "이 사람이 니 애비고, 여기가 니 큰 삼촌이고, 여기가 막내삼촌이다"고 말씀하셨다. 삼촌이 있다는 것을 처음 알았다. 그것도 두 명씩이나. 오랫동안 청년은 사진 속의 아버지와 삼촌들에게 눈길이 멈췄다.

큰 삼촌은 해방되던 해 7월에 동네 청년 네 명과 일본군대에 끌려갔다. 광주 옆에서 훈련을 받던 삼촌은 도망을 나왔다. 경찰에게 잡힐까봐 외가에서 지내다가 해방을 맞이했다. 큰 삼촌은 불의를 보면 참지 못했으며, 배짱도 동네서 최고였다. 집에 돌아온 큰 삼촌은 농사를 짓다가 군인을 모집한다는 소식을 듣고, 광주 제4연대에 입대했다. 그리고 1948년 여수로 전출되었다.

여순사건이 발발했다. 큰 삼촌이 총을 메고 마을에 나타났다. 당시 마을은 좌익과 우익의 갈등으로 분위기가 매우 험악했다. 군복을 입고 총을 메고, 지프차를 타고 해방군 대장으로 큰 삼촌이 마을에 나타났다. 마을사람들은 모두가 큰 삼촌의 눈치를 살폈다. 큰 삼촌은 그렇게 한 나절도 안 되는 시간을 마을에 왔다 갔다.

그리고 얼마 안 되어 큰 삼촌은 지리산으로 들어갔다. 한편 마을은 우익들이 장악했다. 경찰을 등에 업고 우익의 보복이 시작되었다. 협력자 색출에 마을은 혈안이 되었다. 좌익 가족들을 모두 끌어내서 마을회관 앞에 꿇어앉혔다. 청년 집안의 풍비박산의 서막이었다. 할아버지가 먼저 끌려 나가 죽도록 맞았다. 아들(큰 삼촌)을 찾아내라는 것이었다. 청년의 아버지도 형언할 수 없는 고문으로 반병신이 되다시피 했다.

청년의 삼촌은 지리산을 중심으로 빨치산의 사령관까지 했다. 그러면 그럴수록 가족들이 감내해야 할 고통은 컸다. 마을에 무슨 일만 있으면 청년의 할아버지, 아버지가 불려 나갔다. 아버지는 젊다는 이유로 항상 얻어터져 돌아왔다. 6·25전쟁이 터졌다. 인민군의 세상이 되었다. 큰 삼촌이 또 한 번 마을에 나타났다. 그리고 집을 떠날 때 작은삼촌도 함께 산으로 들어갔다. 인민군이 후퇴하고 또 다시 좌익가족에 대한 조사가 있었다. 이번에는 청년의 어머니까지도 끌려갔다. 어머니는 고문을 당해 정신이 돌아버렸다.

어느 겨울날 청년의 어머니는 가족들이 잠시 한 눈을 파는 사이 집을 나가 마을 논두렁에 처박혀 죽었다. 청년의 나이 겨우 5살이었다. 아버지 또한 혹독한 고문을 이기지 못하고 청년이 열 살이 되기 전에 죽었다. 청년은 두 개의 별명을 가졌다. '에미애비 없는 자식', '빨갱이 자식'이었다. 그는 중학교를 끝으로 학교를 포기했다. 동네 어르신 말씀처럼 그에게 공부는 뻘짓이었다.

그는 이후 나라에서 하라는 일은 가장 앞장서서 했다. 부정선거를 저지르는 일에도 누구보다 앞장서서 했다. 새마을 운동도 가장 먼저 일어나서 했다. 나라에 충성하면 빨갱이라는 낙네임이 없어질 것으로 믿었다. 그래서 나라 일에 충성을 다했다. 그러나 한번 찍힌 낙인은 지울 수 없었다. 그가 대한민국에서 할 수 있는 것은 막노동과 농사 이외는 없었다. 신원조회란 괴물에 걸려 변변한 직장 한번 갖지 못했다. 이 땅을 떠나서 날개를 펴고 싶었지만 그것마저도 그에게는 용납되지 않았다.

얼굴 한번 보지 못한 삼촌으로 인하여 그의 인생은 빨갱이 인생으로 점철되었다. 빨갱이라는 말이 지긋지긋하고 사무쳤다. 세월은 흘러 청년도 두 아이의 아버지가 되었다. 그는 두 아이를 빨갱이의 땅 전라도에서 키우지 않았다. '전라도 사람'이란 유산을 물려주고 싶지 않았다. 그래서 두 아이는 태어나자마자 경기도에 사는 아이들의 고모에게 보냈다.

그도 어느새 환갑을 넘겼고 두 아이들도 결혼을 했다. 하지만 단 한 번도 아버지가 살고 있는 곳을 두 아이는 와 보지 못했다. 올 수가 없었다. 그가 오지 못하게 했다. 한 서린 설움의 땅을 보여주고 싶지 않았다. 일제강점기에는 일본 놈이고 지주들에게 등골이 빠지도록 일을 했지만, 뒤돌아서면 꼬르륵하는 소리만 나는 땅이었다. 해방이 되었다고 하지만 일본의 앞잡이들이 더 판을 치더니, 급기야 빨갱이로 내몰려 죽음만 강요당하는 땅이었다.

그는 지금도 '빨갱이'라는 말을 들으면 잠을 이루지 못한다. 본인과 무관한 텔레비전에서 나온 소리에도 손이 저려오고 가슴이 콩닥콩닥 거린다. 바람에 대문소리만 크게 나도 할아버지는 가슴팍을 치고 얼굴을 찡그리면서 밖을 쳐다보았다. 할아버지의 버릇이 그에게도 남아 있다. 그 땅에 두 아이를 살게 할 수는 없었다. 삼촌이 남겨 놓은 빨갱이라는 주홍글씨를 두 아이는 절대로 몰라야 했다. 할아버지가 방죽에서 세상을 원망하고 울었듯이 그도 그렇게 하고 있다. 그래서 이 글에서도 그의 이름을 밝힐 수가 없다.

청년은 집안의 과거를 알고 나서부터 충성스러운 국민이 되고자 부단히 노력했다. 그렇지만 그에게 채워진 족쇄는 풀리지 않았다. 어느새 환갑을 훨씬 넘겼다. 긴 시간 동안 국가폭력은 그의 주변을 맴돌며 그를 감시하고 있었다. 그의 집에는 큰 아이의 결혼사진이 크게 걸려 있다. 사진을 보면서 아이들의 안녕을 빌고 있다고 한다. 사진을 보며 위안을 삼고 있다고 한다. 그리고 전라도 땅에서 아이들을 키우지 않은 것을 무엇보다 잘한 선택이었다고 자부하고 있다.

21세기 대한민국의 아픈 현실이다. 무심코 던진 빨갱이 한마디에 오늘도 손이 저려오고 가슴이 콩닥거리며 숨을 쉬지 못하는 사람이 있다. 그는 아무 잘못이 없었다. 단지 삼촌이 봉기에 가담했던 군인이었고, 산에 입산했다. 그는 삼촌 얼굴 한번 본 적이 없다. 그렇지만 그는 빨갱이었다. 더 이상 빨갱이로 고통 받는 이가 없는 대한민국을 그는 기대하고 있다.

2. 말문을 닫은 할머니

한 할머니가 있다. 할머니는 열아홉 살에 시집을 와서 어느새 일흔 일곱이다. 할머니는 혼자 산지가 20년이 되었다. 자식들은 외지에 나가 살고 있다. 보통 시골에서 할머니들은 자식들이 집에 한 번씩 오는 것을 몹시 기다리고 반가워한다. 그러나 할머니는 자식들이 고향이라고 찾아오는 것을 반기지 않는다. 명절에도 마찬가지이다.

할머니를 처음 만난 날도 혼자서 밭에서 일을 하고 있었다. 되도록 동네 사람들과 잘 어울리지 않으려고 한다. 농촌에 혼자 사는 노인들이 많아지면서 마을회관에 모여 점심도 해먹고 놀지만, 할머니는 그렇지 않다. 그리고 몇 번을 찾아갔다. 매번 혼자였으며, 할머니의 말문은 굳게 닫혔다. 특히 과거에 대한 이야기를 꺼내면 버럭 화를 내고 어디론가 가버리고 했다.

할머니가 말문을 닫는 이유는 단 한 가지 이유 때문이다. 혹여나 불필요하게 나섰다가 자식들에게 해가 될 것을 걱정해서이다. 그것은 시어머니의 한스러운 가르침이었다. 추악한 세상을 살아가는 방법이라고 시어머니에게 귀에 못이 박히도록 들었다.

할머니의 시어머니는 1948년 동지섣달에 정든 집을 비워두고 쓰러져가는 남의 마구간에 터전을 잡았다. 그해 겨울 몹시도 추웠다. 하루도 마다하지 않고 눈이 내렸다. 그런 고통과 역경을 이겨내고 아들을 키웠다. 그 아들이 전쟁 끝나고 얼마 안 되어 할머니와 결혼을 했다. 할머니가 시집와서 시어머니에게 귀에 못이 박히도록 들은 이야기가 있다. 절대로 집안일을 밖에서 말하지 말라는 것이었다. 남 앞에 나서지 말라는 것이었다.

여순사건으로 동네는 쑥대밭이 되었다. 피의 보복에 최종 승리는 우익이었다. 동네를 지배하고 있던 기독교인의 승리였다. 이웃을 사랑하라는 하나님의 가르침은 존재하지 않았다. 아니 존재했어도 그것은 그들의 사이에서만 통하는 것이었다. 그들의 세상이었다. 멀쩡한 집을 빼앗고 마을에서 쫓아냈다. 그것도 설이 내일 모레인 동지섣달에. 할머니의 시어머니가 겪었던 모진 세월에 대한 간곡한 부탁을 할머니는 지켰다.

도대체 이 마을에는 무슨 일이 있었기에 이렇게도 비정하고 매몰찬 일들이 벌어졌던 것일까. 여순사건 당시 이 마을을 휩쓸고 간 총소리의 잔인함은 주민들을 통해서 들었다. 또한 이웃 마을에서도 이 마을에서 벌어졌던 피의 활극을 들었다. 거기에 어떤 이들이 관련 있었으며, 이 마을에 자리한 기독교와 천도교의 갈등도 들었다. 그래서 마지막으로 할머니의 이야기를 듣고 싶었다. 할머니를 설득하기에는 무진장 힘들었다. 할머니가 간혹 뱉은 말과 마을에서 들은 이야기를 옮겨보겠다.

　할머니의 시할아버지는 중견지주로서 높은 학식과 품성으로 동네사람들에게 인자한 어른으로 기억되어 있다. 동네에는 아직도 시할아버지의 함자를 기억하는 사람들이 많았다. 일제강점기에 문맹률을 타파하기 위해 시할아버지와 시아버지는 천도교 교리강습소를 열어 마을사람들과 주변 마을 사람들까지 계몽운동을 펼쳤다. 자신들의 사재를 털어 마을 공부방을 만들었다.

　천도교가 들어온 지 몇 해 지나 마을에 교회가 들어섰다. 작은 마을의 서로 다른 종교는 마을사람들의 갈등으로 이어졌다. 특히 기독교의 배타적인 편 가르기는 작은 일에도 마찰로 나타났다. 아이들과 청년들이 산에 나무를 하러 가는데도 편이 갈렸다.

　해방이 되었다. 천도교는 3·1재현운동을 통한 남북 통일정부 수립을 주장했고, 기독교는 반탁을 주장했다. 정치적 혼란 속에서 우익청년단체로부터 천도교는 탄압을 받았다. 이런 내재된 갈등 속에 여순사건이 발발했다. 1948년 10월 20일 여수와 순천은 반군이 장악했다. ○○면에 인민위원회가 조직되었다.

　할머니의 시아버지가 주도했다. 여수와 순천이 장악된 날은 마치 수요일이었다. 교회 청년들이 수요예배를 알리기 위해 타종을 하려 할 때, 인민위원장과 좌익청년들은 타종을 멈추게 했고 예배를 보지 못하게 했다.

교회 청년들이 반발하면서 신도와 장로가 인민위원회 사람들에게 끌려가 희생되었다.

진압군에 의해 마을은 탈환되었다. 경찰과 우익청년들의 비호 아래 기독교 청년들의 세상이 되었다. 대대적인 좌익과 협력자 색출이 이루어졌다. 할머니의 시아버지는 이때 마을사람들과 함께 마을 논에서 총살되었다. 피의 보복이었다.

보복은 시아버지의 총살에 그치지 않았다. 할머니의 시할아버지와 시어머니도 모진 고문을 겪었다. 그리고 동네에서 쫓겨났다. 설날이 내일 모레인 동지섣달이었다. 집도 논밭도 빼앗기고 남의 집 마구간에서 시할아버지는 고문과 추위를 이기지 못하고 돌아가셨다. 시할아버지가 돌아가시면서 며느리(시어머니)에게 남긴 말은 "동네 사람 아무도 모르게 조용하게 묻어라, 미안하다"는 말이었다. 좀 더 나은 세상을 위해 마을사람에게 베풀었던 것은 미안한 일이 되었다.

할머니는 전쟁이 끝날 때쯤 결혼했다. 시국이 어수선하고 무슨 일만 있으면 할머니의 남편과 시어머니는 지서에 불려갔다. 돌아온 남편의 몸은 망신창이가 된 적이 한두 번이 아니었다. 결국 남편은 심한 고문으로 한쪽다리를 쓸 수 없었다. 남편과 시어머니는 왜 불려가서 망신창이가 된지 말하지 않았다.

시어머니는 세상을 뜨면서 할머니에게 또 말했다. "밖에 나가서 함부로 말하지 마라"는 것이었다. 아들에게는 "절대 앞장서지 말고, 나서지 마라"는 것이었다. 시어머니가 돌아가신 다음날 남편은 그동안 간직해 두었던 남편의 할아버지와 아버지에 관련 모든 문서를 불 태웠다. 집을 쫓겨나서도 간직했던 할아버지와 아버지의 유품을 남편은 이제 부질없는 것이라고 하면서…….

남편은 어떤 일에도 절대 앞장서지 않고 절대 남들 앞에 나서지 않았다.

이는 곧 자식들에게도 평생 동안 그렇게 교육을 시켰다. 남편의 할아버지가 마을사람들의 문맹을 퇴치하기 위해 힘썼던 일들, 남편의 아버지가 전답을 팔아 만든 공동체 공간도 부질없는 짓이었다. 잘 났다고 나선 대가는 죽음이었다. 시류에 편승하지 못한 대가는 집안의 풍비박산이었다.

할머니는 집안과 관련된 말문을 닫은 채 58년을 살았다. 오로지 자식들에게 해가 되면 안 되었다. 그래서 낯선 사람과는 대면하는 것도 꺼려했다. 할머니는 오늘도 혼자서 밭을 일군다. 시어머니가 말했던 것처럼 절대 나서지 않고, 앞장서지 않고, 함부로 말도 하지 않고 그저 묵묵히 밭을 일군다.

3. 1948년, 여순사건

'반란', '봉기', '항쟁' 등 명칭이 내포하고 있는 함의는 매우 중요하다. 바라보는 관점에 따라 여순반란사건, 여순봉기, 여순항쟁 등 다양하게 부를 수 있다. 특별하게 이 책에서는 현재까지 사용하는 중립적인 용어를 사용했다. 명칭이 내포하고 있는 역사적 함축된 의미는 독자의 몫으로 돌린다. 제각각 역사를 해석하는 것도 의미가 있다고 본다.

'반란'이란 단어를 많이 사용했다. '반란과 봉기'의 단어적 의미는 차이가 있다. 특히 듣는 어감적 분위기는 상당한 차이가 있다. 반란은 매우 부정적 요소가 가미되었고 한다면, 봉기는 긍정적 요소가 가미된 것처럼 느껴진다.

사전적 의미를 찾아보면, '반란(叛亂)'은 "정부나 지도자 따위에 반대하여 내란을 일으키다"는 뜻이다. 봉기(蜂起)'는 "벌 떼처럼 떼 지어 세차게 일어난다"는 의미가 있다. 만약 봉기를 부여한다면 제14연대는 군인의 무장봉기로 봐야 한다. 무장봉기武裝蜂起는 지배자의 무력에 대항하여 피지배자가 무장을 하고 떼 지어 세차게 일어나는 일을 말한다.

'반란'과 '무장봉기' 두 단어의 사전적 의미에 큰 차이가 보이지 않는다. 느낌적으로 단어 어감이 주는 표현의 차이일 뿐이다. 중요한 것은 '왜' 그랬는가에 대한 내면적 이유를 정확하게 인식하는 것이다. 그리고 국가에서는 어떻게 대처했고 이용했는가에 대한 인식이다. 숱한 수난과 고난을 겪었던 사람들의 아픈 역사의 인식이다.

여순사건은 지역에 국한된 사건이 아니었다. 여순사건은 반란이라고 무작정 터부시할 문제가 아니다. 대한민국 현대사에 중요한 기로를 만들었다. 아직도 밝혀지지 않고 숨겨진 것들이 많다. 반란이 일어날 것을 알고도 대통령과 국무총리도 방기했던 사건이다. 왜 그랬을까? 1948년 10월에 발발한 여순사건은 정국 혼란과 통치능력에 중대한 위기였던 이승만 정부에 절호의 기회를 제공했다. 여순사건으로 가장 큰 덕(?)을 본 사람은 이승만이었다. 12년 영구집권을 할 수 있는 토대에는 여순사건이 있었다.

그러므로 1948년 10월에 무작정 돌멩이를 던지지 말기를 당부한다. 무작정 던진 돌멩이에 수많은 사람들이 짓밟히고 죽어갔다. 왜 죽어야 하는지도 모른 채······.

1948년의 가을, 누런 곡식을 걷어 들이며 느끼는 풍족함은 온데간데없고 불량 국민만 남았다. 콩 한쪽까지도 나눠먹던 인심은 간데없고 싸리나무 울타리를 사이에 두고 서로가 서로를 감시했다. 사진 속에 20대 새

신랑은 주름살 하나 없이 그대로인데, 모진 세월 견뎌낸 열여덟 살 새색시는 주름살에 검버섯뿐이다.

'나서지 마라', '앞장서지 마라', '앞서지도 말고 뒤서지도 말고 딱 중간만 큼만 해라' 1948년 여순사건이 남긴 교훈이다. 삶의 지혜였다. 주체적인 삶을 살 수 없었다. 자유로운 삶을 정당하게 영위할 수 없었다. 10월의 광풍이 남긴 파시즘이었다. 흑백 논리의 산물이었다.

하루 밤의 눈먼 총소리에 참으로도 많은 사람이 죽었다. 가해자는 우익도 있었고, 좌익도 있었다. 그러나 일방적으로 좌익에게는 책임을 묻고 있다. 책임질 자리에 있지도 않았지만 가족이란 이유만으로 긴 세월 천대와 멸시를 받으며 책임질 것을 강요받았다. 억울하고 원통한 고통을 겪었지만 그 강요된 책임은 아직도 끝나지 않았다. 그런데 우익들은 공산주의자를 처단했음으로 아무런 죄가 없다고 한다. 오히려 자랑삼아 이야기한다. 아주 떳떳하게 무용담을 늘어놓는다.

여순사건 60주기 행사에서 여수지역 목사님의 기도문이 생각난다. "하나님! 저희들로 하여금 하나님 말씀에 귀를 기울여 생명을 사랑하고 귀하게 여기라는 하나님의 음성을 귀담아 듣게 하여 주옵소서. 내 생명이 소중한 것처럼 다른 사람의 생명도 소중함을 깨닫게 하시고, 다른 사람의 말과 행동, 인격을 존중할 때, 내 말과 행동, 인격도 존중받는다는 사실을 깨달아 알게 하여 주옵소서"란 긴 기도문이.

목사님의 말씀처럼 이 땅에 권력을 움켜지고, 강자로 살고 있는 이들이 앞장서서 남의 생명을 나의 생명처럼 소중하게 여겨줬으면 좋겠다. 다른 사람의 말과 행동을 존중하고 이해해 줬으면 더욱 좋겠다. 흑백의 논리로 사팔뜨기가 되어 있는 획일성을 강조하는 사람들이, 다양한 사고가 존재할 수밖에 없는 민주공화국 대한민국을 동의했으면 좋겠다.

강자의 논리로 역사를 조작하고 왜곡하는 추악하고 더러운 역사의 수레바퀴를 이제는 멈춰야 한다. 승리에 도취하여 역사의 수레바퀴를 제멋대로 행사하는 모든 폭력은 더 이상 존재해서는 안 된다. 국군과 경찰은 주어진 사명을 정치적으로 악용했던 추악한 과거의 수레바퀴에서 국민의 국군, 국민의 경찰로서 거듭나야 한다. "대한민국의 주권은 국민에게 있고, 모든 권력은 국민으로부터 나온다"고 헌법에 명시된 것처럼…….

여순사건은 잘못된 역사의 산물이었다. 여순사건은 정치적 탐욕에 눈이 어두운 왜곡된 역사의 자화상이었다. 여순사건은 이분법적 잣대로 편을 가르는 나쁜 국가의 서막이었다. 나쁜 국가를 발판으로 제멋대로 역사를 왜곡 조작했던 이들의 반성이 필요하다. 역사를 제대로 이야기할 수 있는 그날이 자랑스러운 대한민국일 것이다.

1948년 여순사건은 바다 건너 제주에서 불어오는 동족의 피울음이었다. 오동도 붉은 동백꽃은 총과 칼에 목숨을 빼앗긴 서러운 넋들의 핏빛이었다. 1948년 10월은 그랬다.